고전
苦戰
의
고전
古典

일러두기

- 작품 줄거리 소개는 결말을 포함하고 있습니다.
- 작품명은 원어가 아닌 국내에서 통용되는 제목으로 표기했습니다.
- 출판사, 번역가에 따라 작품 제목이 다를 수 있습니다.
- 세계 고전 작품에 관한 지식(줄거리, 작품 소개)은 순서에 상관없이 읽을 수 있습니다.
- 직장 생활 이야기는 순서대로 읽어보시길 추천합니다.

고전苦戰 중인 당신에게
서른 편 지혜의 고전古典이 답하다

달과 6펜스	테스
염란을 날려라	참을 수 없는 존재의 가벼움
웃는 남자	1984
그리스인 조르바	80일간의 세계일주
차라투스트라는 이렇게 말했다	모비 딕
젊은 베르터의 슬픔	귀향
호밀밭의 파수꾼	변신
아큐정전	홍길동전
인간실격	프랑켄슈타인
사람은 무엇으로 사는가	데미안
다섯째 아이	바보 이반
대위의 딸	노인과 바다
파리대왕	레 미제라블
모두가 나의 아들	고도를 기다리며
야간비행	어린 왕자

고전 苦戰 의 고전 古典

김규범 지음

인류 역사상 가장 위대한 인물
'아버지'에게 바칩니다.

── 프롤로그 ──

'문학'과 '직장'이 어울리는 주제일까?

저는 20년 조금 넘게 직장 생활을 이어오고 있는 사람입니다. 책을 읽기 시작한 지는 30년 정도 되었습니다. 직장 생활을 하는 동안 정말 다양한 사람들을 만나면서 별의별 꼴을 다 경험한 것 같습니다. 직장 안에서 인간의 '칠정(七情)'이라 불리는 '희, 노, 애, 락, 애, 오, 욕(喜, 怒, 哀, 樂, 愛, 惡, 欲)'의 상황을 모두 목격하다 보니 어느새 제 가슴속이 시커멓게 변해 있더군요. 그런데 신기하게 일하는 틈틈이 읽었던 수많은 '문학작품' 속에서도 인간의 칠정이 보였습니다. 문학작품은 직장 생활의 칠정과 반대로 시커멓게 변한 제 가슴속을 청소해주어 세상에서 버틸 힘을 보태주었습니다.

직장과 문학작품, 둘은 결국 같은 것을 다루고 있습니다. 그것은 바로 '인간'입니다. 그렇지만 둘의 인간에 대한 접근 방식은 완전히 다릅니다. 직장이 보여준 칠정이 인간에 대한 정의를 우리가 직접 내릴 것을 주문하고 옳고 그름의 판단도 우리 몫으로 남겨주었다면, 문학이 보여준 칠정은 작가가 바라본 인간의 정의와 옳고 그름에 대한 힌트를 제시하면서 우리에게 선택의 기회를 주었습니다. 우리는 다양한 작품을 읽고 어떤 것을 받아들일지 고르기만 하면 되었죠.

직장은 우리에게 이것저것 따질 시간을 주지 않습니다. 늘 즉흥적인 판단을 요구하고, 그 결과에 대한 책임을 묻는 냉혹한 곳입니다. 이는 업무 문제에만 한정되지 않습니다. 모든 문제는 늘 인간에 관한 문제와 연관되어 있습니다. 그렇다면 이런 문제에 미리 대비하고 연습할 방법은 없는 것일까요? 문학작품이 그 방법이 될 수 있습니다. 우리는 문학작품이 제시한 인간의 다양한 정의에 대해 사색하면서 직장에서 마주하는 즉흥적인 상황에 대비할 수 있습니다. 특히 '고전'이라 불리는 위대한 작품들은 '인간에 대한 깊은 통찰'과 더불어 '인간이 나아가야 할 올바른 방향'을 담고 있어서 우리가 올바른 판단을 내리는 데 좋은 길잡이 역할을 해줄 수 있습니다.

문학작품을 통한 사색이 당신의 삶을 변화시킬 것입니다.

그렇지만 요즘처럼 바쁜 세상에 책을 펼친다는 것이 쉬운 일은 아닙니다. 세상은 점점 더 바쁘고 정신없이 돌아가고 있습니다. 늘 바쁘게 일해야만 생존할 수 있기 때문입니다. 대부분의 현대인은 현실이지만 현실 같지 않은 직장에 몸담은 채 시간을 쪼개 학원에 다니거나 투잡, 쓰리잡을 뛰고 있습니다. 저는 'N잡러'라는 신조어가 당연하게 받아들여지는 현실이 너무나도 슬픕니다. 개인이 이런 상황에 처해 있는데 직장은 어떤가요? 개개인의 고충 따위에는 관심도 주지 않으면서 오히려 '창의'나 '진취', '긍정', '지성'을 모두 갖추라고 압박합니다. 현실을 알면서도 이런 요구를 한다는 사실이 불합리할 따름입니다. 그럼에도 우리는 살기 위해 따를 수밖에 없는 입장입니다. 직장은 이것들이 모두 개인에게 도움이 된다는 '명분'을 가지고 있기에 뭐라 따지고 들기도 어렵습니다. 그렇다면 우리는 어디서 이런 걸 다 배워야 할까요?

치열하게 살아가는 직장인에게, 죄송하지만 독서를 권하겠습니다

권하는 김에 정확하게 짚어 드립니다. '고전문학'을 읽으세요. 고전이라 불리는 작품에는 '세대를 뛰어넘는 통찰'이 담겨 있습니다. 가깝게는 수십 년, 멀게는 수천 년이 지난 작품들이지만, 21세기에도 여전히 공감할 수 있는 이야기로 인간에게 깨달음을 전하는 넘사벽 클래스를 자랑하는 것들이 바로 고전문학입니다. '인간 존재', '삶의 목적', '세상의 질서', '관계', '이상' 등 다양한 물음과 답이 담긴 고전을 읽는다면 '깨달음'이라는 선물 상자를 받을 수 있습니다. 그리고 그 상자를 열면 직장이 요구하는 대부분의 것들을 얻게 될 것입니다.

학창 시절 고전을 읽고 큰 감동을 받았던 사람은 많지 않습니다. 오히려 읽기 어려워 피하게 되는 명분을 제공했을 가능성이 더 큽니다. 하지만 세상 풍파에 시달려 녹초가 된 지금 고전을 다시 펼쳐본다면 엄청난 울림을 느낄 수 있을 겁니다. 혹시 읽다가 눈물을 펑펑 쏟을지도 모릅니다. 짧은 명언 한 줄에도 강렬한 인상을 받아 카톡 상태 메시지에 옮겨 적는 여러분에게 가슴을 울리는 문장이 가득한 책을 권하는 겁니다.

마음의 울림을 느끼고 눈물을 펑펑 쏟게 만들 작품.

그래서 이 책은

우리 모두 바쁘게 사느라 나를 잃어버린 채 살고 있습니다. 하지만 잘 찾아보면 보입니다. 그리고 우리에게는 여전히 '지식에 대한 욕구'가 살아 있습니다. 궁금증을 갖는다는 것, 질문을 한다는 것, 이러한 '자발적인 욕구'는 지금껏 인류의 영속에 중요한 동력을 제공해왔습니다. 그래서 이 책은 현대를 살아가는 이들의 '지적 욕구 충족'과 일에 몰두해 자신을 잃어버린 이들의 '삶의 목적 회복'을 목표로 설정하고, '고전 문학작품' 30편의 줄거리와 작가 정보가 담긴 '정보서'와 20년 넘게 월급쟁이로 살아온 저의 경험이 담긴 '직장인 에세이', 그리고 직장인들에게 더 나은 삶을 살 수 있는 방법, 더 행복을 느낄 수 있는 **방법을 안내하는 '동기부여 자기계발서'가 합쳐진 '하이브리드 지식서'**로 설계되었습니다. 이를 위해 '보편적인 해석'과 '깊이 있는 해석'을 과감히 포기하고, 모든 고전 문학작품의 해석을 직장에서의 에피소드와 연결 지어 직장인과의 공감을 시도합니다.

원작을 읽어본 독자에게는 '색다른 해석'을,
작품을 처음 접하는 독자에게는 '원작을 읽고 싶다는 생각'을.
세상살이에 지친 직장인에게는 '공감과 응원'을.

이 책이 여러분께 지식과 공감을 제공하고 힘찬 응원을 전하는 책이 되길 기원합니다.

2022년 초봄
김규범 그리고 사월이 아빠

목차

프롤로그   6

제1장 | **워밍업** 나와 상대를 파악하는 시간

챌린저: 나를 알아보자   18
당신은 무엇 때문에 일을 하나요? – 『달과 6펜스』   21
돈과 전면전을 벌인 사나이 – 『엽란을 날려라』   28
웃는 이유와 웃어야만 하는 이유 – 『웃는 남자』   36

상대가 가진 기술: 인간   45
먼저 다가오는 인간 – 『그리스인 조르바』, 『차라투스트라는 이렇게 말했다』   48
자기 얘기만 하는 인간 – 『젊은 베르터의 슬픔』   61
육체만 성장한 가짜어른 – 『호밀밭의 파수꾼』   71
자기합리화에만 진심인 인간 – 『아큐정전』   80
도와주고 싶은 인간 – 『인간실격』   89

제2장 | **Round 1. 가드** 공격 받아보기

상대의 집중 공격: 숏 블로   101
속임수: 언더커버 조심하세요 – 『사람은 무엇으로 사는가』   103
소문: 내 편인 듯 내 편 아닌 사람들 – 『다섯째 아이』   112
권위: 너도 나도 결국 똑같은 인간이야 – 『대위의 딸』   120

상대의 광역 공격: 드로잉   130
정치: 모험 가득해 보이지만 실상은 너무나 잔인한 곳 – 『파리대왕』   132
명분: 일단 이유를 만들란 말이다 – 『모두가 나의 아들』   145
주인의식: 나는 그저 도구일 뿐인가 – 『야간비행』   154

제3장 | Round 2. 어그레시브 적극적인 공격

인파이팅: 파고들어 공격하기 164
아무리 가까워도 말조심 하세요 – 『테스』 166
찰칵! 찍혔습니다 – 『참을 수 없는 존재의 가벼움』 177
영혼까지 털어 드립니다 – 『1984』(feat. 직장의 실체) 189

아웃복싱: 상대와 멀리 서기 198
여행, 19세기 런닝맨 – 『80일간의 세계일주』 201
스릴, 가끔은 스릴을 찾는 것도 좋습니다 – 『모비 딕』 211
당신이 없어도 잘 돌아갑니다 – 『귀향』, 『변신』 221
부록 내가 왕이 되는 세상 『홍길동전』 230

제4장 | Round 3. 사이드 스텝 조심스런 공격

이펙티브 블로: 효과적인 타격 243
우선 지식부터 쌓으세요 – 『프랑켄슈타인』 246
깨닫는 순간 나를 만난다 – 『데미안』 257
요령 피우지 않아야 합니다 – 『바보 이반』 267
끈질기게 버텨내는 힘 – 『노인과 바다』 278

판정: 타이브레이커 287
희망을 포기하지 않은 인간들 – 『레 미제라블』 289
언젠가는 올 것이라 생각하면 오겠죠? – 『고도를 기다리며』 304
죽은 동심을 살려내는 네크로맨서 – 『어린 왕자』 311

에필로그 320

제1장

워밍업
나와 상대를 파악하는 시간

삶이 좀 더 나아질 방법을 찾고 싶으신가요?

우리는 이제부터 더 나은 삶을 살 방법을 찾기 위해 우리가 일하고 있는 직장과 승부를 겨룰 것입니다. 경기 종목은 '복싱'입니다. 먼저 복싱을 선정한 이유에 대해 알아보겠습니다.

1) 고개 들지 마라

선수는 항상 글러브 뒤에 얼굴을 감추고 고개를 숙인 채 상대를 주시합니다. 턱을 가격당하면 치명적이기 때문이죠. 그런데도 자꾸 고개를 듭니다. 그러다 결국 턱을 맞고 쓰러지죠. 우리 삶도 마찬가지입니다. 조금 잘났다고, 조금 잘나간다고 고개 빳빳이 들고 돌아다니는 것은 위험합니다. 늘 겸손해야 합니다. 우리에게는 고개를 숙이는 연습이 필요합니다.

2) 입 조심해라

선수는 경기 중에 안면 보호를 위해 마우스피스를 착용합니다. 이번에도 중요한 곳은 턱입니다. 입을 벌린 채로 턱을 가격당하면 굉장히 아픕니다. 정말 많이 아파요. 그래서 경기 내내 이를 악물게 됩니다. 세상살이도 마찬가지입니다. 이를 악물고 덤벼들어야 합니다. 늘 진지한 모습으로 정신 바짝 차리고 살아야 합니다.

우스갯소리로 '마우스피스는 욕하지 말라고 착용한다'는 말이 있습니다. 자꾸 맞다 보면 욕할지도 모르니까 꽉 물고 있으라는 말이죠. 여기서도 배울 것이 있습니다. 세상살이에서는 '입 조심'이 중요하다는 것. 이렇듯 작은 보호구 하나에서도 인생을 발견합니다.

3) 배려하라

복싱 글러브는 착용하고 있는 선수의 손을 보호합니다. 그리고 상대 선수도 보호합니다. 그렇기 때문에 경기용 글러브는 찢어지기 쉬운 비닐 소재가 아닌 튼튼한 가죽으로 만든 것을 착용합니다. 많은 사람들이 글러브는 선수 자신을 보호한다고만 생각하는데 정반대 역할도 하고 있는 것을 알 수 있습니다. 어찌 보면 정말 원시적인 방식으로 주먹을 주고받는 경기에서조차 '상대에 대한 배려'를 기본으로 하고 있는 겁니다. 정말 멋지지 않나요?

이렇게 '겸손'과 '조심성', '배려'라는 사회생활에 꼭 필요한 덕목이 잘 버무려진 '복싱'이 직장과의 경기 종목으로 선정되었습니다.

지금부터 본격적인 훈련을 시작합니다.

※ 지금 필요한 복싱 용어

- 챌린저(challenger): 도전자
- 복싱 링(boxing ring): 6.1m의 정사각형 바닥과 테두리를 두른 3단의 로프로 구성된다.
- 라운드(Round) 게임에 따라 시간과 횟수는 다르다. 보통은 3~15회, 라운드 3분, 휴식 1분
- 케이오(K.O. 또는 k.o. knockout): 선수가 링에 쓰러져 경기를 속행할 수 없는 상태

챌린저
나를 알아보자

우리는 직장에서 '일'을 하며 살아가고, 그 일한 대가로 '돈'을 받습니다. 직장인이라면 월급을 받을 것이고, 사업가라면 직접 돈을 벌어들일 것입니다. 모든 사람은 그 돈으로 삶을 유지하고 있습니다. 하지만 늘 넉넉지 못해서 힘들어 합니다.

"월급은 통장을 스쳐간다."
"월급 = 사이버머니."
"장부상으로만 존재하는 금액."

우리는 매일 수많은 사람들과 만납니다. 정말 소중한 사람부터 전혀 모르고 스쳐 지나는 사람, 좋아하는 사람, 싫어하는 사람, 미워하는 사람, 도저히 이해 못할 사람, 마주치기 싫은 사람, 차라리 죽어버렸으면 하는 사람까지…. 우리는 이 모든 만남에서 '평정심'을 유지하기 위해 애쓰며 살고 있습니다. 잘 참다가 한 번만 삐끗해도 인간관계가 피곤해지기 때문입니다. 이런 만남이 '직장'에서 이루어진다면 더욱 조심할 수밖에 없습니다. 왜냐고요? 더 이상의 설명은 너무 슬퍼서 생략합니다.

이른 아침 눈을 뜨고 무거운 몸을 간신히 일으켜 집을 나섭니다. 꽉 막힌 도로에서 이리저리 치이며 직장에 도착해 비슷한 처지의 인간들과 만납니다. 서로가 힘들다는 것을 잘 알면서도 도대체 아군인지 적군인지 정확하게 선을 긋지 못하는 사이… 종일 업무에 치이고, 사내 정치에 휘둘리고, 갑질도 모자라 을질까지 당해가며 하루를 보내고 나면 다시 꽉 막힌 도로에 올라선 자신과 마주합니다. 그러고는 몇 시간 뒤면 또다시 오늘이 반복된다는 사실을 깨닫고 갑갑함을 느끼죠.

'당신의 희망은 무엇인가요?'
'어릴 적 꿈이 기억나긴 하나요?'

너덜너덜해질 정도로 세상 풍파에 시달리며 겨우겨우 벌어들인 돈은 이미 흩어지고 없습니다. 그럼에도 물가도 세금도 계속 올라갑니다. 그저 내 몸 하나 뉘일 곳을 찾고 싶은데 집값이 하늘을 뚫고 올라가 끝이 보이지 않습니다. 민달팽이 같은 이놈의 삶이 쓰라릴 뿐입니다.

"아니! 이래서야 승부를 겨룰 수 있겠습니까?"

이 상태로 무턱대고 링에 올랐다가는 곧장 K.O될 게 뻔합니다. 안 되겠습니다. 우선 '나'와 '상대'에 대한 '분석'부터 차근차근 시작해야겠습니다.

당신은 무엇 때문에 일을 하나요?
『달과 6펜스』

The Moon and Sixpence
- 영국 작가 '윌리엄 서머싯 몸(William Somerset Maugham)'의 1919년 작품
- 장편소설, 심리물, 실화소설, 전기소설

주인공 '찰스 스트릭랜드'는 영국의 증권 중개인이자 두 아이의 아버지로 평범한 삶을 살고 있습니다. 그런데 어느 날 갑자기 17년간 함께 살아온 부인과 자식들을 내팽개치고 갑자기 집을 나가버립니다. 그의 아내는 곧바로 그동안 남편과 교류하던 문학계 인사들의 도움을 받아 소설가 한 명을 소개받은 다음 그에게 "남편을 찾아서 설득해 집으로 데려와 달라"는 부탁을 합니다. 그 소설가가 바로 이 작품의 화자인 '나'입니다.

소설가는 파리에서 스트릭랜드를 만나 설득하기 시작합니다. 하지만 스트릭랜드는 "남은 평생을 그림에 바치기 위해 집을 나온 것"이라고 대답하죠. 소설가는 지금껏 그림을 배운 적도, 공부한 적도 없는 사람이 남은 평생을 그림에 바치겠다고 하는 말에 쉽게 납득할 수 없었습니다. 결국 소설가는 그를 설득하지 못하고 발길을 돌려야 했습니다. 그렇게 5년이라는 세월이 흐릅니다.

스트릭랜드는 지금 파리에서 화가로 일하며 살고 있습니다. 하지만 어려운 경제 사정과 쇠약해진 몸 때문에 편치 않은 삶을 살고 있죠. 그때 마침 스트릭랜드의 작품 실력에 감동받은 '스트로브'라는 화가 지망생이 그의 어려운 사정을 친구에게 전합니다. 그 친구는 5년 전에 스트릭랜드를 설득하지 못하고 돌아갔던 소설가였습니다. 두 사람은 다락방에서 곧 죽을 사람처럼 잠들어 있는 스트릭랜드를 발견해 스트로브의 집으로 데려가 간호를 시작합니다. 하지만 스트로브가 베푼 선의는 결국 자신의 인생에 큰 상처를 남기고 맙니다. 스트릭랜드가 무섭다며 집에 들이는 것을 반대했던 그의 아내가 어느새 스트릭랜드를 사랑하게 되었고, 얼마 후 건강을 회복한 스트릭랜드가 그의 아내를 빼앗아 버렸기 때문입니다. 스트릭랜드는 이기적인 자신의 성격을 그대로 드러내며 욕망에 따라 행동했고, 관습이나 통념을 완전히 무시한 위악적인 모습으로 스트로브의 선의에 냉소를 보냈습니다. 결국 스트로브의 아내는 음독자살로 생을 마감하고 맙니다. 그럼에도 스트릭랜드는 그녀의 죽음에 아무런 죄책감도 느끼지 않습니다. 그녀가 그저 자신의 예술을 위한 모델일 뿐이었다고 생각할 뿐입니다.

그 후 스트릭랜드는 예술에 대한 집념을 계속 이어가기 위해 파리를 떠나 마르세유로 갔다가 남태평양의 '타히티 섬'으로 거처를 옮깁니다. 그리고 그곳에서 '아타'라는 여성과 결혼해 자식까지 낳고 살기에 이릅니다.

이제 후반에 접어든 이야기는 타히티 섬으로 여행을 떠난 소설가가 그곳에서 한센병에 걸려 최후를 맞이하는 스트릭랜드를 목격하는 장면으로 이어집니다. 스트릭랜드는 타히티 섬에서 지내는 동안 많은 작품을 창작합니다. 그중 그가 남긴 마지막 작품이 그가 살던 오두막의 벽에 그려져 있었는데요. 스트릭랜드가 세상을 떠나면서 오두막을 불태우라는 유언을 남기면서 그 작품은 영원히 사라지고 맙니다. 이야기는 이후 그의 작품들이 세상의 인정을 받기 시작하는 모습을 보여주며 마무리됩니다.

『달과 6펜스』는 작가 '윌리엄 서머싯 몸'이 유명 작가로 명성을 얻는 데 큰 역할을 한 작품입니다. 1874년 프랑스 파리 주재 영국 외교관의 아들로 태어난 그는 파리에서 유년기를 보냈습니다. 8살, 10살 되던 해에 부모가 각각 세상을 떠나자 그는 영국으로 건너가 목사인 숙부의 보호를 받으며 성장해 의대에 진학했습니다. 그렇지만 의학보다 문학에 더 흥미를 보이던 그는 1897년 자신의 의대 경험과 런던 빈민들의 이야기를 다룬 첫 작품 『램버스의 라이자(Liza of Lambeth)』를 발표한 것을 계기로 작가의 길을 걷기 시작합니다. 그는 1900년대에 들어 자신이 집필한 희곡이 극장에 상연되어 주목을 받으며 전성기를 맞이했고, 자신의 청소년기를 다룬 자전적 작품 『인간의 굴레(1915)』와 『달과 6펜스』가 성공하면서 큰 명성을 얻었습니다.

이후 그는 출간 후 70년 넘게 주목받지 못하던 에밀리 브론테의 『폭풍의 언덕(Wuthering Heights, 1847)』을 걸작으로 재평가받게 만들었고, 출간 후 누구의 주목도 받지 못했던 허먼 멜빌의 『모비 딕(Moby-Dick, 1851)¹』을 미국을 대표하는 고전의 반열에 올려놓는 등 '대작가의 파워'를 아낌없이 발휘합니다. 한편 그는 『과자와 맥주(1930)』, 『면도날(1944)』, 『카탈리나(1948)』 등의 걸작을 발표하며, 1957년에 노벨 문학상을 수상하기도 했습니다. 윌리엄 서머싯 몸은 지금까지도 대중성을 존중하는 쉬운 문장과 매력적인 어감으로 인간을 날카롭게 풍자한 작가라는 평가를 받으며 '영문학의 거장'으로 인정받고 있습니다.

둘 중 하나

『달과 6펜스』는 우리에게 잘 알려진 프랑스 후기인상파 화가 '폴 고갱(Paul Gauguin)'이 타히티 섬에서 생활한 것에서 영감을 얻어 쓰여진 작품으로, 작가의 유미주의²적 태도, 다시 말해 '강한 자율성'이 녹아 있는 작품입니다.

우리는 요약된 작품의 줄거리만 보고도 주인공 스트릭랜드가 은혜도 모르는 자기중심적이고 기행을 일삼는 인물이라고 생각하게 됩니다. 하지만 그런 생각은 그를 지금 우리의 삶에 대입하는 순간 다르게 보입니다. **'진정으로 원하는 것을 얻으려면 자기중심적인 태도를 가져야 한다'**라는 현실을 깨닫게 되는 거죠. 그렇다면 스트릭랜드의 행동에 대해 다시 한번 생각해보겠습니다. 스트릭랜드가 진

---

1 제3장 「모비 딕」 편을 참고해주세요.
2 19세기 중반, 합리주의나 기계주의에 대한 반동(反動)에서 나타난 사조로 미학적 기준은 도덕성·실용성·쾌락 등에 얽매이지 않는 자율성을 지녀야 한다고 주장했던 태도 및 세계관.

정으로 얻으려 했던 것은 무엇이었을까요? 그 답은 작품의 제목에서 찾을 수 있습니다. 『달과 6펜스』의 '달'은 '그림'으로 대표되는 '이상', 즉 '예술적 창조 욕구'를 상징합니다. 그리고 가장 작은 화폐 단위인 '6펜스'는 주인공이 버린 일상과 세속적 규율이나 인습, 즉 '현실'을 상징합니다. 작가는 이를 통해 '이상'과 '현실'이 대립하는 세상을 보여준 것인데요. 이 작품을 읽으며 우리는 안타깝게도 이 두 가지를 모두 가질 수 없다는 것을 알게 됩니다. 무조건 둘 중 하나만 골라야 하는 거죠.

직장에도 소위 '잘나가는 인간'들이 있습니다. 그들은 마치 약속이라도 한 듯 '재수 없는' 경우가 대부분입니다. '입신'과 '출세'를 위해 자존심은 던져버린 채 강자에게는 비굴하고 약자에게는 잔인한 태도를 보이며 남의 아이디어를 가로채거나 상대를 짓밟아 비참하게 만드는가 하면, 웃는 얼굴에 침을 뱉거나 수시로 뒤통수를 치기도 합니다. 그 잘나가는 인간들은 심지어 재물이나 가족을 야망을 향한 도구로 삼는 데도 망설임이 없습니다. 결국 그렇게 자신이 원하는 자리에 올라선 뒤에도 그들의 '재수 없는' 악행은 그칠 줄을 모릅니다. 이제는 그것을 유지하기 위해 또 다른 악행을 저지르며 직장에 붙어 있습니다. 그럼에도 이들에게는 죄의식이나 미안함이라는 감정은 없습니다. 스스로 대단하다고 여기며 넘치는 자신감을 과시하기에 바쁠 뿐이죠. 저는 지금까지 여러 직장을 다니면서 정직함과 성실함만으로 높은 자리에 오른 사람을 본 적이 없습니다. 그들이 겨우 높은 곳에 근접했을 때마다 잘나가는 인간이 나타나 그것을 가로채는 모습만 수없이 목격했을 뿐입니다. 결국 직장의 '높은 자리'나 '좋은 자리'에는 배려, 양보, 선함만 가진 사람은 단 한 명도 없습니다. 왕관을 얻기 위한 필수 조건에 '재수 없음'이 포함되어 있기 때문입니다. 이들이 바로 『달과 6펜스』라는 제목에서 달을 선택한 인간들입니다.

저는 지금까지 매우 노골적인 표현을 사용해 달을 선택한 사람을 비난했습니다. 읽는 동안 여러분은 어떤 생각을 하셨나요?

'그래도 이건 좀 너무….'

맞습니다. 많이 불편하셨을 겁니다. 우리는 이미 이들이 '달을 선택한 이유'도 알고 있기 때문입니다. 동시에 '나도 달을 선택하고 싶다'는 마음을 가지고 있기도 하죠. 그렇기 때문에 달을 선택한 인간을 노골적으로 비난하는 것이 불편했던 것입니다. '이상'과 '현실', 이 둘 중에 하나만 가져야 하는 세상, 『달과 6펜스』는 바로 여기에서 시작한 이야기입니다. '이상'에 다가가기 위해서는 많은 '현실'을 버려야 합니다. 덕분에 대다수 인간들이 달보다는 6펜스를 고르는 것에 정당성을 부여하며 '합리화의 공감대'를 형성하고 있습니다. '재수 없다'라는 말을 앞세워 달을 선택하지 않는 자신의 행동이 옳은 일이라고 몰아가는 분위기, 스스로에게 솔직하려면 자신이 마음 한쪽에 달을 품고 있다는 것을 인정해야 하는데 말이죠.

　우리는 둘 중 하나를 골라야 할 뿐이고, 거기에 정답은 없습니다. 이렇듯 둘로 나뉜 특성을 가진 달과 6펜스, 그럼에도 우리는 이들에게서 공통점을 찾아낼 수 있습니다. 그것은 바로 모두가 '돈'을 벌기 위해 직장에서 일을 하고 있다는 사실입니다. 그래서 우리는 이번 승부의 가장 큰 틀에 돈을 놓고, 그 안으로 들어가 주어진 '현실', 즉 직장 안에서 스스로 만족을 찾는 방법을 찾아내는 데 집중하겠습니다. 달과 6펜스 중에서 어떤 것을 선택했느냐에 대해 옳고 그름을 따지지 않겠습니다. 당신이 만족하면 되는 겁니다.

　〈목표〉
　'더 나은 삶을 살 수 있는 방법'
　'더 행복을 느낄 수 있는 방법'

돈과 전면전을 벌인 사나이
『엽란을 날려라』

Keep the Aspidistra Flying
- 영국 작가 '조지 오웰(George Orwell)'의 1936년 작품
- 장편소설, 픽션, 사회비판 소설

주인공은 29세 남성 '고든 콤스톡'입니다. 그는 시인을 자처하지만 지독한 가난에 시달리느라 정상적인 작품 활동을 하지 못하고 있습니다. 주간에는 몇 푼 안 되는 주급을 받기 위해 도서대여점에서 일하고, 야간에는 좁아터진 하숙방에서 주인 눈치를 받으며 숨만 쉬고 있습니다.

그의 집안은 아버지 대에서부터 기울기 시작했습니다. 어려서부터 보고 자란 것이라고는 할아버지가 벌어놓은 돈을 탕진하고 몰락해버린 친척들의 모습을 통해 본 '가난'뿐이었습니다. 그의 부모님은 어려운 형편에도 교육에 공을 들였습니다. 덕분에 주인공은 근사한 사립 기숙학교에 다닐 수 있었죠. 하지만 무리해서 좋은

학교를 보낸 것 때문에 주인공은 오히려 경제적 차이로 인한 '차별'을 경험하게 됩니다. 결국 주인공은 '돈에 대한 숭배'를 혐오하기 시작합니다. 성인이 되어 첫 직장에 취직했을 때는 이미 '직장 생활로 돈을 버는 행위 = 돈의 노예가 되는 것'이라는 생각이 굳어져 있었죠. 결국 얼마 못가 직장을 그만둔 주인공은 누나의 도움으로 '광고회사'에 일자리를 얻습니다. 하지만 그는 자신이 '광고회사'에서 돈을 받고 있으면서도 여전히 '자본주의 사회에서의 광고는 가식적이고 교활한 것'이라 생각하며 혐오감을 드러냅니다. '돈이 없는 것이 더 자유로운 것'이라는 생각에 차라리 밑바닥에서 시를 쓰겠다며 또다시 직장을 그만둬버립니다.

그렇게 '돈과의 전쟁'이 시작됩니다.

주인공 주변에는 다행히 그를 진심으로 생각해주는 사람들이 있습니다. 바로 친구와 누나, 그리고 애인입니다. 그중 경제 사정이 넉넉한 친구는 늘 주인공을 배려하고, 일자리도 마련해줍니다. 동생을 끔찍하게 생각하는 누나도 주인공이 어려울 때마다 돈을 보태줍니다. 그리고 애인은 변함없이 그의 곁을 지키고 있죠. 반면 주인공은 친구에게는 고집쟁이 염세주의자일 뿐이고, 누나에게는 주는 것 없이 받기만 하는 사람일 뿐이며, 애인에게는 가진 것도 없이 자존심만 내세우는 남성 우월주의자일 뿐입니다. 이들 외에는 딱히 그를 반겨주는 사람이 없습니다. 세상에 그와 어울릴만한 상대는 어디에도 없고, 늘 돈 때문에 수모를 겪으며 모멸감을 반복해서 느끼며 사는 중입니다.

    그러던 어느 날, 가난 속에서도 예술가의 신념을 지키겠다며 틈틈이 써서 투고했던 시가 잡지에 실리면서 원고료를 받은 주인공은 오랜만에 돈을 손에 쥡니다. 어떻게 돈을 사용할지 생각하던 그는 우선 절반은 누나에게 빌린 돈을 갚고, 나머지는 친구와 애인을 근사하게 대접하고, 담배도 사고 옷도 사기로 합니다. 곧이어 친구와 애인을 저녁 식사에 초대합니다. 주인공은 보란 듯이 비싼 음식과 술을 주문하며 온갖 폼을 잡습니다. 그러면서 '역시 돈이 있으니까 다르군. 사람들이 더 깍듯하게 대하는데?'라고 생각합니다. 하지만 안타깝게도 자제력을 잃은 그는 만취한 상태로 돈을 탕진하다 급기야 경관을 폭행해 유치장에서 아침을 맞이하게 됩니다. 경관을 폭행한 사건이 지역 언론에 보도되면서 그는 일자리를 잃고 더 좁아터진 집으로 거처를 옮겨야 했습니다. 정신적으로 상당한 충격을 입은 그는 살아갈 의지마저 잃어버린 채 좁아터진 하숙방에 들어박힙니다. 얼마 후 누나와 애인이 하숙방에 찾아와 예전 직장으로 복귀시키려고 설득해보지만 그는 말을 듣지 않습니다. 그날 애인과의 첫 잠자리를 가졌을 뿐 달라진 것은 아무것도 없습니다. 그렇게 춥고 배고픈 겨울이 지나갑니다. 추위가 물러나고 따뜻한 봄을 맞이한 주인공은 봄과 함께 찾아온 놀라 자빠질 소식을 전해 듣습니다. 바로 애인의 임신 소식이었습니다. 맞습니다. 그날 그랬던 모양입니다. 하지만 당장 입에 풀칠하기도 힘든 상황입니다. 어떻게 해야 하나…, 아이를 지워야 하나? 그는 매우 진지한 고민에 빠집니다. 그리고 결혼해서 아이를 키우겠다는 결정을 내리고 '광고회사'에 복귀해 돈을 벌기 시작합니다. 누나와 친구의 도움으로 신혼집을 마련한 그는 새로운 출발선에 섭니다. 이렇게 '돈과의 전면전'이 종료됩니다.

―

작가 '조지 오웰'은 1903년, 영국의 식민지였던 인도의 작은 마을에서 태어났습니다. 본명은 '에릭 아서 블레어(Eric Arthur Blair)'이고, 조지 오웰은 그의 필명입니다. 조지 오웰의 초기작으로 분류되는 이 작품은 작가의 곤궁했던 시절을 배경으로 한 '자전적 소설'이자, 1930년대 사회를 통렬하게 풍자한 '사회비판 소설'입니다.

작가는 2살 때 어머니와 함께 영국으로 건너왔고, 식민지 관료로 인도에서 근무했던 아버지는 그가 9살 때 영국으로 돌아왔습니다. 지주였던 증조할아버지로부터 성직자인 할아버지로 이어진 그의 집안은 아버지 대에서 기울기 시작해 그는 넉넉지 못한 경제 사정에서 성장했습니다. 그럼에도 어머니 인맥의 도움으로 비싼 학비를 내야 하는 사립학교에 다니며 대학 입학 자격을 얻었습니다. 이 부분에서 『엽란을 날려라』의 '고든 콤스톡'의 모습이 보입니다. 하지만 그는 대학 진학을 포기하고 아버지처럼 식민지 관료가 되기로 결심한 뒤 미얀마에서 경찰관으로 일하게 됩니다. 5년 정도 일하는 동안 그는 많은 생각의 변화를 경험했습니다. 그는 식민지 관료로 일했던 시절에 대해 이런 말을 했습니다. "내 나라에 대해 좀 더 자세히 보기 시작했고, 영국 또한 다른 나라를 탄압하고 있었다는 것을 알게 되었다." 그러고는 '죄책감을 느꼈다'는 말을 덧붙였습니다. 그는 이미 '인간이 인간을 지배하는 것'에 대한 자기혐오에 빠졌던 것입니다. 결국 건강상의 이유로 잠시 영국으로 돌아온 그는 미얀마로 돌아가지 않고 작가의 길을 걷기 시작합니다. 작가가 '반제국주의 정서'를 강하게 드러낸 소설 『버마 시절(1934)』에서 이 시기의 모습을 엿볼 수 있습니다.

본격적으로 작가의 길에 들어선 그는 오랜 가난을 견뎌야만 했습니다. 그 시절 접시닦이, 서점 점원 등으로 겨우 생계를 유지하며 글을 썼던 그의 경험은 『파리와 런던의 밑바닥 생활(1933)』, 『엽란을 날려라』, 『위건 부두로 가는 길(1937)』에서 엿볼 수 있습니다. 그는 가난을 견디는 동안 '자본주의로 인해 인간이 피폐해진다'라는 생각을 굳혔고, '사회주의자'가 되었습니다. 그리고 '파시즘'에 대항하는 의미로 참전한 '스페인 내전'에서의 경험을 담은 『카탈로니아 찬가(1938)』라는 작품을 발표합니다.

이후 '소련'과 '스탈린'에 대한 신랄한 비유를 가득 담아 발표한 『동물농장(1945)』이 사상에 관한 이슈에도 불구하고 미국에서 출판될 정도로 예상 밖의 성공을 거두면서 오랜 가난에서 탈출할 수 있었습니다. 곧이어 그는 전체주의와 그간 자신이 오랫동안 경험해 온 전쟁과 이데올로기의 참상에 대한 비판을 담은 『1984(1949)』를 발표했지만, 이듬해 지병으로 세상을 떠났습니다. 조지 오웰의 글에는 대부분 자신의 인생을 투영한 페르소나가 등장합니다. 이는 조지 오웰에 대해 평가하는 이들이 '자신을 투영해 당대의 사회적 문제를 풍자하고 해결방법을 제시했다'라는 긍정적인 평가를 내리는 이유인 동시에 '마르크스주의 계열의 사회주의자'인 그를 부정적으로 평가하는 이유로도 작용하고 있습니다.

자의적 선택

『엽란을 날려라』는 '돈'이 얼마나 무서운 것인지를 잘 보여주는 작품입니다. 이 작품은 처음부터 끝까지 돈, 돈, 돈에 대해 다루고 있습니다. 이를 통해 '가난이 어떻게 개인의 자존감을 무너뜨리는가?'라는 주제를 지독할 만큼 자세히 묘사하며 분석하고 있습니다. 우리는 '돈이 없으면 인간의 자존감이 얼마나 바닥으로 떨어지는지', '돈의 힘과 중요성을 무시할 때 어떠한 결과가 찾아오는지' 등의 메시지를 마주하면서 돈이 가진 위력을 간접적으로 경험하게 됩니다. 특히 이 작품의 모든 이야기가 실화를 바탕으로 쓰였다는 것을 알게 되는 순간, 머리가 띵할 만큼 우울한 현실을 깨닫게 될 것입니다. 게다가 발표 후 100년 가까운 시간이 지났는데도 여전히 돈의 위력이 변함없다는 사실에 절망하게 될지도 모릅니다.

작품 제목에 등장하는 '엽란'은 주변에서 관상용 화분으로 흔히 볼 수 있는 식물의 이름입니다. 1930년대 런던에서는 거의 모든 가정에서 엽란을 키웠다고 합니다. 이 작품은 "모든 가정에서 엽란을 키우는 모습을 모든 사람이 돈의 지배를 받으며 살고 있는 현실"에 대응시키고 있습니다. 그렇기에 주인공은 엽란을 싫어했습니다. 어디서나 볼 수 있고, 자신의 방에도 있고, 심적 타격을 받아 이사한 하숙집의 주인마저도 분위기 전환용이라며 선물하는 엽란이 싫었던 것이죠. 하지만 작품 후반에는 '돈과의 전면전'을 종료한 주인공이 스스로 신혼집에 놓을 엽란을 사러 가는 모습을 보여줍니다. 그토록 싫어했던 엽란이었는데 말이죠.

⌒

우리는 하루에도 몇 번씩 '다 팽개치고, 그냥 하고 싶은 대로 살아버릴까?' 하고 생각합니다. 하지만 대부분 극단적인 행동이 위험하다는 것을 알고 있기에 실천하지는 않습니다. 『엽란을 날려라』는 이런 극단적인 행동을 했을 때 발생할 수 있는 비참한 모습을 간접적으로 경험하게 해줍니다. 우리는 이 작품에 등장하는 주인공의 모습을 통해 남들이 말하는 '좋은 직장'을 그만둬 보기도 하고, 최소한의 생계비만 유지하면서 원하는 삶을 살아보기도 하고, 실컷 돈을 모독하고, 돈에 반역하고, 돈의 세계 바깥으로 나가버리는 행동을 간접적으로 경험할 수 있습니다. 우리가 갖고 있던 막연한 위협에 대한 구체적인 그림인 것입니다. 소설 밖에 사는 우리는 지금 현실과 '적당히 타협한 삶'을 살고 있습니다. 여기서 말하는 타협은 직장에 몸담고 있는 것을 뜻합니다. 여러분은 이 작품을 보고 어떤 생각을 하셨나요? 과감한 그의 행동이 멋져 보였나요? 만약 멋져 보였다면, 그래서 그렇게 살고 싶다면 그렇게 하면 됩니다. 정답은 없으니까요. 하지만 대부분은 그렇게 살지 않을 겁니다. 그렇기 때문에 현재 직장에 몸담고 있는 우리는 이번 작품을 읽고 '원하는 것을 찾아 무리한 결정을 내리는 일은 큰 위험을 동반한다는 사실'을 배워야 합니다. 단 이것을 '패배자'가 되라는 말로 오해하면 안 됩니다. 주인공은 결국 제자리로 돌아갔습니다. 보이는 대로만 해석한다면 주인공은 '돈과의 전면전'에서 패배한 것이죠. 하지만 전체적인 상황을 놓고 그의 행동을 바라보면 그가 '그래야 했던 이유'가 보이면서 다른 해석이 가능합니다. 주인공이 애인의 임신을 계기로 '스스로' 방향을 바꿨다는 것이 가장 중요한 점입니다. 이 결정은 **'자의적 선택'**이었습니다. 처음부터 '돈과의 전쟁'을 시작한 것은 주인공입니다. 스스로 시작했기 때문에 스스로 끝낼 수도 있었죠. 만약 그가 너무 힘들어서 주저앉았다거나, 강제로 납치되어 회사를 다니게 된 것으로 끝났다면 패배를 인정하는 게 맞습니다. 하지만 주인공은 자의적 선택에 따라 스스로 돈과의 전쟁을 그만뒀습니다. 우리도 지금 우리가 직장과 승부를 겨루는 목적이 '좀 더 나은 삶을 살 수 있는 방법', '좀 더 행복을 느낄 수 있는 방법'을 찾기 위한 것이라는 점을 명심해야 합니다. 우리는 **새로운 판을 짜기 위해 직장과 겨루는 것이 아닙니다.** 누군가 우리를 강제로 직장에 가둔 것도 아니고 억지로 쫓겨난 상태도 아닙니다. 모든 것은 우리의 선택입니다. 직장과의 이별도 여러분 스스로의 판단으로 결정할 수 있습니다. 그래서 이 승부는 충분히 겨뤄볼만 합니다. "어차피 다녀야 하는 곳이라면 행복하게 다닐 수 있는 방법을 찾자." 이제 우리는 담대한 용기와 뜨거운 열정을 도구 삼아 그 행복을 찾아낼 것입니다.

모든 것은 당신의 결정에 달려 있습니다.

웃는 이유와 웃어야만 하는 이유

『웃는 남자』

The Man Who Laughs
- 프랑스 작가 '빅토르 위고(Victor-Marie Hugo)'의 1869년 작품
- 장편소설, 픽션, 풍자 소설

이 작품은 18세기 영국을 배경으로, 기괴한 외모의 주인공과 그의 남매이자 연인인 여성의 사랑을 통해 위선에 찬 영국 귀족들의 모습을 날카롭게 풍자하고 있습니다. 영국 귀족사회에서 한때 유행했던 애완용 기형아 갖기를 통해 돈벌이를 했던 이른바 '콤프라치코스'라는 무리를 소재로 만들어진 이야기입니다. 콤프라치코스는 아이들을 납치해 입을 찢거나, 밧줄을 이용해 불구로 만드는 등 외모를 변형시켜 귀족들에게 놀잇감을 제공했습니다. 이 작품의 주인공 '그윈플렌'도 아기 때 이들에 의해 입이 귀까지 찢어진 '기괴한 흉터'를 얻었다는 설정에서 이야기가 시작됩니다.

영국의 정권 교체가 이뤄지자 행동에 제동이 걸린 콤프라치코스는 아이들을 버리고 도망쳐버립니다. 주인공 그윈플렌도 칼바람이 부는 추운 겨울에 홀로 바닷가에 버려지고 맙니다. 눈길을 헤매며 마을을 찾던 주인공은 지나던 길에 얼어 죽은 여자의 품 안에서 살아 있는 아기를 발견하고, 제 몸 하나 건사하기 힘든 상황임에도 그 아기를 구해 품에 안고 다시 눈길을 걷습니다. 한참을 걸어 마을을 발견했지만 그 누구도 이들에게 문을 열어주지 않습니다. 아무리 문을 두드려도 나와 보는 사람이 없었고, 나왔다 해도 안으로 들이지 않습니다. 결국 주인공은 마을을 뒤로하고 다시 눈보라 속을 헤매야 했습니다. 그러다가 두 사람은 사람들과 멀찌감치 떨어져 늑대와 단둘이 살고 있는 방랑자 '우르수스'와 만납니다. 우르수스는 주인공과 아기를 거두었고, 품 안의 아기에게 '데아'라는 이름을 지어줍니다. 이제 그윈플렌과 데아, 우르수스 그리고 늑대 '호모'는 가족이 됩니다.

15년의 세월이 흐릅니다. 주인공 그윈플렌은 기괴한 흉터를 가진 외모 그대로 성장하고, 데아는 눈부신 미모를 가진 여성으로 성장했지만 안타깝게도 앞을 볼 수 없습니다. 데아와 그윈플렌은 서로에게 빛과 같은 존재가 되었고, 서로 의지하면서 사랑을 느끼고 있습니다. 우르수스는 두 사람을 곧 결혼시킬 생각입니다. 이들은 그동안 함께 떠돌아다니며 공연을 펼쳐 생계를 이어왔습니다. 특히 그윈플렌의 인기가 대단했습니다. 흉터로 엉망진창이 된 얼굴로 공연에 등장한 그윈플렌을 본 사람들은 어김없이 웃음을 터뜨렸습니다. 그 웃음은 조롱이자, 비난이자, 두려움의 표시였습니다.

시간이 흐를수록 이들의 공연은 점점 인기를 더해 갔고 대도시인 런던까지 진출해서 공연을 이어가기에 이릅니다.

그러던 어느 날, 잘 나가는 귀족 '조시언 공작'이 공연을 관람하러 옵니다. 조시언 공작은 영국 여왕의 이복동생이라는 막강한 권력을 가진 혈통에 아름다운 외모까지 갖춘 여성입니다. 그녀는 지루한 왕족 생활이 답답하다며 색다른 재미를 찾다가 공연장을 찾았고, 그곳에서 기괴한 외모를 가진 그윈플렌을 보고 그토록 원하던 흥분을 경험합니다. '가장 높은 위치에 있는 자신과 모두의 웃음거리인 남성이 사랑에 빠진다는 상상'을 한 그녀는 이것을 '재미있는 일'이라고 생각해 즉시 그윈플렌을 불러 적극적인 구애를 시작합니다. 갑작스럽게 왕족의 구애를 받은 그윈플렌은 자신에게 찾아온 엄청난 기회와 사랑하는 데아를 놓고 혼란스러워 합니다. 그런데 그윈플렌이 느닷없이 들이닥친 경찰에게 이끌려 어디론가 끌려가고 맙니다. 우르수스와 데아는 아무런 저항도 못한 채 그를 보내야 했고, 무엇 때문인지 어디로 갔는지 아무것도 몰랐기에 그가 죽었을 것이라 생각하고 슬픔에 빠집니다.

그윈플렌이 끌려간 곳은 '눈물의 집'이라 불리는 지하 감옥이었습니다. 그는 이곳에서 엄청난 반전과 마주합니다. 자신의 본명은 '클랜찰리'이고, 막강한 권력을 가진 귀족 가문 출신이라는 것, 그리고 아버지 대에서의 권력 다툼에 희생되어 두 살 때 콤프라치코스들에게 팔려가 변형된 외모를 가지게 되었다는 이야기를 듣게 된 것입니다. 게다가 그는 '가문의 유일한 후계자'였습니다. 이 사실을 알려준 사람은 왕궁 일을 보는 '바킬페드로'였습니다. 작품 초반에 그윈플렌을 바닷가에 버리고 도망친 콤프라치코스들이 타고 있던 배가 큰 폭풍을 만나 침몰했는데, 하늘의 노여움이라 생각한 그들이 침몰 직전에 속죄하는 마음으로 그간 자신들이 저지른 죄를 상세하게 기록해 병에 담아 바다에 띄웠던 것입니다. 그리고 오랜 시간이 지나 바킬페드로의 손에 그 병이 쥐어지면서 그 안에 담긴 그윈플렌의 과거가 밝혀진 것입니다. 하지만 바킬페드로는 이 사실을 정치적 목적으로 이용하기로 결심하고, 그윈플렌을 데려와 이 사실을 알리게 된 것입니다. 결국 그윈플렌은 이를 계기로 자신의 신분을 회복함과 동시에 부와 명예를 얻었습니다. 하지만 그윈플렌과 바킬페드로는 서로 다른 곳을 보고 있습니다. 그윈플렌은 자신에게 쥐어진 권력으로 모두가 잘사는 세상을 만들 생각입니다. 하지만 바킬페드로는 그를 오직 정치적 수단으로만 이용하려 했을 뿐이죠. 그렇다 보니 그윈플렌은 막강한 부와 권력을 쥐었음에도 자유롭지 못한 신세입니다. 오히려 시간이 지날수록 귀족 사회의 부정과 부패, 인간의 양면성, 이기심, 편견 등 추악한 모습을 가까이에서 지켜보며 귀족 사회에 환멸을 느끼게 됩니다. 그러던 중 상원의원 자격으로 의회에 출석하면서 모든 것을 내려놓기에 이릅니다. 상원의원이라는 위치에 올라 직접 법을 바꿀 수 있게 된 그는 '모두가 잘 사는 세상을 만들겠다'라는 생각으로 의회에 모여 있는 귀족들에게 "굶주린 빈민들을 생각하라!"라며 꾸짖기 시작합니다. 하지만 귀족들의 반응은 차갑기만 합니다. 그들은 오히려 그윈플렌의 우스꽝스런 모습을 보며 웃음을 터트렸고, 그의 울부짖음에는 비웃음으로 응답합니다. 결국 그윈플렌은 그간

겪었던 일들로 인해 생긴 감정이 합쳐지며 폭발하고 맙니다. 그리고 새롭게 얻은 모든 것을 버리고 우르수스와 데아가 있는 곳으로 도망치듯 떠납니다. 어렵게 돌아왔지만 우르수스와 데아는 이미 그곳에 없습니다. 아무것도 모른 채 슬픔에 빠져 있던 두 사람이 괴로움을 견디다 못해 어디론가 떠나버린 뒤였습니다. 이제 혼자가 된 그윈플렌은 절망에 빠져 스스로 목숨을 끊으려 합니다. 그때 우르수스의 늑대 호모가 나타납니다. 덕분에 이들은 영국을 떠나 네덜란드로 가는 배에서 재회하게 됩니다. 하지만 안타깝게도 그동안의 슬픔과 괴로움으로 큰 병을 얻은 데아는 죽음을 앞두고 있습니다. 데아의 죽음을 허망하게 지켜본 그윈플렌은 스스로 바다에 몸을 던져 데아의 뒤를 따릅니다.

―

작가 '빅토르 위고'는 1802년 프랑스 동부 '브장송'에서 태어났습니다. 어려서부터 문학에 관심이 많았던 그는 20세가 되던 1822년 첫 번째 시집을 발표하며 본격적인 작가의 삶을 시작했습니다. '낭만주의 문학'을 추구하던 그는 활동 초기부터 '고전주의 문학'에 정면으로 대항하며 자신의 색채를 확실히 드러냈고, 소설 『파리의 노트르담(1831)』의 성공에 힘입어 인기 작가로서의 명성을 얻기 시작합니다. 이후로도 꾸준한 활동을 펼쳤지만, 1843년에 딸이 사고로 세상을 떠난 충격으로 한동안 펜을 내려놓아야 했습니다. 그즈음 정치에 관심을 갖기 시작했고, 이후 10년 정도 정치 활동에만 전념합니다. 그 과정에서 프랑스에서 추방되어 망명 생활을 하는 동안 다시 창작 활동에 열정을 쏟은 그는 『레 미제라블(1862)』을 포함한 다수의 걸작을 발표했습니다. 이후 19년간의 망명 생활을 마치고 프랑스로 돌아와 국민적 지지를 받는 대작가로 말년을 보내다가 1885년, 83세의 나이로 세상을 떠났습니다.

빅토르 위고의 작품은 대부분 '인간 자체'에 대한 가치를 가장 존귀하게 여기는 '인본주의(人本主義, humanism)[3]'를 바탕으로 합니다. 그렇기에 대부분의 작품이 중심인물에만 집중하지 않고 주변 인물의 이야기까지 세세하게 다뤄 '다양한 인간'의 모습을 그리기 때문에 분량이 많은 경우가 대부분입니다. 빅토르 위고의 대표작이라 할 수 있는 『레 미제라블』은 집필 초기에는 '사회 고발'에 중점을 두고 시작했지만, 결국 '인간 자체'로 초점이 이동하면서 작품 제목을 '비참함'이라는 프랑스어 '레 미제르(Les Miseres)'에서 '불쌍한 사람들'이라는 의미의 '레 미제라블(Les Miserables)'로 바꾼 경우입니다. 또다른 작품인 『파리의 노트르담(1831)』도 마찬가지입니다. 전체적으로 보면 '사회와 개인의 대립'을 강조하고 있지만, 인물 구성을 살펴보면 아름다운 집시 여인 '에스메랄다', 흉한 얼굴을 가졌지만 마음 착한 '콰지모도', 악으로 가득 찬 성직자 '프롤로' 등 두 가지의 대립하는 이미지를 공존시키며 인간에 대해 탐구하고 있습니다. 이들에게서 외형이나 상황을 걷어내고 생각한다면 결국엔

---

[3] 인간의 존엄성을 최고의 가치로 여기고 인종, 민족, 국가, 종교 따위의 차이를 초월하여 인류의 안녕과 복지를 꾀하는 것을 이상으로 하는 사상.

인간 자체만 남는 구성이죠.

『웃는 남자』에도 다양한 인간이 등장합니다. 외모는 흉하지만 순수한 그윈플렌, 거칠지만 착한 우르수스, 아름답지만 눈이 먼 데아, 고귀하지만 이기적인 귀족들까지. 이들 또한 수식어를 걷어내면 결국 인간 자체만 남습니다.

데아는 눈이 보이지 않습니다. 그렇기에 마음으로 사람을 봅니다. 그녀는 그윈플렌의 아름다운 내면을 사랑했기에 기괴한 외모는 아무런 걸림돌이 되지 않았습니다. 앞을 볼 수 없기에 오히려 인간 자체를 볼 수 있었던 겁니다. 이렇듯 빅토르 위고의 작품은 '강력한 인본주의 사상'을 발산하는 특징을 가지고 있습니다.

강요된 대립 = 슬픔 + 미소

『웃는 남자』의 주인공 그윈플렌의 기괴한 외모는 '가난한 민중의 고통과 슬픔'을 의미합니다. 귀족들은 이런 민중의 고통과 슬픔을 고작 장난감 정도로 생각하며 웃음을 터뜨립니다. 주인공의 삶은 유쾌하지 않았습니다. 그럼에도 그는 웃지 않을 수 없었죠. 잔인한 현실에 짓눌려 눈물 흘리는 비참한 심정이었지만 그의 입은 늘 웃고 있었습니다. 세상을 바꿔보겠다며 의회에 출석했을 때도 웃고 있었고, 귀족들이 그를 비웃을 때도 웃고 있었습니다. 심지어 사랑하는 데아의 죽음 앞에서도 웃어야 했습니다. 우리는 『웃는 남자』를 통해 '강요된 미소'에 대해 생각하게 됩니다. 주인공을 통해 직장에 몸담고 있는 우리의 모습을 떠올릴 수 있기 때문입니다.

우리의 억지 미소에는 돈벌이, 관계 유지, 분위기 등 다양한 이유가 달라붙습니다. 게다가 직장이란 곳은 내가 기분이 좋지 않다고 표정을 구기거나 옳지 않다 생각하는 것에 대해서 감정을 표출하는 것을 절대 용납하지 않습니다. 카페에서 커피 주문을 받는 종업원의 얼굴에는 늘 웃음이 가득합니다. 구입한 물건이 마음에 들지 않는다며 불만을 늘어놓고 있는 사람 앞에서도 상담직원은 미소로 응대합니다. 온갖 불편하고 지저분한 것을 대신해주는 수많은 사람들은 지금 이 순간에도 미소를 짓고 있습니다. **과연 이들은 행복해서 미소를 짓는 것일까요? 여러분은 진정 행복해서 미소를 짓고 있나요?** 아닙니다. 그저 버티고 있는 겁니다. 직장에서는 그래야만 하니까요. 이 미소에는 셀 수 없이 많은 의미가 담겨 있습니다. 직장도 이미 그것을 잘 알고 있습니다. 그래서 그것을 적절히 이용하고 있죠. '갑질, 밀어내기, 열정페이, 텃세…' 그럼에도 직장은 우리를 이해하며 공감하려는 시도 자체를 하지 않습니다. 할 줄 알면서도 하지 않는다는 게 더 밉죠. 그저 우리의 고통에 비웃음을 던지는 것에만 진심일 뿐인 곳. 우리도 다 압니다. 그럼에도 우리는….

어떻게 하면 좋을까요?

답은 간단합니다. 미소를 지으세요. 아니 더 큰 웃음을 터뜨리는 겁니다. 지금껏 직간접적인 강요 때문에 슬픈 미소만 지었으니 이제부터는 내 마음이 허락하는 기쁜 미소와 진짜 웃음으로 맞서야 합니다. 물론 손바닥 뒤집듯 한 번에 바꿀 수는 없겠죠. 그러니 천천히 조금씩 스스로를 찾으면 됩니다. 10번의 슬픈 미소를 지었다면 한 번, 그리고 또 한 번 그렇게 기쁜 미소의 횟수를 늘리는 겁니다. 그러면서 10번 모두 기쁜 미소를 짓는 거죠. 절대 쉬운 일은 아닙니다. 구체적으로 어떻게 스스로를 찾아야 하는지도 모르는 상황이니까요.

우리는 지금까지 직장과의 승부를 위해 '나'를 알아보는 과정에서, 돈을 벌기 위해 직장에서 일을 하는 것이 '자의적 판단'에 의한 것임을 확인했습니다. 그리고 직장에서 '더 나은 삶을 살 수 있는 방법', '더 행복을 느낄 수 있는 방법'을 찾겠다는 목표를 설정했습니다. 이제부터는 그것을 바탕으로 더 세밀한 분석을 시도해 '기쁜 미소'를 지을 구체적인 방법에 대해 알아보겠습니다. '이상'과 '현실' 모두를 손에 쥘 수 없는 상황에서 우리가 세상을 향해 날릴 수 있는 강력한 한 방은 바로 '진짜 웃음'뿐입니다. 이제 목표가 확실해졌습니다. 당신은 희망도 찾지 못하고, 어릴 적 꿈조차 기억 못한 채, 세상과 돈에 질질 끌려 다니는 약해빠진 도전자가 아닙니다. 이제 나와 상대를 알고 냉정하고 다양한 시각으로 현실을 바라보는 무서운 도전자가 된 것입니다. 그럼 출발해볼까요?

"R U Ready?"

상대가 가진 기술
인간

 나를 알아봤으니 이제 상대를 알아볼 차례입니다. 우선 직장을 구성하고 있는 가장 기본 단위인 '인간'부터 분석합니다.

 직장은 '절대 선'도 '절대 악'도 존재하지 않는 곳입니다. 만약 직장이 아닌 곳에서 만났다면 두 번 다시 볼 일 없을 사람도 무조건 함께해야 하는 곳이죠. 게다가 직장은 인간관계를 수시로 바꿔 놓는 영리함을 지녔기 때문에, 오늘 불편했던 사람이 내일은 편한 사람이 되는 일이 자주 발생하는 곳입니다. 인간을 쉽게 이용하기 위한 수단으로 '가깝고도 먼 관계'로 만들어 놓는 것이죠.

 우리 주변에는 늘 '이해할 수 없는 인간'이 존재합니다. 게으름뱅이, 거짓말쟁이, 아첨꾼, 돌아이, 염세주의자, 일 중독자 같은 이들은 어디에나 어김없이 존재합니다. 그들을 볼 때마다 우리는 "왜 저래?", "저 인간 여기 어떻게 붙어 있냐?", "저놈 꼴 보기 싫어서 그만둬야겠다" 같은 반응을 내놓습니다. 그런데 정말 이상한 건 이런 인간들이 도대체 사라지질 않는다는 겁니다. 문제 있는 인간은 도태되어야 맞는데 왜 계속 나타나는 걸까요?

혹시 거꾸로 생각해보셨나요? 다른 사람에게 내가 그렇게 보일 거라는 생각 말입니다. 모든 인간은 각자 다른 개성을 가지고 있습니다. 애초부터 '같은 성격'이란 존재할 수 없는 구조입니다. 그저 처한 상황에 대응하느라 모두 비슷한 모습으로 길들여지는 것뿐이죠. 그렇기에 누구와 있건, 어디에 있건, 어떤 상황이건 '인간 자체'를 바꿀 수는 없습니다. 함께하는 시간이 길어질수록 서로의 다른 점을 보게 되는 것은 바로 이런 이유 때문입니다. 직장은 이미 이것을 정확히 꿰뚫고 있습니다. 그래서 인간 자체를 바꾸려 들지 않고, 적절히 관계만 바꾸면서 구성원 간의 충돌과 경쟁을 유도해 성과를 만들어내고 있는 거죠. 덕분에 우리는 직장이 휘두르는 주먹이 되기도 하고, 그 주먹에 맞기도 합니다.

당신을 포함한 모든 인간들은 지금 각자의 방식으로 링 위에 서 있습니다. '이해할 수 없는 인간을 만났다는 것', 이는 곧 그 인간도 아직 링 위에 서 있다는 의미입니다. 서로 방법이 다를 뿐 버티고 있는 것은 마찬가지입니다. 이런 상황에서 이해할 수 없다며 무조건 상대를 비난만 하는 것은 상황을 계속 반복하게 만들 뿐 아무런 도움이 되지 않습니다. 그럴 시간에 이해할 수 없는 인간의 유형을 분석하고, 그들로부터 배울 점을 찾아봐야 합니다. 오직 '스스로를 잃지 않을 방법'을 찾겠다는 생각으로 영리하게 승부를 겨루는 겁니다.

먼저 다가오는 인간

『그리스인 조르바』, 『차라투스트라는 이렇게 말했다』

Zorba the Greek
- 그리스 작가 '니코스 카잔차키스(Nikos Kazantzakis)'의 1946년 작품
- 장편소설, 호메로스 사상, 자유의지, 초인주의, 무소유

    주인공 '나'는 30대 남성으로, 유산 상속을 통해 얻은 '크레타섬'의 광산을 개발해 성공한 사업가가 되기로 결심한 인물입니다. 그는 섬으로 건너가는 항구에서 우연히 '알렉시스 조르바'라는 남성과 만나 이야기를 나눕니다. 조르바는 60대라는 적지 않은 나이에도 여전히 야성미 넘치는 외모를 지녔고, 젊은 시절부터 다뤄온 '산투르4'라는 악기를 들고 자유롭게 떠돌며 오직 '자유의지5'로

---

4 산투르(Santur)는 상자 모양의 울림통에 수십 개의 금속 현이 걸려 있고, 이 현을 두 개의 나무 채로 쳐서 연주하는 '이란'의 전통 '타현악기'이다.
5 독일의 철학자 니체(Friedrich Wilhelm Nietzsche,1844~1900)가 '초인 사상(Übermensch)'을 통해 설명한 '기존의 가치를 뛰어넘는 인간'을 의미한다.

만 살고 있는 인물입니다. 조르바는 자신이 젊은 시절 광산에서 일한 경험이 있다며 섬에 데려가 달라는 부탁을 합니다. 함께 이야기 나누는 과정에서 그에게 시원시원한 매력을 느낀 주인공은 그에게 감독 역할을 맡기고 함께 섬으로 들어갑니다. (조르바는 주인공을 '두목'이라고 부릅니다.) '오르탕스'라는 나이 많은 과부가 운영하는 여인숙에 거처를 정한 두 사람은 각자의 방식으로 섬 생활에 적응하기 시작합니다. 주인공은 낯선 환경에 힘들어 하는 반면, 조르바는 현란한 말솜씨와 능숙한 악기 연주 솜씨를 앞세워 사람들과 어울리고, 여관 주인 오르탕스와 연애까지 하는 자연스런 적응력을 보여 줍니다.

곧이어 광산 개발이 본격적으로 시작됩니다. 주인공은 조르바의 삶에서 뿜어져 나온 매력에 이끌려 그와 함께하기로 했지만 막상 일을 같이 하면서 의견 충돌을 겪습니다. 조르바는 모든 일을 자신이 알아서 하는 스타일이었는데, 주인공은 그런 모습을 받아들이지 못했던 것입니다. 결국 두 사람은 진지한 대화를 나누기 시작했고, 그 과정에서 조르바의 다양한 삶의 이야기를 듣게 됩니다. (작품의 대부분은 조르바의 이야기로 채워져 있습니다.) 이 대화를 통해 주인공은 결국 조르바의 자유분방함과 그만의 사상에 큰 자극을 받기에 이르렀고, 자유분방한 성격의 조르바와 이론적인 성격의 주인공이 반드시 겪어야 할 충돌이었다는 것을 깨닫습니다. 그러고는 조르바를 '진리를 깨달은 사람'이라고 여기며 자신의 삶에도 그의 모습을 적용하겠다고 마음먹습니다.

얼마 후 주인공은 마을에 살고 있는 '소멜리나'라는 여성에게 호감을 갖게 됩니다. 하지만 그녀는 젊은 나이에 과부가 된 데다 아름다운 외모로 인해 마을 청년들의 욕망 가득한 구애로 몸살을 앓고 있는 상황이었습니다. 주인공은 자신마저 끼어들면 소멜리나가 더 혼란스러워 할 거라 생각하며 적극적인 구애를 하지 않습니다. 그럼에도 소멜리나는 친절하고 예의 바른 모습의 주인공에게 마음을 엽니다. 한편 조르바는 주인공에게 적극적인 구애를 주문하며 응원을 전하는 동시에 자신만의 자유롭고 여유로운 삶을 이어갑니다. 술과 여자를 가까이하면서 주인공의 사업자금을 야금야금 탕진하는 중이었죠. 그즈음 큰 사건이 벌어집니다. 소멜리나에게 구애했다가 거절당한 한 남성이 자살하는 사건이 발생한 것입니다. 마을 사람들은 소멜리나에게 거칠게 항의하며 흥분하기 시작합니다. 마을 사람들이 교회 앞에서 돌을 던지며 그녀를 위협하자 주인공과 조르바가 필사적으로 이들을 막아섰죠. 하지만 그녀는 자살한 청년의 아버지가 휘두른 칼에 목숨을 잃고 맙니다. 그즈음 여관 주인 오르탕스마저 병으로 세상을 떠납니다.

 크레타 섬은 겉으로 보기엔 조용했지만 실제로는 광기에 휩싸인 사람들과 타락한 수도승들이 모여 살고 있던 공간이었습니다. 두 사람은 이런 어려운 상황에서도 공사를 계속한 끝에 결국 광산을 완공하지만, 기공식이 열리던 날 탄광이 무너지는 사고가 발생합니다. 광산 개발 사업이 망하면서 주인공은 빈털터리가 됩니다. 주인공은 섬 안에 존재하는 광기와 침묵에 대한 기억만 가슴에 담은 채 주저앉고 맙니다. 하지만 조르바는 달랐습니다. 그는 고통과 괴로움에 빠지는 대신 고기를 굽고 술을 마시며 춤을 추기 시작합니다. 주인공은 조르바와 함께 춤을 추며 '소유'에 대한 집착을 버리고 '무소유'를 받아들이는 해방감을 맛봅니다. 이제 두 사람은 각자의 길을 찾아 섬을 떠납니다.

시간이 한참 흐른 후 주인공은 조르바의 부고가 담긴 편지를 받습니다. 그 안에는 조르바가 분신처럼 아끼던 악기 산투르를 주인공에게 남긴다는 내용이 쓰여 있었습니다. 주인공은 그 순간 조르바를 통해 현실이라는 굴레를 벗어나 자신이 원하는 대로 행동하는 진정한 '자유의지'가 무엇인지 깨닫습니다.

─

작가 '니코스 카잔차키스'는 1883년 그리스에 병합되지 않았던 시절의 크레타 섬에서 태어났습니다. 이후 아테네로 건너가 법학을 공부했고, 졸업 후에는 그리스의 섬 곳곳을 여행했습니다. 1907년 『동이 트면』이라는 희곡을 발표해 작가상을 수상하면서 주목받기 시작했고, 이후 프랑스로 건너가 '앙리 베르그송'과 '프리드리히 니체'의 철학을 공부하며 사상적 변화를 이루었습니다. 특히 니체의 철학에 많은 영향을 받았고 불교에도 심취해 '자신의 구원'을 얻기 위한 노력을 하기도 했습니다.

『그리스인 조르바』는 작가가 1917년 잠시 광산을 운영했을 당시 일꾼으로 만난 '조르바스'라는 인물을 모델 삼아 집필한 작품입니다. 그가 창조한 알렉시스 조르바는 본인의 경험과 사상을 집약시킨 인물입니다. 하지만 작품 발표 당시의 사회적 분위기는 이러한 자유로운 인간을 받아들이지 못했습니다. 그리스 정교회에서는 이 작품에 등장하는 '타락한 수도승과 관련한 이야기[6]'를 꼬집으며 '신성모독'이라며 비판했고, 결국 작가를 파문시키기에 이릅니다. 이로 인해 작가는 사후에 성당 안 묘지가 아닌 성문 바깥에 묻힙니다. 그의 묘비에는 이런 말이 쓰여 있습니다.

나는 아무것도 바라지 않는다.
나는 아무것도 두려워하지 않는다.
나는 자유다.

'조르바' 탄생의 근원을 찾아서…
『차라투스트라는 이렇게 말했다』

독일의 철학자 '프리드리히 빌헬름 니체'는 1844년에 태어났습니다. 종교인이었던 아버지는 그가 다섯 살 때 세상을 떠났고, 그는 어머니와 동생과 함께 유년기를 보냈습니다. 니체는 학창 시절 음악에 재능을 보였지만 엄격한 고전교육을 실시하는 '슐포르타 기숙학교'에 입학한 것을 계기로 대학에서도 신학과 고대철학을 공부해야 했습니다. 그 과정에서 기독교적인 환경과 가족에 대한 부정적인 감정을 가지게 되었고, 결국 신학 공부를 중단하

---

[6] 수도원에서의 살인과 방화에 관한 이야기로, '조르바'가 '신은 악마'라는 말을 하며 난잡한 행동을 하는 내용이 포함되어 있다. (간략한 줄거리 소개를 위해 제외했음을 알려드립니다.)

고 학교를 뛰쳐나가고 맙니다. 그즈음 니체는 '쇼펜하우어(Arthur Schopenhauer,1788-1860)'의 『의지와 표상으로서의 세계⁷』에 큰 자극을 받고 본격적으로 철학에 몰두해, 24세의 나이로 스위스 바젤 대학의 교수가 됩니다. 28세가 되던 1872년, 첫 작품『비극의 탄생』을 발표한 이후 철학 연구와 저술, 강연 등의 활동을 펼치던 그는 건강상의 문제로 1879년부터 요양지에 머무는 동안 저술 활동에만 전념하며 그의 사상이 집대성된 작품『차라투스트라는 이렇게 말했다(Also sprach Zarathustra, 1883)』를 완성합니다. 하지만 얼마 못가 정신이상 증세를 보이기 시작했고, 이후 12년간의 긴 투병 끝에 1900년, 55세의 나이로 세상을 떠납니다.

니체는 생전에는 학계로부터 긍정적인 평가를 받지 못했지만, 현재는 유럽의 철학과 문학에 큰 영향을 주었다는 평가를 받으며 '19세기 최고의 철학자' 중 한 명으로 인정받고 있습니다.

『그리스인 조르바』에 등장하는 알렉시스 조르바는 니체의 사상이 그대로 투영된 인물입니다. 이 작품은 이야기 자체만으로도 충분히 재미를 전하지만 조르바라는 인물의 근간을 이루는 '니체의 후기사상'을 이해하고 읽는다면 재미와 더불어 깊이까지 경험할 수 있습니다. 여기에서는『그리스인 조르바』에서 깊이를 찾는 데 도움이 될 만큼만 간략하게 요약된 설명을 덧붙이겠습니다.

니체의 후기사상은『차라투스트라는 이렇게 말했다』를 통해 잘 표현되어 있습니다. 현란한 어휘와 매몰찬 독설로 '삶'과 '예술',

---

7 '낙관적인 세계관 비판'이라는 '쇼펜하우어'의 독창적인 세계관이 잘 드러나는 책.

'사상'을 말하는 이 작품은 '영원회귀(Ewige Wiederkunft)', '초인(위버 멘쉬, Übermensch)', '권력에의 의지(der Wille zur Macht)'라는 키워드로 요약이 가능한데요. 이중 '삶에 대한 강력한 긍정'을 주장하는 영원회귀를 니체 후기사상의 근간으로 볼 수 있습니다.

영원회귀 = 우리의 삶은 영원히 반복된다.

영원회귀에 따르면 당신이 지금 책을 읽고 있는 순간은 이미 수없이 반복되고 있는 순간 중 하나라는 설명이 가능합니다. 그리고 앞으로도 반복되죠. 계속 같은 삶을 사는 것입니다. 우리는 보통 죽으면 '천국에 간다', '지옥에 간다', '다시 태어난다' 같은 이야기를 먼저 떠올립니다. 이런 생각들은 기본적으로 '신'의 존재를 기반으로 합니다. 반면 영원회귀는 이런 것들을 완전히 부정하고, '죽어도 계속 같은 삶을 반복한다'라고 주장합니다. 『차라투스트라는 이렇게 말했다』에서는 이런 주장을 강조하기 위해 작품 초반에 '신은 죽었다'라는 문장을 등장시킵니다. 여러분은 삶의 영원한 반복을 '긍정'이라고 받아들일 수 있으신가요? 니체의 주장대로라면 '가난한 사람은 영원히 가난하고, 아픈 사람은 영원히 아파야 한다'는 얘기인데 말입니다. 현재의 삶이 힘들고 고된 사람의 입장에서는 다음 생을 기대하는 것이 긍정 아닐까요? 오히려 삶의 영원한 반복은 '슬픔'이라는 생각이 듭니다. 말단 직원으로 온갖 수모를 겪다가 일자리를 잃는 삶, 불안한 신분의 비정규직으로라도 돈벌이를 해야만 하는 삶, 이게 영원히 반복된다고요? 이게 긍정이라고요?

그러면 이제 한 발 물러서서 '같은 삶이 영원히 반복된다'는 것을 '절대적인 것'으로 가정하고 생각해보겠습니다. 정말 삶이 계속 반복된다면 우리는 선택을 해야 합니다. 삶이 힘들고 고통스럽다고 계속 괴로워만 하는 것, 어차피 반복될 삶이라면 고통마저도 즐기는 것 중에 여러분은 어떤 것을 선택하시겠습니까?

현재에 만족하고, 내 삶에 만족하고, 내가 가진 것에 만족하는 것.

이것을 받아들이는 순간 '반복'은 더 이상 두려움의 대상이 아닙니다. 그렇기에 영원회귀는 현실을 받아들이고 만족하는 삶을 살아야 한다는 주장을 담은 '강력한 긍정의 사상'으로 인정받는 것입니다.[8] 니체는 이렇듯 필연적으로 다가오는 고통과 상실을 포함한 거대한 운명을 받아들이고, 그것을 사랑하라는 의미의 '아모르 파티(Amor Fati)'라는 단어를 제시합니다. 그리고 이처럼 강력한 긍정을 완벽하게 받아들인 인간을 '초인'이라 말합니다. 아울러 초인이 긍정할 수 있는 동력으로 '권력에의 의지'를 제시합니다. 이를 통해 니체는 초인을 '생의 의지를 넘어서는 의지를 가진 인간', '죽음을 극복하기 위해 무한한 욕망을 가진 인간', '단지 살아남기 위해 존재하는 것이 아닌 존재를 초월하려는 갈망을 가진 인간'으로

---

[8] '영원회귀'는 '종교적으로 내세나 전생에 대한 완벽한 부정', '진보적 사상과 근대 철학에 대한 부정', '자연과학에 대한 부정' 등을 이유로 들어 부정적인 평가를 받고 있기도 하다.

정의한 것입니다.

이제 여러분은 자유를 추구하며 전통을 깨고 새로운 가치를 세우려는 마인드로 세상을 대하는 조르바의 태도가 어디에서 비롯된 것인지 생각하며 조금 더 깊이 있게 『그리스인 조르바』을 읽으시면 됩니다.

분명한 삶의 원칙

조르바는 하루하루를 즉흥적으로 사고하며 행동하는 인물입니다. 그는 쉽게 좌절하지도 않습니다. 만약 우리가 조르바를 직장에서 만난다면 그는 분명 가장 먼저 눈에 들어오는 인간일 겁니다. 우리가 다가가기도 전에 그가 먼저 다가와 말을 붙일 테니까요.

오래전 제가 새로운 직장에 출근했을 때의 일입니다. 직전에 다니던 IT 기업에서 프로그래머로 일하다가 전혀 다른 분야의 직장을 구해 이직한 상황이었습니다. 분야가 다르다 보니 이곳에 있는 사람들이 IT 분야에 능숙하지 않다는 것을 금방 알게 되었습니다. 그래서 저는 곧장 컴퓨터 수리를 무기로 꺼내들었습니다. 신입사원에게 주어지는 '업무 파악'이라는 공식 과제보다 낯선 곳을 익숙하게 만들겠다는 개인 과제에 더 집중한 것이었죠. 그렇게 선배들의 고장 난 컴퓨터를 고쳐주면서 한두 명씩 얼굴을 익혔고, 이야기를 나누기 시작하자 빠르게 소문이 퍼지며 더 많은 사람을 사귈 수 있었습니다. 급기야 퇴근 후에도 출장 수리가 이어졌습니다.

대체 왜 퇴근 후에 남의 집까지 따라갔을까요?

컴퓨터 수리는 핑계였습니다. 제게는 동료들과 가까워질 구실이 필요했던 것입니다. 컴퓨터 출장 수리는 자연스레 저녁 식사를 함께하며 술잔을 주고받는 자리로 이어졌고, 그렇게 몇 달간 수십 명의 집에 방문해 컴퓨터를 고쳐주고 친분을 쌓아 갔습니다. 뿌듯했습니다. 뭔가 잘 맞아떨어진다는 생각이 들었습니다. 하지만 '컴퓨터 수리를 해주면서 친분을 쌓겠다는 명분'은 어디까지나 저의 생각일 뿐이었습니다. 그들에게는 친한 인간이 아닌 '컴퓨터 수리공'이 필요했을 뿐이었다는 것을 아는 데는 오랜 시간이 걸리지 않았습니다. 함께 술잔을 기울이며 나눴던 이야기들이 칼로 변해 제 등에 박히기 시작한 것입니다. 그들은 어디선가 제 이야기가 나오면 이런 말을 하며 이야기에 끼어들었다고 합니다.

"아…, 걔 내가 좀 아는데…."

가슴속에 분노가 치밀어 올랐습니다. 억울하고 화가 났습니다. 그렇게 까맣게 변해버린 제 가슴에는 빗장이 채워졌고, 누구 하나 의지할 곳 없는 막내살이는 해를 넘겨 이어지게 되었습니다. 그러던 어느 날, 제 앞에 조르바가 나타났습니다. 다른 지역에서 인사이동으로 날아온 그는 180센티를 훌쩍 넘는 키에 떡 벌어진 어깨, 거뭇거뭇한 피부와 단정한 차림새의 잘 놀고 일도 잘하는 믿음직한 형 같은 인간이었습니다. 게다가 '유쾌함'이라는 강력한 무기도 들고 있었죠. 저는 그런 그를 멍하니 쳐다만 보고 있었습니다. '와, 저런 사람도 있구나….' 그때 한가득 미소를 머금은 조르바가 제 가슴속 빗장을 열고 들어와 제게 손을 내밀었습니다. "술 한잔 하러 갈래?" 덕분에 저는 다시 동료들과 어울리게 되었고, 그들에게 다시 기대라는 것을 하기 시작했습니다. 조르바는 특정인에게만 잘해주는 인간이 아니라 모두에게 친절하고, 모두에게 좋은 에너지를 전하는 존재였습니다. 하지만 그는 제 곁에 오래 머무르지 않았습니다. 폭풍처럼 회사를 휘저어 놓더니만 어느 날 갑자기 이전에 일하던 곳으로 돌아가 버렸습니다. 그가 떠난 빈자리에는 전혀 생각지도 못했던 이야기가 남았습니다. 어린 딸이 많이 아팠다고, 너무 많이 아파서 큰 병원을 찾아 이곳에 잠시 들렀던 거라고, 그리고 그 아이는 이미….

　직장에 처음 입사한 사람은 가장 먼저 '긍정 에너지'를 가진 인간과 가까워집니다. 그들로부터 업무를 배우기도 하고, 또 다른 사람을 소개받기도 하죠. 이들은 모두와 친하게 지내는 것처럼 보이고, 뭐든 다 잘하는 것 같습니다. 소위 말하는 '라인'의 기반이 만들어지는 순간입니다. 하지만 시간이 지나고 주관이 눈을 뜨기 시작하면 라인은 재편됩니다. 그때가 되면 처음 나를 안내해주던 사람을 다시 봐야 합니다. 이 사람이 앞으로 내 옆에 있을 사람인지, 건너편에 있을 사람인지, 처음엔 아무것도 모르고 친절해 보이는 이를 따라다녔던 우리는 이제 겉이 아닌 속을 들여다보기 시작합니다. 그러고 나면 처음 함께하던 사람은 대부분 곁에 남아 있지 않습니다. 그때 확인하면 됩니다. 언제든 그를 찾아가 편하게 이야기 나눌 수 있는지, 아니면 불편한지. 만약 여전히 편하다면 그 사람이 보여준 에너지는 '확실한 긍정'입니다. 반대로 불편하다면 이미 당신은 그의 셈에 당해 상처를 입은 상태일 겁니다. 그는 지금쯤 또 다른 어리숙한 사람을 찾아가 미소를 날리며 라인을 구축하느라 바쁠 겁니다.

겉으로 드러나는 모습은 자신이 치장하기에 따라 달라집니다. 하지만 삶의 원칙은 치장과는 별개로 쉽게 드러나지 않습니다. 그래서 확실한 삶의 원칙을 가지는 것이 중요합니다. 이는 타인으로부터 시작된 감정이 아닌 자신에게서 시작하는 감정이기 때문에 온전히 당신의 감정입니다. '당신은 어떤 사람인가요? 긍정 아니면 부정? 둘 다 고를 생각인가요? 그러면 안 됩니다. 둘 중 하나만 고르세요. 긍정과 부정을 왔다 갔다 하는 것은 겉을 치장하는 것일 뿐 진짜 당신의 감정이 아닙니다. 결국 시간이 지나면 속이 드러날 겁니다. 그렇게 되면 난처한 상황에 처할 수도 있습니다. 정답은 없습니다. 스스로 선택한 것이 모두 정답이니까요. 저는 여러분에게 '강력한 긍정의 사상'으로 무장한 '위버멘쉬'를 지향하라고 추천하고 싶습니다. 이는 나 자신에게 솔직해야만 도달할 수 있는 길이고, 겉으로도 속으로도 일관된 진실한 모습이니까요. 결국 나를 향한 무한한 긍정은 세상의 끈질긴 유혹에도 당신을 유연하게 만들어 줄 것입니다.

지금 직장에서 분위기를 선도하는 사람은 대부분 '겉으로 보기에 긍정적인 사람'입니다. 그들은 시간이 지나도 여전히 분위기만 선도할 뿐 더 이상 발전하지 못합니다. 겉과 속이 다른 사람은 성공할 수 없습니다. 겉과 속이 동일했다면 이미 어딘가에 도착해 있을 테니까요. 겉으로는 매우 자유로워 보이는 사람들을 자세히 들여다보세요. 그게 진짜 긍정인지, 아니면 뭐든 하고 싶으면 하고, 하기 싫으면 하지 않는 허세일 뿐인지. 우리는 직장에서 겉을 치장하는 것을 고민할 필요가 없습니다. 겉과 속을 통일시킬 방법을 고민하세요. 겉을 치장한다면 단기적으로는 좋은 성과를 얻겠지만, 그것이 모든 것을 쉽게 풀리게 할 거라 보장할 수는 없습니다. 누군가 고장 난 컴퓨터를 수리하면서 겉을 치장했던 것처럼 말이죠. 주류에 포함되려 몸부림칠 시간에 스스로를 강하게 만들려는 몸부림을 치세요. 내가 강해지면 누구도 나를 함부로 대하지 못합니다. 싫으면 싫은 대로 지내면서 실력으로 승부하세요. 좋으면 좋은 대로 지내면서 인간관계로 밀고 나가면 됩니다. 어중간하게 자세 잡다가 갑자기 얼굴을 바꾸는 치졸한 행동은 절대로 하지 않겠다고 자신과 약속하세요.

나의 인격을 더럽히면서까지 직장에 충성할 필요는 없습니다. 세상은 넓습니다.

자기 얘기만 하는 인간
『젊은 베르터의 슬픔』

The Sorrows of Young Werther
- 독일 작가 '요한 볼프강 폰 괴테(Johann Wolfgang von Goethe)'의 1774년 작품
- 베르테르 효과, 청년 자살 문제, 샤를로테(=롯데)

이 작품은 제목만 봐도 알 수 있듯 '베르터[9]'라는 한 청년의 내면에 자리한 고통과 슬픔을 다룬 작품입니다. 서간체[10] 형식으로 쓰인 이 작품은 중반까지는 주인공과 친구가 주고받은 편지를 보여주고, 후반에는 편집자가 지인들에게 들은 이야기를 전하는 3인

---

9 널리 알려진 '베르테르'라는 이름은 '오역된 발음'이고, 현지 발음으로는 베르터(Werther)가 맞다. 이는 일본어의 영향을 받은 옳지 않은 번역이 원인이 된 것으로, 미국의 작가 '허먼 멜빌'의 『모비 딕』을 『백경』이라는 일본식 제목으로 부르던 것과 같은 경우로 볼 수 있다.

10 서간체 소설
  – 편지 형식으로 쓰여진 이야기로 18세기에 주로 유행했던 형태.
  – 주인공이 쓴 편지를 묶은 형태, 주인공과 다른 인물이 주고 받은 편지를 묶은 형태, 한 통의 편지 속에 이야기 전체를 담은 형태 등이 대표적이며 잘 알려진 서간체 소설은 루소의 『신 엘로이즈』, 앙드레 지드의 『좁은 문』 등이 있다.

칭으로 서술됩니다.

　작가는 베르터를 유복한 가정에서 태어나 무엇 하나 부족한 것 없이 자란 청년으로 설정했고, 거기에 아버지의 유산을 상속받는 행운까지 덧붙여 주었습니다. 일에 대한 스트레스도 받지 않고 안락한 환경에서 느긋하게 살아가는 주인공은 동시대의 관점에서 볼 때나 현대의 관점에서 볼 때나, 자살을 감행할 정도로 절박한 문제를 지닌 인물은 아닙니다. 결국 베르터의 고뇌('베르테르의 슬픔'이라 표현한 그것)는 먹고사는 문제가 아닌 '존재의 외로움'을 이야기하는 것으로 그것은 '샤를로테 부프(로테)'라는 여성으로부터 시작됩니다.

　예민한 성격을 가진 주인공 베르터는 고향을 떠나 다른 지역에서 그림을 그리며 시간을 보내고 있습니다. 그는 마을 사람들로부터 초대받아 무도회장으로 가는 길에 우연히 비슷한 나이대의 아름다운 여성 '로테'를 만나 동행하게 되었고, 기품 있고 지적인 그녀에게 반합니다. 무도회장에 도착한 두 사람은 함께 춤을 추며 가까워집니다. 로테 또한 젊은 예술가인 베르터가 '자신과 통하는 구석이 많은 사람'이라 생각하며 호감을 가집니다. 하지만 로테의 감정은 그 이상을 넘지 않았습니다. 그녀는 이미 '알베르트'라는 남성과 약혼한 상태였기 때문입니다. 로테의 어머니는 세상을 떠나면서 그녀에게 동생들을 잘 돌보라는 말을 남겼고, 알베르트에게도 로테를 잘 부탁한다는 말을 남겨 자연스레 약혼 상대로 만들어 주었습니다. 그녀의 약혼자인 알베르트는 차분한 성격과 높은 인격을 소유한 인물로 현재는 마을을 잠시 떠나 있습니다.

무도회에서의 만남 이후 로테의 착한 성품에 대해 더 많은 것을 알게 된 베르터는 그녀의 얼굴을 보기만 해도 기쁘고, 그녀의 말 한마디에도 가슴이 뛸 정도로 깊이 빠져들어 열렬한 사랑을 표현하기에 이릅니다. 그러던 어느 날 마을을 떠나 있던 약혼자 알베르트가 돌아옵니다. 로테는 곧장 베르터에게 알베르트를 소개시켜 서로 가깝게 지낼 수 있도록 배려합니다. 하지만 두 사람은 로테라는 한 여성을 사이에 둔 이상한 인연인 데다 성격도 정반대라서 친해지는 건 불가능한 일이었습니다. 베르터는 알베르트의 등장으로 괴로움에 빠지고 맙니다. '로테와 만날 수 있었던 것만으로도 행복하다', '로테가 이 세상에 있는 것만으로도 행복하다'라며 애써 스스로를 달래보지만 두 사람의 다정한 모습을 보는 것만으로도 괴로웠습니다. 결국 베르터는 마을을 떠나 멀리 떨어진 곳에 취직해 일에 몰두하기 시작합니다. 그렇지만 베르터의 예민하고 고집스런 성격은 자연스런 인간관계에 걸림돌이 되었고, 상사와의 갈등을 겪으며 사사건건 문제를 발생시킵니다. 그러던 중 베르터는 로테와 알베르트의 결혼 소식을 전해 듣습니다. 베르터는 직장에서의 문제와 알베르트에 대한 원망이 합쳐진 괴로움에 고통받다가 결국 사표를 내고 다시 마을로 돌아옵니다. 사실 로테도 베르터에게 감정이 전혀 없던 것은 아닙니다. 그저 장녀로서의 책임감 때문에 알베르트를 선택했다는 것이 어울리는 상황이었죠.

　로테와 알베르트는 돌아온 베르터를 따뜻하게 맞아줍니다. 하지만 베르터는 여전히 자신의 감정이 변치 않았음을 무모하게 표현합니다. 이런 상황이 계속되자 로테와 알베르트는 처음과 달리

베르터와 거리를 두게 됩니다. 그러자 베르터의 괴로움은 더욱 깊어져 그의 몸과 마음 모두를 망가뜨리고 맙니다. 그러던 어느 날, 베르터가 로테를 찾아가 갑작스런 고백을 하고 그녀에게 키스를 하는 사건이 발생합니다. 당황한 로테는 베르터를 밀쳐내고는 방에서 뛰쳐나갑니다. 이 일로 인해 로테와 완전히 끝났다는 상실감에 빠진 베르터는 알베르트의 권총을 빌려 스스로 목숨을 끊습니다. 그의 장례식에는 많은 사람들이 참석해 그의 죽음을 진심으로 애도했습니다. 하지만 로테는 장례식에 참석하지 못합니다. 베르터에게 알베르트의 권총을 전해준 사람이 다름아닌 자신이었다는 사실에 큰 충격을 받았기 때문이었습니다.

작가 '요한 볼프강 폰 괴테'는 1749년 프랑크푸르트에서 태어났습니다. 독일의 작가이자 극작가, 철학자, 과학자, 시인이며 한때는 바이마르 공국의 재상을 지내기도 했습니다. 괴테는 근현대 독일의 가장 위대한 문인이라는 평가를 받는 인물입니다. 그의 아버지 '요한 카스파르 괴테'는 평민 출신이었지만 큰 사업으로 부를 이룩해 왕실 고문관까지 오른 인물이고, 어머니 '카타리네 엘리자베트 텍스토르'의 아버지 또한 평민층임에도 '시장'을 역임한 인물이었기에 괴테는 경제적으로 어려움 없는 유년기를 보낼 수 있었습니다. 글을 잘 쓰기 바랐던 아버지의 적극적인 지원으로 8세에 시를 짓고, 13세에 첫 시집을 낼 정도로 일찍부터 문학적 재능을 드

러냈습니다. 이후 대학에서 법학을 공부해 20대 초반에 법률사무소를 개업하기도 했지만, 법률보다는 글쓰기에 더욱 큰 관심을 두고 여러 문인과 교류하며 24세에 희곡 『괴츠 폰 베를리힝엔(1773)[11]』을 발표하며 본격적인 작가의 길을 걷기 시작합니다. 이듬해 발표한 『젊은 베르터의 슬픔』은 그에게 유명 작가라는 타이틀을 만들어주었고, 그는 무대 경영, 연출, 배우 교육에 참여하는 등 다양한 재능을 선보였습니다. 식물학에도 관심을 보이며 전문가급 연구를 하기도 했고, 1,000여 점의 작품을 그리기도 했습니다. 말년에 접어든 괴테는 집필 기간이 60년에 달하는 대작 『파우스트』를 발표했고 이듬해인 1832년, 82세의 나이로 세상을 떠났습니다. 그가 남긴 주요 작품에는 소설 『젊은 베르터의 슬픔』, 『빌헬름 마이스터의 수업시대(1777~1786, 1909년 발견)』, 『빌헬름 마이스터의 편력시대(1829)』와 희곡 『파우스트(1831)』, 여행기 『이탈리아 기행(1816~1817)』 등이 있습니다.

망할 놈의 세대 갈등

『젊은 베르터의 슬픔』은 발표된 지 200년이 훌쩍 넘은 작품임에도 여전히 현대인들에게 큰 공감을 전하고 있습니다. 그것은 중심 플롯인 '사랑의 고단함' 외에도 '사회생활로 인한 스트레스', '속물스런 귀족들로부터의 모욕', '개인과 집단의 갈등', '출세지향의

---

[11] 신성 로마 제국의 제국 기사(Reichsritter)이자 시인이자 모험가인 '괴츠 폰 베를리힝엔(Götz von Berlichingen, 1480~1562)'의 회고록을 각색한 희곡으로, '괴테'는 작품에서 그를 농민을 위해서 싸우다가 명예롭게 죽음을 맞는 자유로운 전사이자 시인으로 묘사한다.

안일한 '공직사회 고발', '자연, 종교, 행복' 등 다양한 철학적인 고민들로 가득 채워져 있기 때문입니다.

우리는 이중에서 베르터와 알베르트의 대립에 주목할 필요가 있습니다. 두 사람의 대립은 '감정'과 '이성'의 대립으로 해석할 수 있습니다. 알베르트는 합리적인 이성과 엄격한 형식적 절차를 중시하던 당시의 '지배적 가치관'을 상징하는 인물이고, 베르터는 '슈투름 운트 드랑(Sturm und Drang)[12] 운동'을 주도한 당시 청년층을 상징하는 인물입니다. 통속적 로맨스 소설과 달리 알베르트가 '악역'으로 설정되지 않은 이유는 지배적 가치관을 형성한 세대와 청년층을 대표하는 세대 중 어떤 것이 '악'인지 명확하게 선을 그을 수 없기 때문입니다. 우리가 몸담고 있는 직장에서 '절대 선'과 '절대 악'을 구분할 수 없는 것과 같은 맥락인 것이죠.

사회의 축소판이자 그 자체로서 하나의 사회인 직장에서 벌어지는 다양한 갈등 중 가장 큰 부분을 차지하는 것이 바로 '세대 갈등'입니다. 현재 직장에는 1946년부터 1965년 사이에 태어난 '베이비붐 세대', 1965년부터 1976년 사이에 출생한 'X세대', 1977년부터 1982년 사이에 출생한 N세대, 1982년 이후부터 2000년 중반까

---

12 18세기 후반에 독일에서 일어난 문학 운동으로 계몽주의에서 고전주의·낭만주의 시대에 걸쳐 과도적인 역할을 한 문학·연극 운동.

지 출생한 'Y세대', 'Z세대'가 모여 있습니다. 이들 중 최근 주목받고 있는 세대는 1980년대 초부터 2000년대 초에 출생한 '밀레니얼 세대(Millennial Generation, MZ)[13]'입니다. 저는 '주목'받고 있다는 것부터가 세대 갈등을 드러낸다고 생각합니다. MZ에 주목하는 사람들은 자신들이 MZ를 주목할 위치에 있다는 생각을 기본으로 하고 있기 때문입니다. 잘라 말하면 그들이 마음에 안 든다는 반증입니다. 그걸 교묘하게 빙빙 돌려 '다른 세대를 이해하려 한다'라고 그럴싸하게 포장해놓고 과시하고 있는 겁니다. 이런 주목이 수년째 계속되고 있음에도 정작 달라진 게 하나도 없다는 것이 이를 뒷받침하는 증거입니다. 지금 MZ를 주목하며 자신을 과시하는 이들도 X세대, N세대라는 카테고리에 담겨 세상과 싸웠던 세대지만 그것을 잊고, 도전이나 저항이라는 단어를 멀리하며 한때 자신들이 도전하던 대상과 자연스럽게 동화(同化)되어 MZ세대를 노려보고 있는 상황입니다. MZ에게 뭐라도 빼앗길까 봐 겁나서 그러는 걸까요? 아니면 자신을 못 믿기 때문일까요?

물론 MZ의 방식에도 문제가 있습니다. 기성세대를 덮어놓고 '꼰대', '할배', '틀딱'이라 부르며 반대를 위한 반대에만 집중하기 때문입니다. 마치 알베르트의 마인드처럼 '좋은 게 좋은 것'이라는 기성세대의 방식은 '불공정'이나 '부정'이라며 덮어놓고 나쁜 것이

---

13 미국의 작가 '닐 하우'와 '윌리엄 스트라우스'가 1991년 출간한 『세대들, 미국 미래의 역사』에서 처음 사용한 용어로, 정보기술(IT)에 능통하고 대학 진학률이 높다는 특징을 가진 세대. 2008년 글로벌 금융위기 이후 사회에 진출해 고용 감소, 일자리 질 저하 등의 어려움을 겪은 세대인 1980년대 초반에서 2000년대 초반에 출생한 세대를 통칭한다.

라 외치면서, '갑질 신고, 미투, 문화 개선, 업무방식 변경' 등을 자신들에게 유리한 쪽으로만 교묘하게 활용하며 끈질길 정도로 기성세대가 쌓아놓은 성벽을 무너뜨리려고만 합니다. 막상 무너뜨리고 나면 뭘 해야 할지도 모르면서 그냥 이기려고만 하는 겁니다. 이들은 마치 고집쟁이 베르터 같습니다. 오로지 자신에게 맞춰주기만을 요구합니다. '어딜 가자, 뭘 먹자, 이거 하자, 저거 하자' 모든 일에 '타협'하려 하지 않고 일방적으로 자기 얘기만 하고 있습니다. 지금 MZ에게 가장 시급한 것은 '옳고 그름의 판단'입니다. 혹시 MZ도 자신에 대한 믿음이 부족한 걸까요?

지금부터 스스로의 생각을 더듬어 보세요. 사회생활을 하면서 자잘하게 몸에 밴 자신의 모습을 들여다보는 겁니다. '누구를 만나면 어떻게 한다', '이럴 땐 이렇게', '저럴 땐 저렇게' 이런 규칙들이 스스로 새롭게 만들어낸 독창적인 방법인가요? 아니죠? 결국 만들어진 틀 안에서 움직이고 있다는 것을 인정해야 합니다. 이를 슬쩍 포장해서 '노하우'라는 단어로 표현하고 있는 것입니다. 스스로의 세대를 어딘가에 포함시킬 필요도 없습니다. 우리가 알고 있는 업무에 적용할 전문 지식이나 어우러짐을 통한 즐거움, 상충을 통한 피로감, 이 모든 것들이 '관계'를 통해 이어지고 있습니다. 직장에서 늘 피해만 받았다고만 생각하지 말고 배움도 얻었다고 깨달아야 합니다. 집단을 나눠 서로의 장단점을 찾는 바보 같은 행동은 그만하고, 그럴 시간이 있으면 스스로를 단련하는 데 쏟아보세요. 어제 입사했다고 해도 마찬가지입니다. 지금껏 사람들에게 무엇을 배웠는지, 그것을 가르쳐준 사람은 나보다 몇 살 정도 많았는지, 자신이 독창적인 인간이라 당당하게 내세울 수 있는지 스스로에게 물어보세요. 우리가 이야기 나누고 있는 '고전'이라 불리는 작품들은 '시대가 변해도 가치가 변하지 않고, 오랜 시간이 지나도 공감을 얻을 수 있다'는 평가를 받는 작품들입니다. 고전에서는 감동과 교훈을 얻어가려 하면서 '기성세대'를 무조건 부정하는 것은 앞뒤가 맞지 않는 행동입니다.

직장은 거대한 역사를 지닌 공동체입니다. 문명의 발전과 함께 생겨난 '지배층'과 '피지배층'의 관계를 고전보다도 더 오래도록 유지하고 있는 곳이 직장입니다. 그동안 피지배층은 꾸준히 변화하며 혁신적인 방법을 연구해 끊임없이 도전했습니다. '지배구조'를 바꾸지는 못했지만 '일의 방식'은 변화시켰습니다. 우리는 '자의적 선택'으로 직장에서 일하고 있는 것을 확인하며 승부를 시작했습니다. 직장에 카운터펀치를 날려 K.O.시키겠다는 목표를 설정하지 않았다는 거죠. 그러니 끝장 볼 것처럼 덤비지 마세요. 우리는 모든 것을 종결시키려는 것이 아닌 변화의 과정에 서 있다는 것을 자각해야 합니다. 앞 세대가 물려준 것을 받아서 배우고, 다음 세대에게는 더 좋은 것을 물려줘야 합니다.

우리가 스스로 직장에 들어왔다는 것은 문제점이 있다는 것을 알면서도 그 이상의 가치가 있다는 판단을 했기 때문입니다. 저는 그 가치를 배움에서 찾습니다. 오랜 세월 이어져 온 피지배층의 도전은 모든 노력의 결과를 다음 세대에 물려주는 훈훈한 역사로 이어져 왔습니다. 더 좋은 방향, 더 나은 방향을 찾기 위한 도전은 계속될 것입니다. 그러니 구성원끼리 편을 갈라 적이 되지 마세요.

서로에게 배워야 합니다. 나이나 경력은 필요없습니다. 인간은 모두 위대한 존재이기 때문에 뭐든 배울 점이 있다면 배우세요.

'기성세대'를 대변하는 알베르트는 베르터가 자신을 질투하고, 아내에게 집착하며 신경을 긁어대고 있음에도 직접적인 해를 가하지 않았습니다. 오히려 베르터의 좋은 면을 찾으려 노력했죠. 베르터는 어땠나요? 사랑에 집착해 스스로 파멸에 이른 인물이긴 하지만, 그의 장례식에 수많은 사람이 참석해 그의 죽음을 애도했습니다. 이는 그가 인망이 높았음을 보여주는 증거입니다. 로테가 베르터에게 선을 그은 것도 그가 '나쁜 놈'이어서가 아니라 스스로의 문제 때문이었습니다. 결국 베르터에게도 충분히 좋은 면이 있었던 겁니다. 알베르트 여러분! 베르터 여러분! 이제 극단적인 판단과 충돌을 멈추고 서로의 장점을 보세요. 서로를 끌어안으라는 것이 아닙니다. 그저 서로가 다른 존재가 아니라는 것, 모두가 위대한 인간이라는 것만 인정하면 됩니다. 평등한 시선으로 서로를 바라보세요. 생각만 바꾸면 세대 갈등이란 녀석은 아무것도 아닌 거라는 걸 깨닫게 될 것입니다.

편협함은 자신을 목을 조르는 줄입니다.
스스로를 고립시키지 마세요.

육체만 성장한 가짜 어른
『호밀밭의 파수꾼』

The Catcher in the Rye
- 미국 작가 '제롬 데이비드 샐린저(Jerome David Salinger)'의 1951년 작품
- 미국 소설, 성장 소설, 도시 배경, 피카레스크[14]

    이 작품은 정신병원에 입원 중인 주인공 '홀든'이 지난 크리스마스 무렵 겪은 일들을 '구어체'로 서술한 소설로 '순수한 어린 시절의 이상'과 '위선에 찬 어른들의 세계' 사이에서 혼란과 좌절을 겪는 소년의 여정을 보여줍니다. 이야기는 고등학생인 주인공 '홀든 콜필드'가 낙제를 거듭한 끝에 결국 학교에서 쫓겨나 집으로 돌아가는 길에서 시작됩니다. 홀든은 이미 '온통 가짜와 속물들만 가득하다'는 이유로 학교를 그만둔 경험이 있습니다. 이번에도 마

---

14 15~16세기경 스페인에서 유래한 문학 장르의 하나로 등장인물이 도덕적 결함을 안고 있거나 악인이 이야기를 이끄는 장르를 뜻한다.

찬가지 이유로 학교를 나와 뉴욕행 기차에 오릅니다. 홀든은 기차에서 같은 반 친구의 어머니를 만나 그럴싸한 거짓말을 늘어놓으며 그 친구에 대해 어머니가 가지고 있을 법한 환상들을 적절히 충족시켜주는 어른스러움(?)을 보여줍니다. 그러는 동안 기차는 뉴욕에 도착합니다.

홀든이 뉴욕에 도착한 날은 토요일입니다. 그는 자신이 퇴학당했다는 사실을 부모님께 숨기기 위해 일부러 방학이 시작하는 '수요일'에 집으로 돌아갈 계획으로 싸구려 호텔에 짐을 풀어놓고 시내로 나옵니다. 그리고 뉴욕에서 많은 사람들과 만납니다. 하지만 어떠한 만남에서도 '진정한 만남'이었다는 기분을 느끼지 못합니다. 그날 밤 홀든은 나이트클럽을 찾아가 처음 만난 여성들의 술값을 내주기도 하고, 형의 옛 여자 친구와도 만납니다. 급기야 호텔에 돌아와 엘리베이터 보이의 추천으로 방에 매춘부를 들이기까지 합니다. 그러나 막상 매춘부와 나란히 앉아 보니 아무런 의욕이 생기지 않아 이야기만 나누고 약속한 5달러를 지불합니다. 그런데 매춘부는 더 많은 돈을 요구하며 엘리베이터 보이와 합세해 홀든을 구타하고 10달러를 가지고 가버립니다.

다음 날 아침식사를 하던 홀든은 식사 자리에서 두 명의 수녀와 만나 얘기를 나누다가 특별한 이유 없이 기분이 좋아져 즉석에서 10달러를 헌금합니다. 그러고는 거리를 걷다가 우연히 교회에 다녀오는 한 가족을 보고 또 기분이 좋아집니다. 그 집 아이가 차도 가장자리를 걸으며 〈호밀밭을 걸어오는 누군가를 만나면

(Comin' Through the Rye)〉[15]이란 노래를 부르고 있는 모습을 보고 '호밀밭의 파수꾼'이 되겠다는 꿈을 가지게 됩니다.[16] 이후 홀든은 '샐리 헤이즈'라는 친구를 만나 함께 연극을 관람합니다. 그녀에게 함께 도망치자는 말을 했다가 거절당하고 말다툼까지 합니다. 그녀와 헤어져 여기저기를 헤매 다니다 또 다른 사람과 만납니다. 문득 동생 '피비'가 보고 싶어진 그는 몰래 집에 찾아가 동생을 만납니다. 이미 홀든이 퇴학당했다는 것을 눈치챈 피비가 "오빠는 뭐가 되고 싶어?"라고 묻자 아이들이 호밀밭에서 놀다가 절벽에 떨어지지 않도록 돌보는 호밀밭의 파수꾼이 되고 싶다고 대답합니다. 잠시 후 다시 집밖으로 나온 홀든은 그날 밤을 보낼 곳을 찾다가, 지난번 학교에서 자신에게 잘해주었던 영어 교사 '안톨리니'를 찾아가 그의 인생 충고를 듣습니다. '미성숙한 사람의 특징은 대의를 위해 고결하게 죽기를 원하는 것이고, 성숙한 사람의 특징은 대의를 위해 겸허하게 살기를 원하는 것이다'라는 한 철학자의 가르침이 담긴 이야기를 듣던 홀든은 잠이 들고 맙니다. 잠결에 안톨리니가 자신의 이마를 어루만지고 있음을 느낀 홀든은 아무래도 그가 동성애자인 것 같다는 생각이 들어 겁을 먹고 그 집에서 빠져 나옵니다.

---

15 영국의 시인 '로버트 번스'가 쓴 시를 바탕으로 만들어진 동요. 본토에서 널리 불리는 동요였다기보다 다른 나라의 성악가들이 많이 부른 노래이고, 일본을 거쳐 한국에 소개되어 '들놀이'란 제목으로 번안되었다.

16 주인공은 '호밀밭으로 걸어오는 누군가를 만나기 시작하면(Gin a body meet a body/comin' through the rye)'을 '호밀밭으로 걸어오는 누군가를 붙잡기 시작하면(Gin a body catch a body/comin through the rye)'으로 잘못 들어 '호밀밭의 파수꾼'을 장래 희망으로 정하게 된다.

월요일 아침이 되었습니다. 홀든은 수요일에 집에 돌아가겠다는 계획을 바꿔 집으로 가지 않고 서부로 떠나기로 결정을 내립니다. 떠나기 전에 동생 피비를 한 번만 더 보겠다며 동생의 학교로 찾아가 메모를 남기고 오후가 되어 약속 장소에서 동생과 만납니다. 그런데 동생이 짐을 싸들고 와서는 같이 떠나겠다고 조릅니다. 홀든은 단호하게 거절했지만 동생은 화를 내면서 고집을 부립니다. 일단 동생을 달래기 위해 함께 근처 동물원을 찾아간 홀든은 그곳에서 회전목마에 올라타 빙글빙글 돌고 있는 동생을 바라보다가 문득 알 수 없는 행복감을 느낍니다. 결국 떠날 마음을 접고, '이 거친 세상에서 순진한 아이들을 지키는 호밀밭의 파수꾼'이 되겠다는 결심을 다시 한번 떠올립니다. 이야기는 다시 현재 시점의 정신병원으로 돌아옵니다. 홀든은 이후 집으로 돌아갔고, 정신병원에 있는 지금 그때 그 사람들이 그립다고 말하는 것으로 마무리됩니다.

'은둔하는 소설가'라는 별명을 가진 작가 '제롬 데이비드 샐린저'는 1919년 미국 뉴욕에서 태어났습니다. 폴란드계 유대인 아버지와 어머니 사이에서 태어난 그는 『호밀밭의 파수꾼』의 주인공 홀든과 마찬가지로 학교와는 잘 맞지 않았습니다. 오히려 정규 교육보다는 청강을 통해 참석한 '콜롬비아 대학교의 문예창작 수업'에서 많은 영감을 얻었다고 합니다. 중고등학교 시절부터 단편을 쓰기 시작한 그는 1940년, 〈스토리〉라는 잡지에『젊은이들(The Young Folks)』이라는 소설을 발표하며 문단에 데뷔했고, 얼마 후 2차 세계대전에 참전했습니다. 군 복무 기간 중에는 '어니스트 헤밍웨이'를 만나 글쓰기에 뛰어난 재능을 지녔다는 찬사를 받기도 했고, 군 병원에서 인연이 된 독일인 여성과 결혼도 했습니다. 제대 후 발표한『나는 미쳐간다(I'm Crazy)』를 기반으로 5년여가 흐른 1951년에『호밀밭의 파수꾼』을 출간해 큰 성공을 거두었습니다. 이 작품으로 유명세를 얻게 된 그는 문학계와 종교계의 격렬한 비판을 들어야 했습니다. 조용히 살고 싶었던 그는 2년 뒤, 뉴욕을 떠나 뉴햄프셔의 시골에 은둔해 살기 시작합니다. 이후 가명으로 작품을 발표하기도 했고, 자신과 관련된 작품이 발표되거나 기사가 나는 것에 매우 민감해하며 여러 차례 소송도 진행했습니다. 1965년 이후 작품을 발표하지 않았던 그는 결국 2010년 노환으로 세상을 떠났습니다.

세상의 허위와 가식에서 벗어난 순수함을 동경하는 내용이 담긴 작품을 주로 발표해온 샐린저는 1940~50년대 성장통을 겪던 미국을 배경으로『호밀밭의 파수꾼』을 발표했습니다. 이 성장통은 1차 세계대전의 혼돈과 충격을 겪은 후 1920년대에 접어들어 유래 없는 경제 성장을 이룬 미국인들이 황금만능주의에 심취하자 사회적 도덕성 회복을 목표로 '질서'와 '안정'이라는 캐치프레이즈를 내세웠지만, 결국 빈부격차와 계층 갈등이 심화된 결과를 낳은 것을 말합니다.『호밀밭의 파수꾼』은 16살 소년의 '이유 없는 반항'을 담은 성장소설이 아니라 위선과 가식으로 가득한 교육제도와 사회를 통렬히 비판하는 사회 고발의 메시지가 담긴 작품으로 이해해야 합니다.

작가는 이 작품의 시간적 배경을 '크리스마스'로 설정했습니다. 이는 시작과 끝이 공존하는 '변화'를 설명하기 위한 설정으로 해석할 수 있습니다. 한 해가 끝나는 시점인 12월 말, 식물이 죽어가는 겨울 중 하루에 해당하는 크리스마스는 동시에 새로운 싹이 피어나는 시기인 봄을 맞이하기 직전, 새로운 해를 맞이하는 시기에도 해당합니다. 또한 '예수 그리스도'의 탄생일이기도 하죠. 크리스마스를 기점으로 주인공 홀든은 그간의 방황을 마칩니다. 아직 순수했던 동심에서 벗어나 성인으로 성장한 것입니다. 이는 순수의 종말과 경험의 탄생, 곧 개인의 정체성에 관한 질문을 던집니다.

가짜 어른

주인공 홀든이 작품 내내 방황과 탐색을 가졌던 모든 시간은 결국 '정체성'을 탐색하는 과정이었습니다. 기차 안에서 친구 어머니에게 그럴싸한 거짓말을 늘어놓고는 자신을 '루돌프 슈미트'라는 가명으로 소개하며 스스로 자신이 아님을 인정했고, 호텔방에서 만난 매춘부에게도 자신을 '짐 스틸'이라고 소개합니다. 이런 방식으로 이어져온 홀든의 정체성 찾기는 16세라는 '어른과 아이의 경계'에 선 나이의 주인공이 '아이의 순진성과 어른의 경험' 사이에서 방황하는 모습으로 그려져 있습니다. 홀든은 어른의 세계는 모두 허위와 가짜라고 생각하며 가끔씩 현기증과 구토 증세를 보입니다. 이는 아이의 순수함에서 벗어나기 싫은 자신의 모습을 표현하는 것입니다. 그런 주인공 앞에 '아이의 순수성'을 상징하는 동생 피비를 등장시켜 '순진성'은 영원히 지키거나 보존할 수 없다는 것을 깨닫게 하고, 결국 순수성이 오염되어 어른의 세계로 들어갈 수밖에 없다는 메시지를 전합니다. 마지막에 홀든이 예전에 알고 지냈고 한때는 경멸했던 속물들까지도 모두 다 보고 싶다고 말하는 장면을 통해 자신이 그토록 혐오하던 어른의 세계에 들어섰음을 보여줍니다.

홀든이 힘들게 정체성을 탐색하며 겪는 어려움에서 우리는 직장 내 관계를 떠올릴 수 있습니다. '정체성'은 타인과의 만남과 관계 속에서 형성되는 것이기 때문입니다. 올바른 정체성을 가지기 위해서는 언제나 '진정한 교류'와 '서로에 관한 이해'가 기본이 되어야 합니다. 하지만 홀든은 진정한 교류를 갖지 못해 늘 고독한 신세였습니다. 그 상태로 어른의 세계에 편입된 그는 보통 사람들처럼 자연스런 성장을 하지 못한 것입니다. 직장에도 홀든처럼 몸은 성인이 되었지만 여전히 생각은 아이에 머물러 있는 인간들이 있습니다. 자신의 행위에 핑계만 대는 인간, 직장 내 지위를 핑계의 이유로 밀어붙이는 인간, 권위에 미쳐 판단이 흐려진 인간이 그런 경우입니다. 저는 이런 인간을 '가짜 어른'이라고 부릅니다.

가짜 어른의 가장 큰 문제점은 아주 좁은 시야를 가지고 있다는 점입니다. 문제가 발생했을 때 넓은 사고를 동원해 원인을 찾는 데 집중하지 않고, 눈앞의 문제를 덮어버리기에 급급합니다. 이런 인간들 때문에 문제가 누적되다 대형사고가 발생하기도 합니다. 하지만 그때쯤 가짜 어른들은 이미 제3자의 위치로 이동해 책임을 회피하고는 오히려 그것을 평가하기 시작합니다. 왜 홀든이 현기증과 구토 증세를 보였는지 이해가 갈 정도입니다. 직장에서 엘리베이터가 운행 중 멈추는 일이 반복된다면, 우선 기계적 문제인지, 사용자들의 실수인지 원인을 정확히 파악해 문제를 해결하면 됩니다. 하지만 가짜 어른들은 그 과정을 건너뛰고 그냥 엘리베이터를 폐쇄하고 계단을 이용하라는 결정을 내립니다. 비가 와서 창문으로 비가 들이친다면 창문을 통째로 막아버리기도 하죠. 그래놓고는 관리의 어려움이니 예산 문제니 어쩌고 하는 거창한 이유를 대면서 개소리를 인간의 소리로 바꿔놓는 마법을 부립니다. 그러면서 그것을 업적이라 당당히 내세우는 뻔뻔함으로 일관합니다.

'가짜 어른' 여러분!
엘리베이터와 창문이 당신을 위협하던가요?
다른 것이 무서워서 거짓말하고 있는 것은 아니고요?

우리에게 정체성은 매우 중요한 문제입니다. 자신을 유연한 사람으로 만들어줄 무기가 바로 정체성입니다. 어렵게 접근할 필요도 없습니다. 있는 그대로만 정리하세요. 관습에만 매달리지 말고, 스스로 옳다고 생각하는 결정을 내리세요. 당신이 비난할 결정을 상대방이 내렸다면 적어도 당신은 그런 결정을 내리지 않는 겁니다. 시간이 지나도 스스로에게 부끄럽지 않을 결정을 내리세요. 잘하려고 애쓰지 말고 정상적으로 하려고 애쓰세요. 당장 눈앞에 떨어진 것만 해치우지 말고, 성인으로서 아이들에게 부끄럽지 않을 만큼 행동하는 겁니다. 내 모습을 보고 현기증과 구토 증세를 느끼지 않을 만큼만 행동하면 됩니다. 남들이 다 잡아놓은 고기를 빼앗아 먹더라도 쓰레기는 식탁 아래 숨겨놓고 가지 말라는 겁니다. 가짜 어른이 되지 말고, 자기 내면의 중심에 담긴 이야기를 겉으로 끌어내세요. 그래야 자신만의 원칙을 변함없이 지키는 '진짜 어른'이 될 수 있는 겁니다.

그동안 거짓말을 해왔다면
이제부터는 자신에게라도 솔직해지세요.

자기합리화에만 진심인 인간

『아큐정전』

The True Story of Ah Q
- 중국 작가 '루쉰(魯迅)'의 1921년 작품
- 중편소설, 정신 승리, 중국 현대문학의 출발, 신해혁명, 역사인식

이 작품은 신해혁명[17]을 통해 청 왕조가 무너지고 '중화민국'이 세워지던 시기인 1920년대 중국의 모습과 중국인들의 사고방식을 희화화하고 있습니다. 작가는 당시 영국, 프랑스, 일본 등 여러 나라와의 전쟁에서 연달아 패배하고 있었음에도 '중국은 큰 나라다'라고 말하며 우쭐거리는 중국인들의 모습을 주인공과 주변인물에게 그대로 투영시켜 '구 사회의 문제점'을 적나라하게 보여주는 방식을 사용해 중국인 스스로의 변화를 촉구했습니다. 덕분에 출간

---

17 신해혁명(辛亥革命)은 중국에서 1911년 신해년부터 발생한 일련의 혁명을 의미한다. 이를 통해 중국은 자신들을 지배했던 청나라를 멸망시키고 중국사 최초의 근대 공화국을 수립했다.

당시 심한 비판을 받았지만 100년이 지난 지금은 고전의 반열에 올랐습니다.

　이 작품의 주인공 '아큐'는 이름도 없고 성도 없습니다. 게다가 출신지나 그간의 행적에 관한 정보도 없고, 가진 것도 대단한 능력도 없습니다. 그저 남의 집에 얹혀살며 허드렛일을 하는 무식하고 노예근성 강한 날품팔이[18]일 뿐입니다. 자존심이 매우 강한 아큐는 마을 사람들이 그를 건드려도 신경 쓰지 않고, 대머리라고 놀려도 반응하지 않습니다. 도박을 하다가 돈을 잃어도 속상해하지 않는 매사에 자신 있는 사람이기에 그는 늘 '이기는 삶'을 살고 있습니다. 본받을 점이라고 해야 할까요? 아닙니다. 아큐는 과할 정도의 자존심도 가지고 있습니다. 싸움에서 지거나 상대에게 모욕을 당하는 일이 생겨도 '무조건' 자신이 이겼다고 우기며 우쭐댑니다. 그는 불량배에게 실컷 얻어맞은 뒤에도 이런 말을 합니다. "내가 얼굴로 그놈의 주먹을 때린 거야!" 아큐의 이런 생각을 우리는 '정신 승리법'이라 부릅니다. 그의 이런 생각은 매우 이중적인 잣대를 가지고 있습니다. 엄청난 자기합리화로 똘똘 뭉쳐 있기 때문에 자신보다 강한 이에게는 굽신거리고, 자신과 비슷하거나 못한 사람들에게는 야비한 모습을 보입니다. 그렇다고 진심으로 굽신거리는 것도 아닙니다. 오직 자기합리화로만 단단하게 뭉쳐 있기 때문이죠.

　마을 사람들의 존경을 받는 '자오 영감'이라는 인물이 있습니

---

18 하루를 단위로 일하고 임금을 계산하는 노동자.

다. 자식도 번듯하게 잘 키웠고, 비교불가의 재력마저 갖춘 지역 유지입니다. 아큐는 그런 자오 영감을 '별것도 아닌 사람'이라며 쉽게 무시합니다. 게다가 서양식 학교에서 교육받고 변발도 잘라버린 세도가의 자제를 '양놈'이라 욕하고 다닙니다. 그러다 그 소리가 본인 귀에 들어가는 바람에 실컷 두들겨 맞고도 자신이 이겼다며 우쭐댈 정도입니다. 그러던 어느 날 아큐는 지나가는 비구니의 볼을 꼬집으며 놀리다가 도저히 떨쳐지지 않는 이상한 기분을 느낍니다. 바로 여자에 눈을 뜬 것입니다. 아큐는 그길로 여자를 구하러 돌아다니기 시작합니다. 그러다 자오 영감의 집에서 일하는 하녀 '우마'에게 다짜고짜 청혼을 해버립니다. 결국 자오 영감에게 혼쭐이 난 아큐는 그나마 갖고 있던 것마저 모두 빼앗기고, 온 동네에 이 소문이 퍼지는 바람에 미친 사람으로 취급받습니다. 여자들은 아큐만 보면 도망가고, 모두가 그를 비웃으며 일거리도 외상술도 주지 않는 상태가 되자 결국 아큐는 마을을 떠납니다. 떠나는 길에도 그는 반성 따위는 하지 않습니다. 그에게는 정신 승리법이 있었으니까요. 시간이 흐른 뒤 아큐는 다시 마을로 돌아옵니다. 그냥 돌아온 것이 아니라 '금의환향[19]'입니다. 대체 어디서 뭘 하다 왔는지 새 옷을 입고 상당한 재물을 가지고 돌아와 현금을 팍팍 쓰기 시작합니다. 게다가 함께 가져온 신기한 물건들로 여자들의 관심을 얻기까지 합니다. 마을 사람들도 돌아온 아큐에게 언제 무슨 일이 있었냐는 듯 다시 잘해주기 시작합니다. 하지만 얼마 못 가

---

19 錦衣還鄕(금의환향) - 비단옷(緋緞)을 입고 고향(故鄕)에 돌아온다는 뜻.

아큐가 이 모든 것을 도둑질로 마련했다는 것이 밝혀집니다. 그즈음 중국에서 일어난 혁명의 물결이 마을에 도착하고 사람들은 혁명당, 혁명당원이라는 말만 들어도 벌벌 떠는 상황이 벌어집니다. 아큐는 혁명에 대해 잘 알지도 못하면서 사람들이 무서워하는 모습을 보고는 자신에게 유리할 것이라는 판단에서 '혁명당원'을 자처하며 동네 여기저기를 들쑤시고 돌아다니기 시작합니다. 하지만 얼마 못 가 민심이 가라앉자 아큐의 혁명당 놀이도 별 재미를 보지 못합니다. 그러던 어느 날, 자오 영감의 집이 약탈당하는 사건이 발생합니다. 사람들은 평소 감정이 좋지 않았다는 이유로 아큐를 범인으로 지목합니다. 결국 체포된 아큐는 자신이 왜 끌려가야 하는지, 누가 누명을 씌운 것인지도 모르는 상황에서 종이에 동그라미 하나를 그리는 서명을 하게 됩니다. 곧이어 아큐의 사형이 집행됩니다. 형장으로 끌려간 아큐는 혁명에 참여했기 때문에 죽게 된 거라 생각하며 '살다보면 목이 잘릴 수도 있지!'라고 정신 승리하며 총살당해 생을 마감합니다. 형장에 몰려들어 아큐의 처형을 지켜본 사람들은 '총살은 재미가 없어'라고 냉소를 보내며 하나둘 자리를 떠납니다.

〰️

작가의 본명은 저우수런(周树人, 周樹人, Zhōu Shùrén)으로, 루쉰(鲁迅, 魯迅, Lǔ Xùn)은 Revolution이라는 의미를 담은 '필명'입니다. 그는 100개가 넘는 필명을 사용하며 반정부 논객 활동을 한 것으로 알려져 있습니다. 1881년 중국 저장성 사오싱시의 관료 집안에서 태어난 그는 청소년기에 근대 사상과 마르크스-레닌주의에 많은 영향을 받았고, 대학 진학 후 일본에서 의술을 공부했지만 중도에 포기하고 외국 소설을 중국어로 번역하는 일을 했습니다. 귀국 후 고향에서 잠시 교사로 근무하다가 '신해혁명'이 시작되자 중화민국 신정부의 교육부원이 되었고, 1918년 문학혁명[20]을 계기로 '루쉰'이라는 필명으로 『광인일기(1918)』을 발표하며 본격적인 작가의 길을 걷기 시작해 다양한 작품을 발표하며 중국 근대문학을 확립해 갔습니다. 이후 정치 관련 활동을 활발히 펼치다가 도피 생활을 하기도 했던 그는 1936년 56세의 나이로 세상을 떠났습니다.

도덕성이 작동해야 인간입니다

'잘못을 인정하지 않고 은근슬쩍 넘어가거나 외면하는 것.' 이는 비단 아큐만의 문제가 아닙니다. 또한 작가가 의도한 1920년대 중국인만의 문제도 아니죠. 이는 지금 세계 어디를 둘러봐도 어렵지 않게 찾을 수 있는 모습입니다. 우리에게는 이런 행동의 어리석음을 스스로 깨닫고 변화하기 위한 행동으로 옮기는 것이 매우 중요합니다. '자기합리화'는 인간이 가진 보호 본능의 일종입니다. 누구나 자신을 합리화하기 위해 핑계를 만들고 이유를 만들죠. 하지만 이것이 극단으로 치닫게 되면 심각한 상황이 벌어집니다. 이러한 '극단적 자기합리화'는 다른 감정보다 '이익'이 우선인 직장에

---

20 1910년대 후반부터 1920년대 초에 걸쳐 중국에서 전개된 문학·사상의 개혁운동.

서 빈번하게 볼 수 있습니다. 극단적 자기합리화에 빠진 인간은 직장에서 만날 수 있는 최악의 유형입니다. 겉과 속이 다른 사람이나 거짓말쟁이, 핑계꾼은 적어도 성찰의 기회만 제공된다면 변화할 가능성이 있지만 문제 인식 자체가 다른 극단적 자기합리화에 빠진 인간은 변화의 가능성이 없습니다. 우리가 추구하려는 '주관'과 '자신만의 원칙'이 가장 나쁜 방향으로 발전한 케이스가 바로 극단적 자기합리화입니다. 이들은 자기 주장을 고집하기 위해 말도 안 되는 것까지 들고 나와 이유를 만들어냅니다. 이런 존재들이 가지고 있는 '이해할 수 없는 능력'은 늘 튼튼한 자기 주장의 벽을 만들어 자신만 보호합니다. 그러면서 매번 엄청난 고통을 호소합니다. 이해관계자가 아니라면 누구나 그가 가장 큰 고통을 받고 있다고 속게 될 겁니다.

점심 식사를 마치고 잠시 쉬고 있는데 갑자기 누군가 다가와 내 뺨을 후려칩니다. 그러고는 대뜸 사과를 요구합니다. 어이가 없는 상황에 어이 없는 요구였죠. 그래서 사과할 수 없다고 했습니다. 그러자 갑자기 불쌍한 눈빛으로 "부탁이니 한 번만 사과를 해 달라"고 말합니다. 또 다시 거절하자 이번에는 다른 사람들을 찾아가 내가 자신의 '부탁'을 들어주지 않았다며 하소연을 합니다. 거기에 눈물 한 방울까지 첨가해 굉장한 효과를 만들어냅니다. 사정을 들어보니 뺨을 때린 존재에게 업무상 불편한 문제가 있었던 모양입니다. 그래서 때렸답니다. 나는 그 문제와 아무런 관련이 없는 데도, 어떻게든 나를 엮어놓고는 주변 사람들을 상대로 '가스라이팅'을 시작한 것입니다. 결국 극단적 자기합리화는 나를 때린 그의 행동이 '정의의 심판'인 것처럼 만들었고, 나는 맞을 만한 행동을 하고도 정신 못 차리는 파렴치한 인간이 되었습니다. 그때 마침 그의 상사로 있던 가짜 어른이 나타나 나에게 불이익 처분을 내리고 유유히 사라집니다. 얼마 후 가짜 어른은 다른 팀으로 자리를 옮겨 책임을 벗어던집니다. 이렇듯 직장에서는 극단적 자기합리화와 가짜 어른의 콤비네이션으로 상대의 인격을 황폐화시키고, 세상으로부터 고립시키는 일이 수시로 발생하고 있습니다.

인간은 대화를 통해 문제를 해결할 수 있습니다. 언어로 감정에 호소하기도 하고, 냉정하게 현실을 직시하라며 설득하기도 하고, 상대의 입장에 서서 볼 수도 있습니다. 이런 과정은 지극히 정상적이고 합리적인 해결 방법입니다. 반드시 그 결과가 좋다는 보장은 없지만 대화를 통해 서로의 의견을 확인하는 데 의미가 있습니다. 수많은 인간의 생사가 걸린 '전쟁'조차도 결국 '대화'를 통해 매듭지어집니다. 이는 각자의 행동에 대한 명분을 내세울 기회를 제공하기 때문입니다. 하지만 이렇게 강력한 대화조차 극단적 자기합리화 앞에서는 무력화됩니다. 이들은 '고집이 강하다', '주장이 강하다' 정도로는 설명이 안 되는 존재들입니다. 비뚤어졌지만 어찌되었건 강한 신념을 바탕으로 움직이기 때문이죠.

이런 존재를 만나면 어떻게든 피하는 것을 추천합니다. 그 존재를 직장에서 도태시키고 밖으로 내쫓기 위해서는 엄청난 지략과

협력이 필요하기 때문에 절대 혼자 상대해서는 안 됩니다. 어찌 되었건 '강한 신념'으로 움직이는 존재이기 때문에 섣불리 도전했다가는 추풍낙엽처럼 떨어져 나갈 수밖에 없습니다. 게다가 복잡한 이해관계로 인해 팀플레이도 불가능합니다. 종종 극단적 자기합리화로 뭉친 존재에게 '똑같이 갚아주기'를 실행하는 경우를 보는데요. 이 방법은 이겨도, 져도 결국 자신을 파멸시키는 방법일 뿐입니다. 그 존재를 쫓아내기 위해 자신도 그런 존재가 된다면, 당신도 다음에 똑같은 신세가 될 테니까요. 그냥 공격성을 드러내는 짐승이라 생각하고 피하세요. 너무 경멸할 필요도 없습니다. 그럴 가치도 없는 존재니까요. 그런 존재들은 그냥 놔두면 필연적으로 자멸합니다. 그 모습은 결국 겉모습일 뿐이기에 시간이 지날수록 더 많은 사람이 그 존재의 속마음을 알아차리게 될 겁니다. 물론 떠날 때도 떠나야만 하는 이유를 만들겁니다. 그냥 두세요. 다른 곳에 가서도 같은 일을 반복할 테니까요. 그런 존재에게 신경 쓸 시간을 자신을 성찰하는 데 사용하시기 바랍니다. 혹시라도 내가 다른 사람에게 그런 존재가 아닌지 확인해보는 중요한 시간으로 활용하세요.

지금껏 저는 그 존재에게 '인간'이라는 표현을 사용하지 않았습니다. 인간은 도덕성이 작동해야만 인간입니다. 그것이 인간을 먹이사슬 최상단에 올려놓았으니까요. 그 존재는 우리보다 훨씬 아래 단계에 위치한 미물입니다. 부디 자신을 성찰하고 최상위라는 자리를 지키세요. 개인의 변화는 사회의 변화로 이어집니다. 그리고 사회의 변화는 더 큰 곳으로 옮겨갈 것입니다. 가장 작은 단위부터 올바른 방향을 잡아야 합니다. 왜곡된 현실 인식으로 진실을 외면하고 있지는 않은지, 성장에 급급해 과거를 되돌아보는 것을 잊고 있는 것은 아닌지 스스로 잘 생각해봐야 합니다.

〈주의〉
자신의 행동을 합리화하고 남의 약점을 잡는
'극단적 자기합리화'

도와주고 싶은 인간

『인간실격』

人間失格
- 일본 작가 '다자이 오사무(太宰 治)'의 1948년 작품
- 유작, 자전적 작품, 장편소설, 근대문학, 염세적 가치관

『인간실격』은 처음에 등장한 화자가 세 장의 사진을 보며 불쾌감을 느끼는 것을 시작으로 주인공이 남긴 세 편의 수기가 이어지고, 마지막에 다시 화자의 시점으로 돌아오는 액자식 구성의 작품입니다.

첫 번째 수기는 주인공 '오바 요조'의 어린 시절입니다. 요조는 부유한 집안의 막내아들로 태어났지만 어려서부터 '인간에 대한 두려움과 불안'을 갖고 있었습니다. 남들이 무슨 생각을 하면서 살고 있는지, 자신을 어떻게 평가하고 있는지 늘 두려워했습니다. 그

래서 그 두려움을 극복할 방법으로 '광대 노릇[21]'을 하며 사람들을 웃기기 시작합니다. 자신의 태도와 행동을 거짓으로 일관하며 타인들로부터 호감을 얻어내는 데 성공한 것입니다. 겉으로는 '장난기 가득한 아이'였지만, 속은 '인간에 대한 불신과 세상에 대한 불신을 가진 아이'로 자라며 암울한 어린 시절을 보냅니다.

두 번째 수기는 요조가 중학생이 된 시간대에서 시작합니다. 요조는 여전히 광대 노릇으로 자신을 감추며 인기 많은 사람으로 살고 있습니다. 그런데 '다케이치'라는 아이가 나타나 요조가 겉과 속이 다른 사람이라는 것을 알아챈 듯한 말을 건넵니다. 요조는 다케이치가 자신의 진짜 모습을 사람들에게 발설하지 못하도록 급히 그와 친구가 되어 꼭 붙어 다니기 시작합니다. 얼마 후 다케이치는 예언과도 같은 말을 합니다.

"너는 앞으로 훌륭한 화가가 될 거야."
"앞으로 많은 여자들이 너에게 홀딱 반하게 될 거야."

시간이 흘러 고등학생이 되면서 다케이치와 자연스레 헤어진 요조는 미술을 배우고 있는 '호리키'라는 여섯 살 연상의 남자와 친구가 됩니다. 호리키는 방탕하고 퇴폐적인 삶을 추구하는 인물이었습니다. 요조는 그가 좋은 사람이 아니라는 생각을 하면서도 어려서부터 가졌던 '인간에 대한 두려움'으로 인해 그와 어울리는

---

21 번역에 따라 '익살', '광대짓' 등으로 표현한다. 이 책에서는 '광대 노릇'으로 표기했다.

것을 거부하지 못합니다. 잘생긴 외모를 가진 요조는 호리키와 어울리며 많은 여자와 만납니다. 그러던 중 술집 여종업원 '쓰네코'와 교제를 시작하는데요. 얼마 후 쓰네코가 자기 삶에 염증을 느껴 같이 죽자는 제안을 하자 세상이 지긋지긋했던 요조도 그에 동조해 함께 바다로 뛰어들어 동반자살을 시도합니다. 그 결과 쓰네코는 죽고, 요조만 살아남아 한없는 비참함을 느껴야 했죠.

세 번째 수기는 동반자살 미수 사건 직후의 이야기입니다. 그 일로 인해 고등학교에서 퇴학당한 요조는 집과도 인연을 끊은 채 만화가로 일하며 어려운 삶을 살고 있습니다. 그러던 어느 날 사별 후 혼자서 어린 딸을 키우며 살고 있는 '시즈코'라는 여성을 우연히 만나 동거를 시작합니다. 늘 술독에 빠져 지내던 요조는 시즈코와 딸이 행복하게 지내는 모습을 보고, '나만 없으면 저 두 사람이 더 행복할 텐데…'라는 생각이 들어 그 집에서 뛰쳐나옵니다. 이후 요조는 '요시코'라는 여성과 새로운 동거를 시작하면서 처음으로 '안정된 삶'을 경험합니다. 요시코로부터 강한 신뢰를 경험한 그는 '이렇게 살다 보면 나에게도 행복한 가정이 생기지 않을까?'라는 기대를 하며 성실히 살겠다고 마음먹습니다. 하지만 그 행복은 오래가지 못합니다. 어느 날 요시코가 성폭행 당하는 장면을 목격한 요조는 아무것도 하지 못하고 있는 자신과 마주했고, 다시 술에 의존하며 끊임없이 사람을 의심하는 삶으로 되돌아갑니다. 수면제를 다량 복용해 자살을 기도했지만 실패로 돌아가자 마약에 의존합니다. 거듭되는 수치와 지옥 같은 삶에서 벗어나기 위해 다시 한번 자살을 결심한 날, 호리키가 찾아옵니다. 요조는 평소와 다른 부드러운 미소를 보이는 호리키에게 왠지 모를 신뢰를 느껴 그의 차에 올라타 '정신병원'에 도착합니다. 요조는 '자신은 미치지 않았지만 정신병원에 끌려 왔기 때문에 광인이 되었다'라고 생각하고, 이제 이곳에서 나가더라도 '미치광이'라는 낙인을 지울 수 없게 되었다는 생각에 스스로 '인간실격'이라는 낙인을 찍습니다. 그때 요조의 나이는 스물일곱 살이었습니다.

⌇

작가의 본명은 '쓰시마 슈지(津島 修治, つしま しゅうじ)'이고, '다자이 오사무(太宰 治)'는 고향 쓰가루 지방 사투리를 필명으로 사용한 것입니다. 그는 1909년 일본 아오모리현 가타쓰가루군 가나기촌(현재의 고쇼가와라시)에서 지역 유지였던 아버지 '쓰시마 겐고에몬(津島源右衛門)'과 어머니 '타네(夕子)' 사이의 11남매 중 둘째로 태어났습니다. 부모님이 아닌 유모의 손에서 유년기를 보냈지만, 중학교 수석을 차지할 정도로 성적이 좋았습니다. 그러나 고등학생 시절 성적이 많이 떨어져 자살을 시도하기도 했습니다. 대학 진학에는 성공했지만 공부에는 관심을 두지 않았고, 친가에서 보내주는 돈으로 경제적 여유를 누리며 방탕하고 호사스러운 삶을 살다가 자기혐오에 빠지고 맙니다. 그즈음 소설가가 되기 위한 움직임을 시작했고, 1933년 '다자이 오사무'라는 필명으로 단편 소설 『열차』를 발표한 뒤 다양한 매체에 많은 작품을 내놓으며 왕성한 작품 활동을 펼쳤습니다. 하지만 1948년 6월 13일, 소설 『인간실격』과

『앵두(櫻桃)』의 집필을 마무리한 뒤, 자살로 생을 마감했습니다. 그의 작품 중 가장 유명세를 탄 『인간실격』은 작가 사후에도 엄청난 인기를 누리며 '나쓰메 소세키[22]'의 『마음(1867)』바로 다음에 랭크 될 정도로 엄청난 판매량을 기록했고, 현재까지도 다양한 형태로 만들어지며 문화계에 막대한 영향력을 행사하고 있습니다.

『인간실격』은 오바 요조라는 인물의 일대기를 통해 가면을 쓰고 살아가는 인간의 '페르소나'를 등장시킨 작품입니다. 이에 관해서도 다양한 관점의 해석이 존재하고 있습니다. 서로 다른 관점으로 작품을 바라보더라도 대부분 동일하게 등장하는 감정이 있으니, 바로 요조가 느끼는 '지독한 우울감'입니다.

배고플 때 먹어야 맛있습니다

저는 지난 20년간 8번 정도의 창업과 이직을 경험했습니다. 신기한 것은 옮기는 회사마다 매번 분위기가 달랐다는 점입니다. 도대체 여기가 직장인지 스포츠 팀인지 모를 정도로 팀워크만 강조하는 곳이 있는가 하면, 경영진은 보이지 않고 부모 없는 자식들처럼 직원들만 남아 알아서 끌고 가는 곳도 있었습니다. 업무 말고는 아무런 대화도 나누지 않는 독서실 같은 곳, 직원들이 온통 구천을 떠도는 귀신처럼 흐리멍텅하게 일하는 곳도 있었습니다. 이렇게 서로 다른 곳으로 이동하면서도 매번 빠지지 않고 만나는 유형이

---

[22] 나쓰메 소세키(1867~1916). 본명: '긴노스케(金之助)' 일본의 소설가 겸 영문학자. '일본의 국민작가'라 불리는 인물로 『나는 고양이로소이다(1905~1906)』, 『도련님(1906)』, 『그 후(1909)』, 『마음(1914)』 등의 작품이 있다.

있었으니 바로 '지독한 우울함에 빠진 인간'입니다. 그들을 상대하는 방법은 크게 세 가지로 요약이 가능합니다. '위로하기', '도와주기', '그냥 두기.' 저는 이중에서 '그냥 두기'를 추천합니다.

한번은 같은 사무실에 근무하는 후배가 다른 부서의 선배 직원과 전화로 다투는 모습을 봤습니다. 상대는 그에게 대선배였죠. 만나서 얘기하기로 했다며 사무실을 나간 그는 한 시간이 지나도록 사무실로 돌아오지 않았습니다. 잠시 후 후배가 선배에게 창고에서 얻어맞았다는 이야기를 듣게 되었습니다. 걱정이 앞섰습니다. 어딘가에서 괴로워하고 있을 후배를 생각하니 속이 상하고 화가 났죠. 같은 사무실에 근무하는 한 명뿐인 후배이자 동생에게 든든한 선배가 되고 싶은 마음에 후배를 찾아가 어찌된 상황인지 묻고 '위로'하며 '도움'을 주고 싶었습니다. 그래서 회사 곳곳을 뒤지기 시작했습니다. 그러다 그를 때렸다는 선배를 만나 다짜고짜 "여기가 직장이지 군대냐!", "왜 함부로 내 후배를 건드려!", "앞으로 할 얘기가 있으면 나한테 해라"며 험한 말까지 퍼부었습니다. 그러고는 으쓱한 기분으로 계속 후배를 찾아다녔지만 찾을 수 없었습니다. '얼마나 큰 상실감을 느끼고 있을까…' 생각하던 그때, 평소 친하게 지내던 입사 동기와 아이스크림을 들고 깔깔거리며 길을 건너오는 후배의 모습이 보였습니다.

"괜찮아?" "왜?" "전화하고 나서 얻어맞았다며?" "신경 쓰지 마."

모든 것은 제 생각에 불과했습니다. 위로해야 한다는 것도, 도움을 줘야 한다는 것도 모두 제 머릿속에서 만들어낸 감정이었을 뿐이었던 겁니다. 그 생각은 제가 '선배'이고 '형'이기 때문에 그를 보듬어야 한다는 '권위'에서 만들어진 것이었습니다. 오히려 저는 도움을 청하지도 않았던 후배를 감싸겠다며 그 일로 동료 한 명을 잃고 말았습니다. '그냥 두기', 어찌 보면 냉정한 방법이라 생각할 수 있지만, 매우 따뜻한 방법이고 가장 효과적인 방법입니다. 실질적으로 상대를 도울 수도 있고, 그토록 원하던 권위도 세울 수 있는 최고의 방법입니다. 정말 힘든 사람은 도움을 청할 사람을 찾아갑니다. 그 대상이 당신이 되었을 때 진심을 담아 위로와 도움을 주면 됩니다. 절대 먼저 나서서 도움과 위로를 전하지 마세요. 무슨 상황인지도 모르면서 어떻게 돕겠다는 겁니까? 상대의 '지독한 우울'에 잘못 다가섰다가 책임 못질 과제를 떠안을 수도 있고, 그로 인해 더 멀어질 수도 있습니다. 실질적인 도움도 주지 못하면서 '힘내라', '다 좋아질 거다'라며 던지는 말들은 '훈수' 이상도 이하도 아닙니다.

    이는 모든 일에 적용됩니다. 업무 진행 과정도 마찬가지입니다. 물어보면 알려주세요. 물어보기 전에 '이건 말이야'라며 다가서는 것은 '자기 자랑'입니다. 이곳이 직장이라는 것을 잊지 마세요. 모두 채용 과정을 통해 검증받고 들어온 사람들입니다. 할 줄 모르면 물어볼 겁니다. 모르는 데도 질문하지 않는다면 자연스럽게 도태되는 곳이니까요. 누구나 자신에게 필요한 사람을 찾아갈 테니 '정'은 집에 가서 찾으세요. '지독한 우울함'을 가진 사람이 나보다 나이가 많고, 직급이 높다고 해도 마찬가지입니다. 눈치 보지 마세요. '내가 뭘 잘못했나?', '나 때문에 저러나?' 아닙니다! 당신에게는 관심 없습니다. 지금 지독한 우울에 빠져 있느라 정신없으니 끼어들어서 피곤하게 하지 말고, 하던 일이나 잘하면 됩니다.

이제 우리가 해야 할 일은 명확해졌습니다. **'도움을 청할 수 있는 사람이 되는 것'**입니다. 자신의 문제를 가장 잘 아는 것은 자신입니다. 우리는 몸이 아프면 병원을 찾아갑니다. 어디가 아픈지에 따라 적절한 진료과도 선택합니다. 반대로 필요도 없는데 걸려오는 스팸 전화는 차단해버립니다. 모든 것은 본인의 판단입니다. 차단당하고 싶으신가요? 어설프게 다가서지 말고, 필요할 때 도움을 청할 수 있는 사람이 되세요. 스스로에게 집중해 가꾸다 보면, 당신을 필요로 하는 사람이 찾아올 것입니다. 그러면 그때 '진심'을 담아 도와주세요. 나이가 많은 사람도, 직급이 높은 사람도 당신이 필요하다면 찾아올 것입니다.

> 방법의 차이로 내가 가진 것들을
> 의미 없는 것으로 만들지 마세요.

제2장

Round 1. 가드
공격 받아보기

드디어 서로의 기량 파악을 마치고 본 경기를 시작합니다. 지금껏 나와 상대를 파악하는 과정을 통해 내가 '돈'을 벌기 위해 직장에서 일을 하고 있고, 이곳에서 '더 나은 삶을 살 수 있는 방법'과 '더 행복을 느낄 수 있는 방법'을 찾길 원한다는 것, 그리고 상대는 '인간'을 이용한다는 것을 확인했습니다.

이제 경기가 시작되면 상대의 '공격'도 시작될 것입니다. 우선은 공격하지 않고 '상대가 가진 기술'을 파악하면서 공격 방향을 결정하겠습니다. 가드를 단단하게 올리고, 날아오는 주먹을 맞으며 날카로운 눈으로 상대를 '관찰'하세요. 관찰은 매우 중요한 행동입니다. 행동하기 전에 관찰하는 것은 실수를 줄이는 가장 효과적인 방법입니다. 우리는 관찰을 통해 '질문'을 만들어낼 것입니다. '왜'라는 질문은 지금껏 세상의 모든 것을 만들어냈습니다. 이번 라운드를 통해 우리도 '왜'를 만들어 보는 겁니다.

상대의 공격에 유연하게 대처하는 바람이 되세요.

※ 지금 필요한 복싱 용어
- 가드(Guard) : 방어, 선수가 경기 자세를 갖추었을 때 팔의 모양
- 숏 블로(Short blow) : 근거리에서 치는 펀치

상대의 집중 공격
숏 블로

직장이 개인을 대상으로 사용하는 근거리 타격 기술은 '속임수', '소문', '권위'로 이루어져 있습니다. 이중 가장 더럽고 치사한 방법이자, 모든 것의 근간을 이루는 것은 권위입니다.

모든 인간관계는 '수평'을 원칙으로 합니다. 하지만 직장에서는 어디에도 수평이 없습니다. 더욱이 직장은 그것을 극대화시킨 공간입니다. 오로지 '수직'만 존재하는 곳, 아무리 옆을 쳐다봐도 '수평적 관계'는 없습니다. 내 옆에 있다고 생각했던 '인간'도 자세히 보면 미세한 높낮이 차이를 보입니다. 우리는 수평적 인간관계가 필요하다는 것을 모두 알고 있습니다. 하지만 우리에게 주어진 '눈치'와 '정', '분위기'라는 패널티로 인해 누구도 실천을 하지 못하는 상황입니다. 당신이 가장 먼저 '실천하는 인간'이 되는 겁니다. 아직 뭘 어떻게 실천해야 할지 막막할 겁니다. 그래서 우선 직장의 근거리 타격 기술을 분석하고, 각각의 공격을 막아낼 방법을 연구하려는 겁니다. 그 과정을 통해 방법을 찾을 수 있을 테니까요. 수평이 만들어지는 순간 상대는 무력화됩니다. 혼자 힘으로 당장 수평을 만들어내라는 것이 아닙니다. 지금부터 당신이 할 일은 직장에게 압도당한 수많은 인간에게 수직의 부당함을 알리는 것입니다.

변화는 링 위에 서 있는 당신으로부터 시작됩니다.

속임수 : 언더커버 조심하세요
『사람은 무엇으로 사는가』

What Men Live By
- 러시아 작가 '레프 니콜라예비치 톨스토이(Lev Nikolayevich Tolstoy)'의 1885년 작품
- 단편소설, 그리스도의 가르침 전파, 러시아 정교회 사상, 기독교 비판의식 포함

    이 작품은 러시아에 전해 내려오는 민담을 바탕으로 쓰여졌습니다. 주인공은 구두 수선공 '시몬'입니다. 그의 삶은 외투 한 벌을 아내와 번갈아 가며 입어야 할 만큼 넉넉지가 않습니다. 그럼에도 부지런하고 성실한 삶을 살고자 노력하고 있습니다. 어느 날 시몬은 길에서 우연히 헐벗은 상태로 떨고 있는 '미하일'이라는 남자를 발견합니다. 시몬은 난생 처음 보는 그에게 동정심을 느껴 자신이 입고 있던 단 한 벌뿐인 외투를 벗어주고, 그를 집으로 데려옵니다. 시몬의 아내 '마트료나'는 당장 아이들 먹일 빵도 없는 상황에 갑자기 사람을 들이면 어쩌느냐며 화를 내지만, 이내 마음을 고쳐먹고 미하일에게 저녁을 대접합니다. 웃음기라고는 찾아볼 수

없었던 미하일이 함께 저녁 식사를 마치고는 순간 알 수 없는 미소를 짓습니다. 그러더니만 금세 다시 평소의 굳은 표정으로 돌아갑니다. 그럼에도 이 웃음이 반가웠던 시몬과 마트료나는 미하일에게 구두 수선을 가르쳐주며 함께 지내기로 결정합니다. 그렇게 1년이 지난 어느 날 한 신사가 찾아와 '1년을 신어도 끄떡없는 튼튼한 가죽 장화'를 주문합니다. 이때 미하일은 1년 만에 다시 미소를 짓습니다. 그리고 또 6년이라는 시간이 흐릅니다. 이번에는 한 부인이 쌍둥이 자매를 데려와 구두를 주문하고는 쌍둥이 자매를 키우게 된 사연을 들려줍니다. 이야기를 들은 미하일은 세 번째 미소를 지어 보이고는 시몬과 마트료냐에게 작별을 고하고 자신의 정체를 밝히며 전혀 생각지 못했던 교훈을 전합니다.

　　사실 미하일은 '하늘에서 내려온 천사'였습니다. 좀 더 자세히 말하자면 하느님의 명령에 거역해 추방당한 천사였습니다. 하느님은 그에게 쌍둥이 자매를 출산 중인 엄마의 영혼을 거두어 오라는 명을 내렸지만, 그는 그 명령에 따르지 않았습니다. 그 벌로 벌거벗겨진 채 인간 세상으로 추방당해 시몬과 마트료나를 만났던 것입니다. 미하일은 지금껏 인간에 관해 모르고 있던 것을 새롭게 깨닫게 되었을 때마다 미소를 지었습니다. 시몬과 마트료나 부부가 넉넉지 못한 형편에도 어려운 자신을 도우며 함께 살려는 모습을 보고 인간이 가진 '사랑'이라는 감정을 깨달았고, '1년을 신어도 끄떡없을 구두'를 만들어 달라는 신사의 뒤에 서 있던 죽음의 천사를 목격했을 때는 인간이 미래를 볼 수 없는 존재이기 때문에 진정 자신에게 필요한 행복을 추구한다는 사실을 알게 되었습니다. 그리고 마지막으로 부인과 쌍둥이 자매를 통해 세 번째 깨달음을 얻었습니다. 사실 쌍둥이 자매는 천사 미하일이 하느님의 명을 거역케 했던 바로 그 아이들이었습니다. 당시 미하일은 '친모의 영혼을 거둔다면 아이들은 살 수 없을 것'이란 생각에 하느님의 명을 거역했지만, 시간이 지난 지금 친모가 아닌 다른 사람의 손에서도 아이들이 건강하게 성장해 구둣가게를 찾은 것을 보고 하느님이 사람의 마음속에 사랑을 심어주었음을 깨닫게 된 것입니다. 이렇게 세 번의 미소에 대응하는 각각의 의미를 전한 미하일은 다시 하늘로 돌아갑니다.

작가 '레프 니콜라예비치 톨스토이'는 1828년 러시아 제국에 위치한 '야스나야 폴랴나'에서 태어났습니다. 어릴 때 어머니가 돌아가신 탓에 친척 아주머니의 보살핌을 받으며 유년 시절을 보낸 그는 일반적인 귀족 집안의 성장 코스와는 다른 '농민의 삶'을 살았습니다. 1844년 외교관이 되는 것을 목표로 '카잔 대학'에 입학했다가 자퇴했고, 이후 농민들과 어울리면서 농민들에게 더 많은 복지를 제공하는 좋은 지주가 되기 위해 노력했지만, 농민들이 보내는 차가운 반응을 경험하고는 도시로 나와 한동안 상류 사회에 몸담으며 술과 여자, 도박 등에 빠져 방탕한 삶을 살았습니다. 그러다가 문득 삶에 회의를 느껴 친형이 복무 중인 전쟁 지역을 방문했다가 그곳이 농노제 없이도 잘 운영되고 있는 모습을 보고 큰 감명을 받아 이와 관련한 이야기를 글로 옮겨 발표하며 작가의 삶을 시작했습니다. 이후 자신의 영지로 돌아온 톨스토이는 이전과 변함없이 농민들에게 우호적인 자세를 취하며 농민의 삶과 작가의 삶을 병행하며 살아가다가 '톨스토이 최대의 걸작'이라 불리는 『전쟁과 평화(1869)』와 『안나 카레니나(1878)』를 발표했습니다. 그러던 중 '인생의 목적'에 대한 의문을 품기 시작하고 다양한 연구와 경험을 이어가며, '비폭력 사상'에 도달하게 됩니다. 귀족 신분임에도 늘 자신은 농부라는 것을 강조하며 농민을 동경했던 그는 결국 스스로 재산과 영지를 포기하고 펜까지 내려놓으며 진정한 농민의 삶을 선택합니다. 그러고는 그간 자신이 발표했던 작품들을 '헛된 목적으로 쓴 귀족의 예술'이라고 스스로 폄하하기도 했습니다. 이후 오랜 시간 내려놓았던 펜을 들어 『이반 일리치의 죽음(1886)』을 발표하며 문단에 복귀했고, 러시아 민담과 설화의 가르침을 이야기로 만든 작품을 발표하기 시작했습니다. 말년에 접어든 톨스토이는 러시아 정교회에 대한 수위 높은 비난을 담은 작품을 발표했다는 이유로 파문을 당했고, 이후로도 평화로운 농민의 삶을 이어가다가 1910년 82세의 나이로 세상을 떠났습니다. 톨스토이는 현재 현실주의 소설의 대가이자 전 세계 문학을 대표하는 위대한 소설가 중 한 명으로 평가받으며, 수많은 예술가들에게 영감을 주는 작가로 남아 있습니다.

세상에서 내 마음을 가장 잘 알아주는 '사기꾼'

"사람의 마음속에는 사랑이 있고, 사랑의 실천은 다른 이에게 행복을 전한다." 이 작품은 이런 메시지를 전하며 직장이 사용하지 않는 기술만 깔끔하게 정리했습니다. 못 쓰는 기술이 아닌, 안 쓰는 기술이죠. 톨스토이는 소박한 생활방식과 전 인류에 대한 사랑의 정신을 중요하게 여긴 작가입니다. 그는 작품을 통해 농민들의 힘든 현실은 외면한 채 입으로만 사랑을 외치는 당시 종교계를 '교회 앞에서 얼어 죽을 뻔했다는 설정'을 통해 직접적으로 공격했습니다. 톨스토이가 생각하는 진정한 신앙은 '입으로만 외치는 사랑'이 아닌 '직접 실천하는 사랑'이었습니다.

직장은 톨스토이가 비판했던 당시 귀족과 종교계의 행태를 그대로 행하고 있는 곳입니다. 20대 초반에 작은 회사에 다닐 때 있었던 일입니다. 손바닥만 한 회사에 사장도 있고, 부장도 있고, 과장, 대리, 계장, 반장, 주임까지 있었습니다. 게다가 부장 이상은 밖으로만 돌아다니고 다른 회사에 양다리까지 걸쳤습니다. 직원 명단을 보면 '이사'는 몇 명인지 헤아리기도 어려울 만큼 많고, 웬 '회장'까지 있었습니다. 허허… 나머지는 직급별로 달랑 1명씩이었는데, 아무튼 저는 '사원'이었습니다. 다들 영업한다고 밖으로 나가면 남아 있는 사람은 사원인 저와 '계장'이라는 직급을 달고 있는 회계 담당자뿐이었습니다. 하루 종일 들리는 소리라곤 전화벨 소리와 라디오 소리뿐, 그렇게 몇 개월간 라디오를 듣고 있다 보니 신입사원이 들어왔습니다. '드디어 막내 탈출이구나!' 아니요. 저보다 나이도 많고, 이미 다른 직장에서 경력을 꽤나 쌓은 경력직 신입이었습니다. 게다가 처음부터 계장님과 신입사원 간에 분위기가 냉랭했습니다. 서로 대화도 없고, 간섭도 전혀 없는 것이 중간에 낀 저만 난처한 입장이었습니다. 그렇게 세 사람이 함께 라디오를 들으며 무언가 계속하던 어느 날, 드디어 회장님이 출근하셨습니다. "점심 같이 하지…." 건물 지하에 있는 무엇이든 다 파는 식당에 도착해 꽁치조림을 시켜놓고 마주 앉은 회장님은 제게 술을 권했습니다. 무릎 꿇고 두 손으로 공손하게 회장님이 부어주신 은혜를 받아 고개를 돌려 한 잔 비우고 나니 회장님이 묻습니다.

"여자 친구랑 일산 호수공원 다녀왔다고?"

(뭐지? 그걸 어떻게 알지?)

"언제 한번 데려와. 내가 밥 사줄게."

"네…."

얼마 후 사장님이 저를 부르십니다.

"A 과장이 자네한테 그런 건 말이야…."

(뭐야! 그걸 어떻게 아는 거지?)

그렇습니다. 신입사원은 사장님의 동생이었고, 사장님은 회장님의 동생이었습니다. 저는 그것도 모르고 그동안 별 얘기를 다했던 겁니다. 개인적인 사생활 얘기부터 동료 얘기, 사장님 얘기, 회장님 얘기까지. 그간 퇴근 후 중국집에서 짬뽕 국물 시켜놓고 신입과 마주 앉아 소주잔 기울이며 이야기 나눴었는데, 계장님은 진작부터 신입의 정체를 알고 있었던 모양입니다.

언더커버(undercover) : 비밀리에 하는 조사, 첩보활동 등.

오랜 역사를 자랑하는 '언더커버'는 시간이 지나 더욱 지능적으로 진화하면서 정보활동의 기본기로 자리 잡았습니다. 그래서 직장에서는 언더커버를 수시로 사용합니다. 하지만 직장의 언더커버는 '춘향이'를 구하기 위해 '이몽룡'이 사용했던 거룩한 목적이 아닌, '직원 장악'을 목표로 하는 '치졸하고 비열한 정보 수집'으로 변질되었습니다. 명검을 들고 아군을 베고 있는 꼴입니다. 언더커버에 당해본 인간들은 입을 닫고, 행동을 조심하기 시작합니다. 그 위로 펄펄 날아다니는 가짜 어른과 극단적 자기합리화는 이곳이 진정 '카오스'임을 증명합니다. 인간들은 서로를 믿지 못하고 오로지 직장이 요구하는 대로만 움직이고, 영혼 없는 삶을 살아야만 합니다. 마음에서 우러나 베풀었던 선의는 자신을 바보로 만들고, 서로가 쌓았던 신뢰는 한쪽이 사기꾼임이 밝혀지면서 한순간에 박살나고 맙니다.

직장은 여기에서 그치지 않습니다. '창의력을 내놓으라'는 추가 공격을 시작하는 것입니다. 영혼을 말살시켜놓고 '창의력'을 내놓으라는 말 같지도 않은 공격에도 인간들은 신기하게 그걸 발휘합니다. 10명이 힘을 합쳐야 할 수 있는 일을 8명이 해내라고 하면, 인간들은 창의력을 발휘해 역할을 분담하고 힘겹게 임무를 완수합

---

1 카오스(chaos) : 우주가 발생하기 이전의 원시적인 상태. 혼돈이나 무질서 상태를 이르는 철학 용어.

니다. 이쯤 되면 어려운 조건에도 임무를 완수했다고 '격려'와 '정당한 보상'이 주어질 법도 한데 직장은 '원래부터 8명으로도 가능했는데 너희는 그걸 몰랐다'라는 논리를 내세웁니다. 과정은 다 잘라먹고, 했으니까 된다는 겁니다. 그러고는 6명으로 인원을 줄여 새로운 창의력을 요구합니다. 그런데 인간들은 바보 같이 또 그걸 해냅니다. 온 힘을 다 쏟아내고 서로 다투기까지 하면서 말입니다. 언더커버에 당할까 노심초사해야 하는 매우 갑갑한 이 상황은 우리의 '약함'을 증명하는 동시에 '강함'도 증명합니다. 직장이 포인트로 잡고 있는 '결국 해냈다는 것'이 바로 그것입니다. '최악의 상황에서 창의력을 발휘하는 것'이 가능했던 이유는 직장이 우리의 영혼을 아직 말살시키지 못했다는 증거입니다. 직장은 '명령'으로 '권위'를 지켰다고 생각하겠지만 실은 그나마 남아 있던 권위마저 내팽개쳐 버린 것입니다. 우리의 영혼은 극한의 상황에서도 절대 사라지지 않습니다. 오히려 더 큰 힘을 발휘합니다. **그 힘은 바로 '실천'입니다.**

    인간은 주변에 있는 인간에 의해 조금씩 변화합니다. 모두가 하찮은 인간이었다면 지금껏 인류는 영속하지 못했을 것입니다. 언제든 어디에서든 '실천하는 위대한 인간'이 존재해왔기에 깨지지 않고 이어온 것입니다. 우리는 그 위대한 인간이 선도하는 실천을 배워야 합니다. 그리고 내가 그 가장 위대한 인간이 되어 직접 실천해야 합니다. 여러분도 가장 앞장서서 실천하는 인간이 되어야 합니다. 그래야만 숨겨져 있던 직장의 약점을 발견할 수 있을 테니까요. 약점을 찾았다면 그때부터는 그것을 꼭 쥐고 있기만 하면 됩니다. 실천을 통해 성장한 당신은 그것을 언제 어디에 펼쳐 놓아야 할지도 이미 알고 있을 테니까요. 실천하는 위대한 인간이 많을수록 직장은 수많은 도전을 받게 될 것입니다. 그런 도전에 직장이 꺼내놓을 기술은 여전히 많이 남아 있습니다. '꼬리 자르기', '도망치기', '떠넘기기' 등등…. 그래도 우리는 계속 도전해야 합니다. 직장이 내팽개친 권위는 절대 복구되지 않습니다. 스스로의 격을 떨어뜨린 추악한 모습은 모두의 기억 속에 생생하게 남아 영원히 전해질 테니까요. 실천하는 위대한 인간이 되세요. 외로워 할 필요는 없습니다. 그 모습을 보고 당신을 따라 실천하는 또다른 인간이 만들어질 테니까요.

〈급구〉
이야기를 들어주고,
함께 있어주며,
서로에게 영감을 주는 파트너.

소문 : 내 편인 듯 내 편 아닌 사람들
『다섯째 아이』

The Fifth Child
● 영국 작가 '도리스 레싱(Doris May Lessing)'의 1988년 작품
● 장편소설, 가족·세대 갈등, 모성애, 부모의 의무, 개인과 집단, 인간의 근원적 공포

작품의 배경은 1960년대 영국입니다. '데이비드'와 '해리엇'은 보수적인 사고방식을 가진 부부로 문란한 혼전 성관계, 이혼, 혼외정사, 산아 제한 같은 것들을 거부하고 오로지 '전통적 의미의 행복한 가정 건설'이라는 목표로 결혼을 준비하고 있습니다. 두 사람은 행복한 가정을 위한 가장 중요한 요소인 '아이'를 여섯 명에서 여덟 명쯤 낳을 계획을 세우고, 이를 위해 넓은 집을 마련합니다. 이들은 런던에서 조금 떨어진 곳에 위치한 집을 선택합니다. 하지만 이들이 고른 집은 그냥 '넓은 집'을 넘어선 '너무 큰 집'이었기에 부모님은 이를 반대합니다. 결국 경제적으로 여유가 있었던 데이비드의 아버지가 도와주신 덕분에 저택을 구입할 수 있었습니다. 그

렇게 시작된 두 사람의 결혼 생활은 비교적 순탄하게 흘러갑니다. 6년 동안 4명의 아이를 낳은 두 사람은 다음 아이는 간격을 두고 낳기로 합의합니다. 그동안 육아를 도와준 해리엇의 어머니 '도로시'에게도 조금의 휴식이 필요했기 때문입니다. 하지만 의도치 않게 넷째 아이를 임신하게 되자 친척들까지 나서서 이들의 가족계획을 말리는 지경에 이릅니다. 결국 이들은 앞으로 3년간은 아이를 낳지 않겠다는 결정을 내리지만 얼마 후 해리엇은 다섯째 아이를 임신하고 맙니다.

다섯째 아이는 뱃속에서부터 뭔가 남달랐습니다. 임신 3개월부터 심상치 않은 태동으로 진정제까지 복용하며 통증을 견뎌야 하는 상황이 되자 해리엇은 '아무래도 이 아이가 나를 죽이려는 것 같다'는 생각까지 하게 됩니다. 예정보다 일찍 세상에 나온 그 아이는 '벤'이라는 이름을 얻습니다. 뱃속에서부터 남달랐던 벤은 균을 훨씬 넘는 몸무게로 태어났고, 못생긴 외모와 폭력적인 성격, 무지막지하게 센 힘을 가졌습니다. 그리고 시간이 지날수록 비인간적이고 비이성적인 면이 점점 강해지기 시작합니다. 친척들이 데려온 개와 고양이가 목이 졸려 죽는 끔찍한 일이 일어나는 등 이해 못할 사고가 연이어 발생하자 종종 드나들던 친척들의 발길이 끊기고, 결국 가족 모임은 해체됩니다. 게다가 벤에게 온 신경을 집중하다 보니, 넷째 아이인 '폴'에게 관심을 주지 못하는 것도 큰 문제가 됩니다. 결국 이들은 진지한 논의 끝에 벤을 아동 요양원에 보내기로 결정합니다. 벤이 사라지자 가정에는 다시 평화가 찾아옵니다. 하지만 죄책감에 고통받던 해리엇은 벤이 있는 아동 요양소를 찾아가고, 감옥이나 다를 바 없는 더럽고 으스스한 곳에서 마취 주사를 맞고 구속복을 입고 있는 모습을 목격한 뒤 벤을 다시 집으로 데려오게 됩니다. 돌아온 벤을 본 친지들은 차가운 반응을 보이며 비난하고, 급기야 남편과도 멀어지고 맙니다.

벤이 잘 따르는 청년에게 용돈까지 챙겨주면서 잘 돌보려 노력했지만 상황은 더 나빠져 갑니다. 벤의 다른 형제들마저 그를 피해 기숙학교나 친척집 등으로 뿔뿔이 흩어지면서 많은 자녀를 낳아 시끌벅적한 행복한 삶을 살겠다는 꿈을 담아 마련했던 넓은 집에는 해리엇과 데이비드, 그리고 벤만 덩그러니 남습니다. 그럼에도 해리엇은 여전히 벤을 내려놓지 못하고, 상담소를 찾아 헤매는 등 다양한 시도를 하지만 원하는 대로 되는 것은 아무것도 없습니다. 시간이 흘러 벤은 학교에 입학합니다. 공부에는 아무런 관심이 없는 벤은 불량한 아이들과 어울려 다니기에 바빴고, 해리엇과 데이비드의 꿈이 담긴 넓은 집은 불량 청소년들의 '아지트'로 전락하고 맙니다. 벤은 며칠씩 가출도 하고 갱단 비슷한 행동을 하면서 시간을 보내다 중학생이 되어 결국 나쁜 아이들의 우두머리가 됩니다. 얼마 후 벤이 이끄는 무리가 일으킨 청소년 폭동이 뉴스에 보도되자 해리엇은 뉴스를 보며, 머지않아 벤이 떠날 것임을 직감합니다. 예상대로 벤은 돌아오지 않습니다.

영국의 작가 '도리스 레싱'의 본명은 '도리스 메이 테일러(Doris

May Tayler)'입니다. 1925년 영국의 식민지였던 아프리카 남부 로디지아(지금의 짐바브웨)에서 옥수수 농장을 운영하는 부모님 사이에서 태어나 유년기를 그곳에서 보냈습니다. 그녀는 부모님의 농장 운영이 변변치 않았던 사정 때문에 경제적 어려움을 경험했습니다. 13세에 학교를 그만두고 정규 교육이 아닌 독학을 시작한 그녀는 15세가 되어 영국 런던으로 건너왔고, 20대 중반에 정체된 식민지 사회의 병리 현상을 고발한 첫 작품 『풀잎은 노래한다(1950)』를 발표합니다. 이후로도 식민 지배를 받아야 했던 이들에 대한 연민과 인종 차별, 여성 인권 등 다양한 사회문제를 다룬 작품을 발표하다가 2007년 88세의 나이로 역대 최고령 노벨 문학상 수상자로 선정되면서 전 세계에 자신의 문학을 알린 뒤, 2013년 뇌졸중으로 세상을 떠났습니다.

거길 왜 안 갔냐? 배가 불렀구나

『다섯째 아이』에 적나라하게 서술된 주인공 부부의 고통은 사랑과 행복만을 꿈꾸던 이들이 마주한 현실의 모습입니다. 여기에는 가장 가까운 존재인 '가족'으로부터의 비난이 포함되어 있습니다. 이야기에 등장하는 친척들은 주인공 부부가 무리해서 대저택을 구입할 때도 뒤에서 비난했고, 가족 파티를 열었을 때도 그들을 비난하기에 바빴습니다. 아이를 많이 낳겠다고 할 때도 마찬가지였습니다. 이후에는 벤에게 대놓고 비난을 퍼부었습니다. 이 모습은 우리가 직장에서 만나는 인간들의 모습과 크게 다르지 않습니다. 직장은 여기에 한술 더 떠서, 실체도 없는 인간을 만들어내서 기어코 실체와 결합시켜버립니다. 바로 '소문'입니다.

　　저는 전자기기에 대한 이해도가 높은 편입니다. 90년대 초부터 IT 분야를 공부하기 시작한 이른바 '도스 세대'에 속하거든요. 지금처럼 마우스로 그림을 누르는 직관적인 조작이 아닌, 검은 건 공백이고 흰 것은 글자라고 배우며 기계가 알아듣는 언어인 0과 1만으로 구성된 '기계어'를 공부했고, 그것도 모자라 회로기판에 부품을 조립하고 동작 과정을 예측해 프로그램을 탑재하는 과정까지 학습했습니다. 이 과정을 통해 '전자기기의 동작 원리'를 깨우친 저는 '컴퓨터 프로그래머'로 사회에 첫 발을 내딛었습니다. 이후 전혀 다른 분야로 직장을 옮겨 일을 하게 되었어도 그간 배웠던 IT 관련 기술은 여전히 쓸모가 많습니다. 한번은 직장에서 전산 업무를 담당하던 직원이 사정상 갑자기 자리를 내놓는 일이 생겼습니다. 급히 발생한 일이다 보니 당장 빈자리에 누군가 앉아야 하는 상황이었습니다. 그러자 해당 부서의 책임자께서 직접 저를 찾아와 전산 업무를 맡겠냐고 의사를 물었지만 저는 거절했습니다. 복잡한 사정은 둘째 치더라도 하고 싶은 마음이 아예 없었으니까요. 그러자 두어 명 정도가 저를 찾아와 다시 물어보고는 제가 또 거절하자 그제야 다른 사람을 찾기 시작했습니다. 그런데 주변에서 "거길 왜 안 갔냐?", "배가 불렀구나"라며 핀잔을 주더군요. 괜찮습니다. 어차피 거절한 것은 사실이고, 내 판단에 대해 적절히 설명할 수 있었으니까요. 그런데 얼마 안 가 이상한 일이 벌어집니다. 갑자기 얼굴이 하얗게 질린 직원이 찾아와서 제게 사정을 털어놓는데, 황당하다는 말밖에 나오지 않았습니다. 도저히 이해가 안 되서 '인물 관계도'까지 그렸는데도 답이 안 나올 정도였습니다. 그 직원은 아무것도 모르고 평소처럼 출근했는데 주변 사람들 모두가 그에게 핀잔을 주더라는 겁니다. 게다가 어떤 사람은 조용히 불러 타이르기까지 했다는데요. 뭐라고 했냐고요? "거길 왜 안 갔냐?", "배가 불렀구나." 도무지 모르겠습니다. 벌써 15년이 지난 사건인데 아직도 어떻게 된 일인지 모르겠습니다. 저에게 일어난 일이 애꿎은 사람에게 옮겨가버린 겁니다. 영문을 몰라서 해명도 못 하고 저항도 못했던 그 사람은 왜 그런 일을 겪어야 했던 걸까요? 실제 하지도 않았는데, 또 다른 존재를 뒤집어쓰고 그런 수모를 당해야 했던 이유가 뭘까요? 이런 일이 수시로 일어나는 곳이 바로 직장입니다.

허공에 주먹을 날리는 바보와 그걸 보고 박수 치는 더 바보

인간들은 남의 얘기하기를 좋아하고 남을 평가하는 것도 좋아합니다. 그런데 입장이 바뀌는 건 싫어합니다. 그렇게 각자가 만든 잣대를 들고 세상을 살아갑니다. 인간은 상대를 부정함으로써 자신의 도덕적 우월함을 증명하려는 속성을 가진 존재이기 때문입니다. 그래서 대화를 듣다 보면 '아니야'라는 단어가 상당히 많이 등장합니다.

"기가 막히게 맛있는 국밥집을 아는데, 저녁에 같이 갈래?"
"아니야, 네가 몰라서 그래, 진짜 맛있는 집은 말이야…."

제가 직장에서 직접 들은 대화 내용입니다. 그 가게가 어디인지 묻지도 않고 덮어놓고 아니라고 말합니다. 아무리 상대를 부정하면서 도덕적 우월감을 증명하는 존재라고 해도 잘 알지도 못하는 것까지 비난하는 것은 문제가 있습니다. 실제로 일어난 사건에 대한 평가는 언제나 정당합니다. 그것이 어떤 방향이어도 정당합니다. 당사자는 자신의 행동에 대한 책임을 져야 하니까요. 하지만 직장에서는 그렇지가 않습니다. 직장은 일단 싸울 만한 재료를 가득 쌓아놓고 뒤로 물러섭니다. 그러면 인간들이 모여들어 한 명에게 본인도 모르는 사건을 저질렀다는 소문을 덮어씌우고는 실제로 그 사건이 일어난 것처럼 만들어버립니다. 이렇게 본격적으로 인간들이 상대를 물어뜯기 시작하면 조용히 직장이 등장해 '평가'를 시작합니다. 일면식도 없는 사람들이 저에 대해 이야기합니다. "건방져", "싸가지 없어", "말대꾸를 잘해", 그렇게 내가 아닌 또 다른 내가 만들어져 직장 전체를 돌아다니기 시작합니다. 그러다 보면 나는 이미 '그런 사람'이 되어 있습니다. 나에 대해 알지도 못하는 인간이, 나와 함께 일한 적도 없는 인간이 어디서 뭘 주워들었는지 나를 함부로 대하고, 무리에서 배제시키기까지 합니다. 여기까지는 괜찮습니다. 누구나 다른 사람에 대해 이야기할 권리가 있으니까요. 물론 당신도 그렇게 하고 있겠죠. 게다가 재미있습니다. 이야기를 나누다 보면 상대방과 뭔가 잘 맞는 것 같다는 생각까지 들거든요. 문제는 지금부터입니다. 지금까지는 '진짜 나'와 소문이 만들어낸 '가짜 나'를 구분할 수 있는 상태입니다. '진짜 나'를 보여주고 '가짜 나'를 없앨 수 있는 가능성은 얼마든지 남아 있으니까요. 하지만 이 과정을 차분히 따라갈 수 있는 사람은 많지 않습니다. '가짜 나'는 '진짜 나'의 분노를 기다리고 있습니다. 갑작스런 소문으로 곤욕을 치르는 동안 분노가 쌓여 폭발해 화를 내는 순간 '가짜 나'는 '진짜 나'를 집어삼킵니다. 그리고 '화를 냈다는 것'이 또 다른 소문을 만들어내기 시작합니다. 이젠 돌이킬 수 없습니다. 화를 낸 것은 실제 일어난 일이니까요.

없는 것, 모르는 것에 대해 함부로 평가하지 마세요. 그것이 한 인간에 관한 것이라면 더욱 그래서는 안 됩니다. 스쳐 지나갈 인간에게도 해서는 안 될 일을 직장에 함께 몸담고 있는 가까운 인간에게 해서는 안 됩니다. 오직 실체가 있는 것에만 본인이 가진 도덕성부터 전문지식까지 다 쏟아내 냉정한 평가를 내리세요. 실체가 없는 것에는 어떤 평가도 의미가 없습니다. 당장 남 얘기 하는 것이 재미있다며 본능만 따라가는 것은 '짐승'이나 다를 바 없는 행동입니다. 늘 어디엔가 가짜 당신이 돌아다니고 있다는 사실을 명심하고, 인간답게 '이성'에 따르기를 바랍니다.

'가짜 당신'을 만나더라도 공격하지 마세요.
분노의 불길이 일어나는 순간, 고귀한 이성은 사라집니다.

권위 : 너도 나도 결국 똑같은 인간이야

『대위의 딸』

Капитанская дочка
- 러시아 작가 '알렉산드르 푸시킨(Aleksandr Sergeevich Pushkin)'의 1836년 작품
- 중편소설, 사실주의, 푸가초프의 반란, 예카테리나 여제, 수평적 인간관계

주인공의 이름은 '안드레이', 장교로 퇴역한 진지하고 근엄한 성격을 가진 군인 출신 아버지의 장남입니다. 안드레이가 열일곱 살이 되던 어느 날, 아버지는 자신의 장교 후배가 장군이 되었다는 소식에 노여워하며 아들을 강하게 키워 자존심을 회복하겠다는 마음으로 안드레이를 군대에 보내버립니다. 안드레이가 배정받은 곳은 하필이면 변방의 작은 부대였습니다. 광활한 시베리아의 추위를 뚫고 고생해서 찾아가야 하는 곳에 위치하고 있었죠. 안드레이는 따뜻한 토끼털 외투와 여우털 코트로 몸을 꽁꽁 싸매고는 하인 '사벨리치'와 함께 발령지로 떠납니다. 두 사람은 험한 눈보라가 치는 경로를 뚫고 목적지를 찾다가 길을 잃고 까딱하면 죽을

지도 모르는 상황에 처하고 맙니다. 다행히 한 농부의 도움을 받아 위험에서 벗어날 수 있었습니다. 안드레이는 그 농부에게 술을 대접하고, 자신의 토끼털 외투도 벗어주면서 감사의 표시를 합니다. 그 농부도 감사를 표하며 은혜를 잊지 않겠다는 말을 합니다.

안드레이는 고생 끝에 국경에 위치한 요새에 도착합니다. 이곳의 사령관은 '미로노프 대위(제목에 등장하는 그 대위입니다)'로 나이가 많고 흐리멍텅한 이미지로 대충 근무하는 사람입니다. 반면 그의 아내 '바실리사'는 화끈한 성격으로 요새의 실질적인 사령관 노릇을 하고 있습니다. 바실리사는 안드레이에게 이것저것 캐묻기 시작합니다. 안드레이의 이야기를 다 들은 바실리사는 그가 퇴역 장교의 장남인 데다 수백 명의 농노를 거느린 집안에서 자란 것이 여러 모로 마음에 들었는지 은근슬쩍 자신의 딸 '마리아'를 소개시킵니다. 그렇게 안드레이와 마리아의 인연이 시작됩니다. 하지만 진작부터 마리아를 짝사랑하고 있던 '쉬바브린 중위'는 두 사람의 관계를 탐탁치 않아 하며 노골적으로 질투심을 드러냅니다. 어딜 가든, 뭘 하든 계속 둘을 향한 그의 방해가 이어지다가, 급기야 안드레이와 쉬바브린이 '결투[2]'를 벌이면서 요새를 발칵 뒤집어 놓습니다. 결국 둘의 경쟁은 안드레이와 마리아가 약혼하는 것으로 일단락됩니다.

---

2 일반적 의미로 '승패를 결정하기 위하여 벌이는 싸움'을 뜻하지만, 18세기 중반 즈음의 서양에서는 참가자 둘의 상호 동의 하에 입회자가 지켜보는 가운데 벌이는 싸움을 의미했다.
당시에는 '명예'를 지키기 위한 행위로 '결투'가 이뤄진 경우가 많고, 상대가 죽거나 다치더라도 처벌받는 경우는 드물었다. 『대위의 딸』의 작가 '푸시킨'도 결투로 인해 목숨을 잃었다. 이외에도 프랑스의 수학자 '에바리스트 갈루아', 러시아의 작가 '미하일 레르몬토프' 등이 같은 경우에 해당한다.

그즈음 대규모 민란이 발생합니다.

　무서운 기세로 단숨에 요새를 함락한 반란군은 사령관인 대위 부부를 처형하고, 자신들의 손으로 새 사령관을 임명합니다. 사령관의 딸 마리아는 다행히 신분을 감춘 채 포로가 되어 목숨을 부지합니다. 하지만 문제는 새 사령관으로 임명된 사람이 하필이면 쉬바브린이라는 것이었죠. 약삭빠른 쉬바브린은 혼란스런 상황을 틈타 적군의 편으로 넘어가 새 사령관으로 임명된 것입니다. 이때 안드레이가 반란군 사이에서 낯익은 얼굴을 발견합니다. 자신이 이곳으로 오는 길에 만나 술을 사주고 옷을 선물했던 그 농부를 발견한 것입니다. 게다가 정말 놀라운 사실은 그가 바로 민란의 주역인 반란군의 수괴 '푸가초프'였다는 것입니다.

　안드레이를 알아본 푸가초프는 은혜를 잊지 않겠다던 약속대로 안드레이가 살아서 이곳을 빠져나갈 수 있도록 배려해줍니다. 하지만 안드레이는 다시 이곳으로 돌아와야만 했습니다. 사령관이 되어 요새를 장악한 쉬바브린이 포로로 잡혀 있는 자신의 약혼녀 마리아와 강제 결혼을 추진하고 있었기 때문입니다. 다시 돌아온 안드레이는 즉시 체포되는 바람에 아무것도 할 수 없었습니다. 결국 안드레이는 용기를 내서 푸가초프에게 모든 사정을 털어놓고, 푸가초프는 그에게 다시 한번 자비를 베풀어 마리아를 풀어줍니다. 그리고 얼마 후 '푸가초프의 반란'은 진압됩니다. 곧장 관련자들의 처벌이 시작되었고, 배신자 쉬바브린도 거기에 포함되었습니다. 하지만 쉬바브린은 조용히 처형당하지 않고 안드레이를 물고 늘어지기 시작합니다. 결국 안드레이와 푸가초프가 가까운 사이라는 고발로 인해 안드레이도 체포되어 종신형을 선고받고 맙니다.

이제 안드레이와 마리아의 입장이 바뀝니다. 이번엔 마리아가 안드레이를 구해줘야 하는 입장이 된 거죠. 그녀는 자신을 구하기 위해 반란군 수괴를 찾아갔던 안드레이와 비슷한 패턴으로 움직이기 시작합니다. 화끈하게 제일 높은 사람인 황제를 만나기로 마음먹고 왕궁 근처를 배회합니다. 하지만 황제를 알현한다는 것은 쉬운 일이 아니었죠. 근처에서 시간만 보내고 있는 자신이 답답했던 마리아는 우연히 만난 여성을 붙들고 자신의 답답함을 털어놓기도 합니다. 이렇게 우여곡절을 겪으며 황제가 지나가는 길목을 지키던 마리아는 마침내 황제를 발견하고는 죽을 각오로 달려들어 그 앞에 무릎을 꿇고 하소연합니다.

황제의 이름은 '예카테리나 2세'로 실존 인물 그대로 작품에 등장한 경우입니다. 예카테리나 2세는 '표트르 3세'의 황후였지만 혁명을 일으켜 남편을 폐위시키고 황제에 올랐으며, 34년간 나라를 통치하며 폭정을 펼친 것으로 알려져 있습니다. 마리아는 정말 무시무시한 인물과 대면했던 것이죠. 그런데 막상 황제를 알현하고 보니 낯이 익은 얼굴입니다. 바로 얼마 전 답답한 마음을 털어놓았던 그녀가 바로 예카테리나 2세였던 것입니다. 결국 마리아는 안드레이를 구하는 데 성공합니다. (아무리 폭정을 펼쳤던 황제라 해도 국가를 위해 목숨 바친 사령관의 딸이 올리는 간청을 거절하기는 힘들었겠죠?) 이어서 푸가초프가 처형되는 장면과 안드레이와 마리아의 결혼을 보여주고 그들이 러시아 '심비리스크'라는 지역에서 가정을 꾸려 대대로 행복하게 살고 있다는 이야기로 마무리됩니다.

작가 '알렉산드르 푸시킨'은 '러시아 근대문학의 창시자'이자 '국민 시인' 등의 칭호를 가진 인물로 시인이자 극작가로 활동했습니다. 그는 1799년 러시아 명문 귀족 가문의 장남으로 태어났고 문필 활동을 하던 아버지와 삼촌의 영향으로 유년기부터 문학을 가까이 했습니다. 그는 '아프리카계 러시아인'으로 외모는 보통 러시아 사람들과 달리 검은 피부가 눈에 띕니다. 이는 외증조부인 '가니발 장군'의 영향을 받은 것으로 보입니다. 10세 때부터 시를 짓기 시작해 성인이 되기 전까지 130여 편의 시를 지은 그는 15세에 첫 시집을 출간했고, 17세에 이르러 문학가들의 관심을 받으면서 자신의 이름을 알렸습니다. 성인이 되자마자 잠깐 공무원으로 일했지만 큰 흥미를 얻지 못한 채 3년 정도 향락에 빠져 지내기도 했지만, 그 기간에도 문학에 대한 관심을 내려놓지 않았습니다. 그는 군에서 제대한 이후 본격적인 창작 활동을 펼쳤습니다. 그의 작품은 진보적 사상의 영향을 받아 농노제와 전제정치를 비판하거나 시대의 선구자적 역할을 자처하는 경향이 강했습니다. 특히 1812년 프랑스와의 전쟁에서의 승리로 러시아 국민들의 애국주의 사상이 고무되었던 시대적 배경에서 러시아의 국민 사상과 감정을 적절히 다룬 작품을 발표하여 '러시아 역사상 가장 위대한 시인'이자 '러시아 문학의 아버지'라는 칭호를 얻을 수 있었습니다.

러시아 근대 역사의 한 획을 그은 푸가초프의 반란을 소재로 젊은 귀족 장교의 사랑 이야기를 담아낸 중편소설 『대위의 딸』은

18세기 후반 러시아 사회에 대한 기록이자 귀족과 민중의 생활, 그리고 이 둘의 관계를 생생하게 재현했다는 평가를 받고 있습니다. 작가는 '황제, 귀족, 장교, 노비, 반란군'에 이르기까지 다양한 계층의 인간을 등장시켜 동일선상에 놓고 이야기를 진행합니다. 잔인한 살육의 현장이 등장하지만 작가는 인간이 서로를 죽이고 죽는 모습은 대충 묘사하고 넘어갑니다. 게다가 폭정에 못 이겨 반란을 일으킨 민중들을 살육으로 진압한 황제를 '교양 넘치는 부인'으로 묘사하고, 반란을 일으켜 귀족과 군인을 학살한 푸가초프를 '은혜를 아는 꽃미남'으로 묘사하고 있습니다. 이는 죽인 인간도, 죽은 인간도 모두 '고귀한 존재'로 보는 '수평적 인물 구성'을 보여주는 것으로 볼 수 있습니다. 황제라고 민중을 죽일 수 있는 정당성이 생기는 것은 아니고, 폭정에 못 이겨 반란을 일으킨 이들도 인간을 죽일 수 있는 정당성을 가질 수 없다는 시각입니다. 결국 황제가 반란군을 죽인 것이나, 반란군이 귀족과 군인을 죽인 것이나 고귀한 존재를 죽인 것은 동일하다는 생각이었죠.

 이 작품에서 안드레이와 마리아가 원한 것은 대단한 성공이나 출세가 아니었습니다. 오로지 사랑하는 사람과 헤어지지 않는 것뿐이었죠. 이렇듯 작가는 '대단한 사건'이나 '대단한 인물'이라는 '평가'나 '기록'에 얽매이지 않고, 있는 그대로의 인간을 보여주었습니다. 결국 너도 나도 모두 똑같은 인간이라는 것이죠.

푸가초프의 반란(Pugachov Rebellion, 1773~1775)

작품의 주요 배경으로 등장하는 농민들의 반란은 러시아 역사에서 실제 일어났던 '푸가초프의 반란'이라 불리는 사건입니다. 1770년대 러시아를 집권했던 예카테리나 2세는 남편인 표도르 3세를 누르고 스스로 황제의 자리에 올라 폭정을 펼치고 있었습니다. 덕분에 사회에는 부정부패가 만연했고, 농민들의 삶은 점점 더 힘들어지고 있었습니다. 이렇게 누적된 민중의 불만이 여기저기에서 터져 나오면서, 예카테리나 2세의 재위 기간 동안 수많은 민란이 발생했습니다. 그중 황제를 가장 크게 위협했던 사건이 바로 푸가초프의 반란입니다.

작가 푸시킨은 이 반란에 관심을 가졌고, 이에 관한 자료를 찾는 데 많은 노력을 기울였습니다. 결국 사건의 주무대였던 지역에 방문해 자료를 모았고, 다른 핑계를 둘러대면서까지 국립문서보관소에 보관되어 있던 극비문서를 열람해 '푸가초프 반란사'를 썼습니다. 『대위의 딸』은 이를 바탕으로 집필한 작품으로, '역사 연구서'를 '문학'으로 발전시킨 사례입니다.

인정받지 못하는 권위는 강압에 불과합니다

작품 속 18세기 러시아에 존재하던 '계급'은 21세기에도 여전히 존재하고 있습니다. 그사이 '모든 인간은 평등하다'라는 '성문법[3]'이 생겨나긴 했지만, 여전히 계급의 존재를 부정하기는 어렵습니다. 계급은 인류의 탄생부터 함께한 유구한 역사와 전통을 자랑합니다. 그간 계급은 다양한 형태로 나뉘고 변화해왔습니다. 동서고금을 통틀어 그간 발생한 계급의 이름만 다 나열해도 책 한 권으로는 부족합니다. 하지만 계급을 '지배층'과 '피지배층'의 둘로 나

---

3 대한민국 헌법 제11조 2 : 사회적 특수계급의 제도는 인정되지 아니하며, 어떠한 형태로도 이를 창설할 수 없다.

눌 수는 있습니다. 지구상 어디를 가더라도 이 구분을 발견할 수 있습니다. 사회가 이런 상황인데, 그보다 좁은 곳인 직장은 오죽하겠습니까? 이곳은 공식적으로 계급이 존재하는 곳입니다. 이곳의 계급 분류는 매우 세분화되어 있고, 여기에 '나이'까지 얹어주면 이곳이 '카오스'라는 것을 증명할 수 있습니다.

직장에 계급이 존재하는 것은 문제가 없습니다. 지휘 체계를 통해 일사분란하게 직장이 추구하는 목표 달성을 위해 움직이는 것이 잘못된 것은 아닙니다. 하지만 그 계급을 이용해 **인간이 인간을 인간으로 취급하지 않는 것이 문제**입니다. 직장에 들어왔으면 공통적으로 추구해야 하는 목표에 최선을 다하면 됩니다. 결국 계급과 인간을 치환해놓고 똑같은 인간끼리 위아래로 나눠 복종 놀이를 하고, 계급으로 권력을 만들어가고 있습니다. 평생 동안 직장에 다니다가 눈을 감을 거라면 어느 정도 이해가 갑니다. 하지만 그렇지도 않습니다. 계급장 떼면 다 똑같은 인간으로 돌아갈 텐데 대체 왜 이렇게까지 알아서 기라고 하는 걸까요?

권위 權威 [궈뉘]

[명사] 남을 지휘하거나 통솔하여 따르게 하는 힘
[명사] 일정한 분야에서 사회적으로 인정을 받고 영향력을 끼칠 수 있는 위신
『표준국어대사전』

현대의 '직장 조직 문화'는 '일제 강점기'를 거치는 동안 완성된 것을 그대로 이어오고 있습니다. 그래서 일본 애니메이션 〈짱구는 못 말려(クレヨンしんちゃん)〉에 등장하는 짱구 아빠 '신형만'의 '떡잎상사 영업부 계장'이라는 직함이 낯설지 않은 것입니다. 그런데 일제강점기라는 '전시(戰時)'에 만들어진 이 틀은 '직장'과 '군대'를 구분하지 않은 문제점을 가지고 있습니다. 목숨이 왔다 갔다 하는 전쟁이란 특수 상황에 적용했던 '강압적 복종 요구'가 직장에까지 적용되고 있기 때문입니다. 일본이 우리나라를 식민지화하기 위해 행했던 모든 조치들은 '조선인은 우매하다'는 전제 하에 원초적 본능인 '공포'를 건드리는 것을 근간으로 합니다. 그래서 때리고, 겁주고, 소리지르며 조선인 스스로 자괴감에 빠지게 만들어 자신들의 '권위'를 세웠던 것입니다. 일제강점기에 '민족말살기'⁴라는 단어가 사용된 것이 그 증거입니다. 하지만 이 틀은 광복 이후에도 깊은 고민 없이 그대로 전해졌고, 결국 현재의 직장에까지 이어지면서 세대를 불문하고 직장과 군대를 구분하지 못하는 인간들을 만들어냈습니다. 어찌 보면 '구세대'에 한정된 문제 제기로 들릴 수도 있습니다만 절대 그렇지 않습니다. '젊은 꼰대'가 등장했다는 것은 이미 MZ도 X세대를 따라가고 있다는 것을 의미하니까요. 지금 직장에는 이 문제에서 자유로울 수 있는 세대가 없습니다. 여기

---

4 일제강점기
 - 무단통치기(1910년대) - 무력 탄압
 - 문화통치기(1920년대) - 민족 분열 통치
 - 민족말살기(1930년대 이후) - 영구예속화를 위한 고유성(固有性)말살 및 우민화(愚民化)

에 '세대 갈등'을 들이미는 것은 또 다른 갈등의 시작일 뿐입니다. 결국 모두 함께 고민해야 할 문제라는 것을 알 수 있습니다.

계급이 낮으면 인간도 낮다는 생각부터 지금 당장 버려야 합니다. 시대가 변하면서 사회적 인식도 변했습니다. 일본 제국주의의 잔재를 털어야 한다는 사회적 공감대가 만들어진 지금이 각자의 인식을 바꿀 가장 좋은 시기입니다. 이제는 더 이상 **'권위'를 목표로 하지 마세요.** 권위는 스스로 만들고 지키는 것이지만, 그것을 인정하는 것은 절대적으로 타인의 판단입니다. 타인으로부터 권위를 인정받고 싶다면 강요하는 것이 아니라 '자신을 가꾸고 단단하게 만들어 가는 것'을 택해야 합니다. 권위는 나를 사랑하고 끊임없이 노력하는 과정에서 따라오는 것일 뿐 앞세운다고 좋을 것은 하나도 없습니다. 수백 년 전 작품인 『대위의 딸』에서 수평적 인물 구성을 다룬 것, 그리고 그것이 지금까지도 공감을 전하는 것은 예나 지금이나 **인간은 권위와 계급에 얽매이지 않기를 바란다는 것**을 의미합니다. 이 세상에 하찮은 인간은 없습니다. 하찮게 굴기 때문에 하찮은 인간으로 보이는 겁니다. 권위를 강요하는 행동은 자신을 하찮게 만드는 일입니다. 이제부터라도 권위를 강요하지도 말고, 권위에 굴하지도 말아야 합니다. **자연스런 권위만이 '존경'의 대상**이 될 수 있음을 기억하시기 바랍니다.

우리는 보통 자연과학과 물리학 분야를 다루는 학술지 〈네이처(nature)〉를 '권위 있는 학술지'라고 부릅니다. 이제 〈네이처〉가 세계인들을 대상으로 어떤 강요를 했는지 생각해보면 됩니다.

상대의 광역 공격
드로잉

실컷 맞아 보니 어떠신가요? 많이 아프죠? 정말 '권위'라는 공격은 무시무시합니다. 하지만 관찰을 하다 보니, 이제 상대의 패턴이 보이기 시작합니다. 상대의 근거리 타격에 대응할 방법을 찾았습니다. 이제 공격을 시작합니다.

잠깐! 그런데 링 밖에 있는 세컨드로부터 생각지 못했던 얘기가 들려옵니다. 상대가 레프리를 매수했다고 합니다. 큰일입니다. 지금껏 우리는 링 위에 상대와 나만 있다고 생각했습니다. 처음부터 한 명이 더 있다는 것은 생각하지 않았어요. 그러는 사이 상대는 이미 그 한 명에게까지 영향력을 미치고 있었던 것입니다. 직장에서 벌어지는 문제가 개인을 향한 '근접 공격'에서 사회적으로 문제를 일으키는 '광역 공격'으로 확장되었습니다.

    지금 공격하면 안 되겠습니다. 좀 더 관찰하면서 광역 공격의 패턴까지 확인해야겠습니다. 세컨드로부터 얻은 정보에 의하면 광역 공격은 '정치(定置), 명분, 주인의식'으로 구성되어 있다고 합니다. 그리고 공격의 근간을 이루는 것은 주인의식이라고 하는데요. 1라운드의 남은 시간까지 모두 관찰에 투자해야겠습니다.

※ 지금 필요한 복싱 용어

- 드로잉(Drawing) : 상대를 유인해 허점을 만들게 하는 기술
- 레프리(Referee) : 스포츠 경기의 심판
- 세컨드(second) : 경기에서 선수를 돌보는 사람

정치 : 모험 가득해 보이지만 실상은 너무나 잔인한 곳
『파리대왕』

Lord of the Flies
- 영국 작가 '윌리엄 골딩(William Gerald Golding)'의 1954년 작품
- 디스토피아, 장편소설, 생존주의, 바알제붑[5], 사회풍자

전쟁의 위협을 피해 어디론가 탈출 중이던 비행기가 추락합니다. 탑승객의 대부분은 5세에서 12세 정도의 영국 소년들[6]입니다. 함께 탑승했던 성인들은 모두 사망했고, 생존한 소년들이 태평양 어딘가에 위치한 무인도에 상륙하는 것으로 이야기가 시작됩니다. 주인공 '랄프[7]'는 잘생긴 외모와 착한 성격을 가진 12세 소년입니

---

5 작품 제목과 직접적으로 연관되는 존재로, 고대 가나안 일대에서 숭배 받던 신(=악마) '바알(Baal)'의 멸칭으로, '파리'와 흡사한 외형을 가졌다. 작품에서는 광기에 휩싸인 소년들로 인해 죽은 멧돼지의 머리에 '파리'가 극성스럽게 꼬인 모습 그리고 아이들이 두려워하는 '짐승'이라 불리는 존재를 '파리대왕'이라 부르는 장면으로 등장한다.
6 인간의 근원을 악으로 정의내린 작가는, 당시 영국인들의 자부심 가득한 모습을 풍자하기 위한 비유의 대상으로 영국의 소년들을 등장시켰다.
7 민주적인 지도자를 상징한다.

다. 그가 무인도에서 처음 만난 사람은 '피기[8]'라는 소년으로, 영리한 머리를 가졌지만 뚱뚱하고 건강이 좋지 않습니다. 특히 안경 없이는 앞을 거의 못 볼 정도로 시력이 좋지 않습니다. 둘은 다른 생존자를 찾기 위해 모래사장을 걷던 중 '소라 껍질[9]'을 주웠고, 랄프가 이것을 나팔처럼 불자, 소년들이 하나둘씩 모이기 시작합니다. 아이들 중에는 어린 쌍둥이 형제도 있었고, 검은 사제복을 입고 다니는 '합창단[10]' 소년들과 그들을 이끄는 '잭[11]'이라는 소년도 있었죠. 소년들은 이곳에서 구조될 방법을 논의하기 시작합니다. 합창단을 이끌던 잭이 리더가 되겠다며 앞으로 나서지만 소년들의 의견은 엇갈렸고, 투표를 통해 소라 껍질로 소년들을 불러 모은 랄프가 리더가 됩니다. 동시에 소라 껍질은 리더의 권위를 상징하는 물건이 되었죠.

랄프는 소년들에게 '우리가 조그만 사회를 조직해 살아 있기만 하면 곧 구조될 것'이라며 최소한의 규칙을 제시합니다. 이윽고 소년들은 질서를 유지하면서 그럴듯하게 어른 흉내를 내며 살기 시작합니다. 랄프는 합창단을 이끌던 잭과 총명한 소년 '사이먼'을 데리고 섬 구석구석을 살핍니다. 섬에는 예쁜 꽃과 나무가 가득하고, 먹을 수 있는 과일도 있고, 멧돼지도 살고 있으며, 한쪽 끝에는 '산' 반대쪽 끝에는 돌로 쌓인 '요새'가 있다는 사실을 확인합니다. 아

---

8 새끼돼지(Piggy)라는 의미의 별명으로, 소년의 본명을 대신한다.
9 발언권/민주적 의사결정을 상징한다.
10 조직화된 악을 상징한다. (성경에서 사탄이 천사장 시절 찬양을 담당했던 것과 연결됩니다.)
11 '랄프'와 대칭되는 인물로 '반역'과 '분열'을 상징한다.

울러 이곳이 '무인도'라는 것도 확인합니다. 랄프는 소년들을 모아 이 사실을 알려주고 '어떻게 지내야 할지'와 '구조되기 위해 무엇을 해야 할지' 논의하기 시작합니다.

'구조대가 올 때까지 최대한 즐거운 시간을 보내자.'
'산꼭대기에 연기를 피워 구조 신호를 보내자.'

랄프가 곧바로 피기의 '안경알[12]'을 이용해 불을 피워 산꼭대기에 연기를 만들어냈고 다른 소년들은 부지런히 나뭇가지를 쌓아 올립니다. 하지만 생각과 달리 불이 커졌고, 이내 산 전체로 번져 어린 소년 한 명의 목숨을 빼앗은 뒤에야 진정됩니다. 갑작스런 재난을 경험한 랄프는 소년들에게 돌아가며 산꼭대기에 있는 불을 지킬 사람을 정해야 한다는 더욱 강화된 규칙을 제시합니다. 이에 잭이 합창단 소년들을 데리고 불을 지키겠다고 나섭니다. 잭은 처음부터 리더가 되지 못한 것에 불만이 있었습니다. 랄프가 제시하는 규칙들이 따분하다며 합창단 소년들을 데리고 멧돼지를 사냥해 고기를 아이들에게 나눠주며 인심을 얻었습니다. 오랜만에 고기 맛을 본 소년들은 잭에게 환호를 보냈고, 이로 인해 랄프의 지배력에는 조금씩 균열이 납니다. 그랬던 잭이 이번에는 랄프의 의견에 동의를 표하고 나섭니다. 그는 합창단을 둘로 나눠 반은 계속 사냥을 하고, 반은 불을 지키는 방식을 제안합니다. 덕분에 소년들

---

12 '과학', '기술'을 상징한다.

은 산꼭대기에서 연기를 피워놓고 맛있는 음식을 먹으며 실컷 물놀이를 즐기는 평화로운 시간을 보낼 수 있게 되었습니다. 하지만 아이들은 시간이 지날수록 원시적인 삶에 적응하면서 수동적이고 야만적으로 변해가고 있었습니다.

그러던 어느 날, 해안가를 걷던 랄프가 멀리 수평선을 따라 지나가는 배 한 척을 발견합니다. 하지만 산꼭대기에서는 연기가 보이지 않습니다. 사냥을 하는 데 인원이 더 필요하다며 잭이 불을 지키는 아이들을 데려다 쓴 것이 원인입니다. 결국 배를 그냥 보낼 수밖에 없었습니다. 분노한 랄프는 잭과 다투기 시작합니다. 그리고 소년들을 모아놓고 "연기를 피우는 것이 가장 중요하다", "곧 장마가 올 테니 대피소를 지어야 한다"라며 강하게 주장합니다. 하지만 잭의 생각은 달랐습니다. 랄프가 정해준 규칙은 언제까지 반복해야 할지 모르는 지루한 일들이고, 지금은 식량 확보가 우선이라는 주장입니다. 결국 잭은 자신을 따르는 소년들을 데리고 무리를 이탈합니다. 그를 따르던 소년들과 고기 맛에 길들여진 소년들, 두려움을 느끼던 소년들까지 잭을 따라 가버립니다. 이제 랄프의 곁에 남은 소년은 탐사 임무를 수행했던 사이먼과 어린 쌍둥이 '샘'과 '에릭' 그리고 피기뿐이었죠.

새로운 무리의 리더가 된 잭은 '사냥'을 최우선에 두고 소년들을 이끌기 시작합니다. 소년들은 마치 야만인처럼 위장[13]한 채 멧돼지 사냥을 하고, 그 방법은 날이 갈수록 더욱 잔인해져 갑니다. 한

---

13 '익명성 부여'를 상징한다.

편 숲속을 지나던 소년들이 무서운 존재를 발견하고 혼비백산해 도망쳐 오는 사건이 발생합니다. 그 존재는 비행기를 몰던 파일럿의 시신이 낙하산과 함께 나무에 매달려 있는 것이었지만, 이야기를 전해들은 아이들은 미지의 존재에 대한 공포로 두려워 합니다. 잭은 이 존재를 '괴물'이라 정의하고, 멧돼지의 머리를 잘라 제물로 바치는 의식을 치르려 합니다. 그때, 그것의 정체를 확인한 사이먼은 두려움의 대상이 정확히 무엇인지 알려주기 위해 잭을 찾아갔다가 광기에 사로잡혀 있던 잭에게 살해되어 바다에 던져지고 맙니다. 잭은 곧장 랄프의 무리를 습격해 더 이상 불을 피우지 못하도록 피기의 안경을 빼앗아 버립니다.

피기는 안경을 돌려받기 위해 잭을 찾아갔다가 돌에 맞아 사망하고, 어린 쌍둥이들은 강제로 잡혀가고 맙니다. 이제 랄프는 완전히 혼자가 됩니다. 이제 잭은 랄프까지 죽이겠다는 결정을 내립니다. 하지만 랄프를 불쌍히 여긴 소년들이 용기를 내 미리 소식을 전해준 덕분에 도망칠 수 있었습니다. 잭은 랄프를 찾기 위해 섬 전체를 뒤지기 시작하고, 결국 숲에 불을 지르기에 이릅니다. 불은 걷잡을 수 없이 번져 나가 섬 전체를 불바다로 만들며 엄청난 연기를 내뿜게 됩니다. 근처를 지나던 배 한 척이 섬에서 피어 오른 연기를 발견하고 상륙하면서 소년들은 구조됩니다. 섬에 상륙한 어른들은 야만인으로 변해 있는 소년들의 모습을 보고 놀랍니다. 구사일생으로 목숨을 건진 랄프가 울음을 터트리자 모든 소년이 흐느끼면서 이야기는 마무리됩니다.

작가 '윌리엄 제럴드 골딩'은 1911년 영국 콘월에 위치한 해안가 마을에서 태어났습니다. 아버지는 교사였고 어머니는 여성 참정권 운동가였는데, 유년 시절에 어머니로부터 동화나 미신과 관련한 이야기를 자주 들었다고 알려져 있습니다. 성인이 된 그는 '맬버러 그래머 스쿨'과 '옥스퍼드 대학'에서 영문학과 자연과학을 공부했고, 졸업 후 철학과 영어를 가르치는 교사로 일하다가 2차 세계대전에 참전합니다. 1940년 해군에 입대한 그는 독일의 '비스마르크호[14]'를 침몰시킨 전투와 '노르망디 상륙 작전' 등에 참전했습니다. 당시 전쟁터에서 인간이 저지른 참혹한 모습을 목격하고, 절망한 인간이 문명화된 사회의 제어를 더 이상 받지 않게 될 때 드러나는 야만성을 경험하면서 자신의 인생이 완전히 바뀌었다고 말했습니다. 그는 이로 인해 자기혐오를 드러내고 술을 즐기는 등 자신이 '전쟁 중 명령 수행을 위해 어쩔 수 없이 죽여야 했던 사람들'에 대한 죄책감을 평생 안고 살았습니다. 군 생활을 마친 그는 작가로 살기를 희망했지만, 생계를 위해 우선 교직으로 복귀했고 꾸준히 글쓰기를 병행하며 창작 의지를 보인 끝에 1954년 '인간에 대한 회의'를 '비유'를 통해 깊이 있게 녹여낸 『파리대왕』을 발표하며 비교적 늦은 나이에 작가로서 주목받습니다. 1960년에는 교직을 그만두고 본격적인 작가로서의 삶을 시작했습니다. 이후 미국 버지

---

14 2차 세계대전 당시 독일 해군 최대의 전함으로 알려져 있다.

니아에 위치한 학교에 초빙되는 등 왕성한 활동을 펼치며 소설, 희곡, 에세이, 시, 여행서 등을 발표해 1980년 부커상[15], 1983년 노벨문학상을 수상했습니다. 1988년에 그간의 공로를 인정받아 영국 기사 작위까지 받은 그는 1993년 81세의 나이로 세상을 떠났습니다.

『파리대왕』은 산업혁명을 통한 눈부신 발전으로 풍요를 누리고 있던 영국인들의 '자부심'이 어느 순간부터 '오만함'으로 변질되어 가고 있다는 경고를 담은 작품으로 해석할 수 있습니다. 작가는 당시 영국인들에게 '풍요는 언제든 무너질 수 있다'라는 메시지를 전하기 위한 근거로 '인간이 가진 결함'을 제시했습니다. 이는 '인간의 불완전함'은 곧 '인간'으로 구성된 '사회'에도 결함이 있다는 메시지로 연결됩니다.

판을 갈아엎는 광역 공격, '정치(定置)'

우리가 승부를 겨루고 있는 직장도 『파리대왕』의 배경이 되는 섬이나 그것이 상징하는 '사회'와 마찬가지로 '결함이 있는 곳'입니다. 직장은 이미 '인간 자체'의 변화가 불가능하다는 것을 인지하고 교묘하게 '관계'를 바꾸는 전술을 사용하고 있습니다.

정치 (政治)

[명사] 나라를 다스리는 일.
국가의 권력을 획득하고 유지하며 행사하는 활동으로, 국민들이 인간다운 삶을 영

---

15 1969년 시작된 영국 최고 권위의 소설 문학상으로 노벨 문학상, 공쿠르상과 더불어서 세계 3대 문학상으로 인정받는다.

위하게 하고 상호 간의 이해를 조정하며, 사회 질서를 바로잡는 따위의 역할을 한다.

정치 (定置)
[명사] 일정한 곳에 놓아둠.

『표준국어대사전』

　우리는 지금껏 이른바 '사내 정치'나 '정치질' 같은 말이 '정치(政治)'에 해당한다고 생각해왔습니다. 하지만 실제로 사용하는 공격 방법은 발음만 같을 뿐 뜻은 전혀 다른 '정치(定置)'에 해당한다고 볼 수 있습니다. '권력을 이용해 좋은 방향으로 다스림'이 아닌 '꼼짝 못하게 만든다'는 의미로 해석한 것입니다. 직장은 가장 먼저 인간이 자유롭게 사고하는 것을 방해하기 위해 다양한 '소속'을 만들어 인간이 그 안에서만 움직이도록 한계를 정합니다. 공식적으로는 조직의 기본 구성에 해당하는 '부서'를 시작으로, 여러 개로 나뉜 팀이나 동호회, 수시로 나타나고 사라지기를 반복하는 T/F 등으로 소속을 분리시켜놓고, 거기에 더해 비공식 모임인 향우회, 동문회, 종교 모임 등에까지 손을 뻗어 금전적 지원을 통해 모든 형태의 소속 집단을 장악합니다. 그리고 나면 각자의 소속으로 나뉜 인간들이 자연스럽게 자신의 '소속감'을 앞세우며 '이타심(利他心)[16]'과 '이기심(利己心)[17]'을 발휘하다가 결과적으로 '배타성(排他性)[18]'을 드러냅니다.

---

16 남을 위하거나 이롭게 하는 마음.
17 자기 자신의 이익만을 꾀하거나 남의 이해는 돌아보지 않는 마음.
18 남을 배척하는 성질.

"우리 팀이 가장 먼저 성공해야 해!"
"오늘 사장님 모시고 회식할 때
우리 팀만의 단합된 모습을 보여드리자."

이런 경쟁 유도는 오직 '업무'에서만 긍정적 효과를 얻을 수 있습니다. '선의의 경쟁'을 통해 '성과'를 창출하는 데 도움을 줄 수 있기 때문입니다. 하지만 이것이 업무를 벗어나 '관계'에 적용되는 순간 '싸움'이 발생합니다. 직장은 이것을 이미 잘 알고 있기 때문에 일부러 두 가지를 모두 활용해 '성과'와 '장악'이라는 두 마리 토끼잡기에 나서는 것입니다.

"옆 사무실이랑 식사했다며? 무슨 얘기했어?"
"다른 과로 가더니만 이제 아는 척도 안 하네?"

이제 인간은 소속의 차이만으로 서로를 헐뜯고 비난하기에 이릅니다. 이쯤에서 직장은 기존의 '소속'을 바꿔버리는 추가 공격을 시작합니다. 바꿀 수 없다면 합치고, 합칠 수 없다면 없애버립니다. 그러면 인간은 그동안 자신이 뿌려놓은 '관계로 인한 갈등'을 마주하면서 매번 상황을 모면하느라 정신을 못 차리게 됩니다. 어제까지 다른 팀에서 서로 욕하던 인간들이 오늘부터는 같은 팀이 되어 근본도 없는 팀워크를 과시하기 시작하는 거죠. 이런 비참한 상황이 벌어지면 직장은 이들의 소속을 다시 바꿔버립니다. 그것도 매우 파격적으로 '나이'와 '계급'을 뒤섞고, 거기에 '언더커버' 한 방울을 추가해 '카오스'를 완성시킵니다. 그러면 인간들은 각자의 '소속감'을 앞세워 마치 한곳에 평생 있을 것처럼 치열하게 싸우다가 다시 얼싸안고 파이팅을 외쳐대는 촌극을 선보이기 시작하고, 직장은 '평가'를 시작합니다. 그래서 정치(政治)를 정치(定置)라고 표현한 것입니다. 소속, 부서 등을 만들어 인간이 자유롭게 움직일 수 있도록 열어놓은 것처럼 보이지만, 결국은 방 안에 가둬버리는 겁니다. 이제 인간은 일을 위한 기술 숙련 외에는 어떤 형태로도 발전하지 못합니다.

그렇다면 왜 '인간'은 지금껏 저항하지 않았을까요?

지금까지는 그럴 필요가 없었기 때문입니다. 이는 전통적인 '직장관'에서 비롯되었습니다. 그동안은 직장이 인간에게 믿음을 가질 수 있게 적절히 베풀었기 때문에 저항의 필요성을 느끼지 못했습니다. '직장'에 붙어 있기만 하면 보호받을 수 있었으니까요.

이제는 더 이상 보호받지 못합니다

그동안의 직장은 '평생직장'을 기본으로 움직였습니다. 젊은 나이에 취직하면 한곳에서 일을 배우고, 시간이 지날수록 직급과 월급이 올라가면서 인정받고, 명예도 얻을 수 있었습니다. 가족 중 한 사람만 꾸준히 직장에 다니면, 저축을 하고 가정을 유지할 수 있었기 때문에 인간들은 직장이라는 존재를 '인생의 중심'에 놓고, 충성을 바쳤던 것입니다. 오직 충성만 하면 인간을 보호하는 울타리가 되어줬으니까요. 하지만 평생직장이라는 개념은 'IMF 사태'와 '2008년 금융위기'로 대표되는 굵직한 경제 이슈들을 거치면서 다른 모습으로 변화했습니다. '구조 조정, 정리 해고, 강제 전직, 비정규직, 인력 파견' 등 더 이상 인간의 미래를 책임져주지 않는 방향으로 변화한 것입니다. 그러자 인간들이 생각하기 시작합니다.

'이렇게 치열하게 일하는 것이 나에게 무엇을 보장해줄까?'
'업무를 통해 기르는 나의 역량이 직장 밖에서도 유지될까?'

직장과 인간이 서로 '보호'과 '충성'을 거둬들이면서 '투잡', '쓰리잡' 등 'N잡'이라는 새롭고도 슬픈 단어가 탄생했습니다. 인간은 더 이상 울타리가 되어주지 않는 직장에 모든 에너지를 쏟지 않기로 한 것입니다. N잡은 돈을 더 벌기 위한 수단인 동시에 '내가 원하는 것'을 이루는 수단이 되었습니다. 이제 인간은 한 직장에 모든 에너지를 쏟지 않습니다. 정해진 만큼만 에너지를 사용하고, 남는 에너지는 '나'에게 투자하기로 한 것입니다. 업무 시간 외에 사적 연락을 거부하거나 퇴근 후 회식에 질색하는 모습은 인간이 가진 에너지가 한정되어 있음을 보여주는 사례입니다. 직장이 사용하는 정치(定置)라는 기술은 인간을 오랜 기간 통제해왔습니다. 하지만 인간이 생각하기 시작하자 혼란스러워졌죠. 이는 예나 지금이나 인간의 '궁극적인 목적'이 다름아닌 나였음을 떠올리게 합니다. 지금껏 한 직장에 충성하면서 월급 받고, 인정받고, 명예를 얻은 것도 냉정하게 말하면 나를 위한 행동이었습니다. 나를 위해 시간을 투자하는 것은 새로운 아이디어가 아닙니다. 그저 형태만 바뀌었을 뿐입니다. 직장은 정치로 인간 통제에 성공했다고 생각하겠지만 그것은 착각일 뿐입니다. 그러니 우리는 앞으로도 변함없이 나를 중심으로 살아가면 됩니다. 모든 것은 나를 위한 것이고, 나에게 중요한 것을 나다운 것을 얻는 과정이라 생각하세요.

『파리대왕』에서 소년들이 표류했던 섬은 화려한 겉모습과 달리 실상은 너무도 잔인한 곳이었습니다. 그럼에도 대부분의 소년들은 배불리 먹고 마음껏 수영도 하면서 사이좋게 즐거운 시간을 보냈습니다. 직장이 바로 그 섬입니다. 그리고 당신은 이름 없는 소년들 중 한 명입니다. 직장이 아무리 우리에게 소속이라는 칼을 쥐어주고, 랄프와 잭이 되라고 부추겨도 그 칼을 휘두르지 마세요. 우린 그냥 이름 없는 소년이니 사이좋게 놀기만 하면 됩니다. 정치에 놀아나지 않는 방법은 의외로 간단합니다. '업무'와 인간을 구분하세요. 업무는 하던 대로 배타적으로 하고 대신 인간에게는 이타심을 갖는 겁니다. 업무상 의견 충돌이 생겨도 다투지 말라는 이야기가 아닙니다. 업무 중에는 다퉈도 됩니다. 업무적으로는 강하게 주장하세요. 고집 부리고 억지도 부리세요. 이곳은 직장이기 때문에 '성과'를 위해 최선을 다하는 것이 옳은 행동입니다. 다만 업무 문제로 상대와 다투었더라도, 상대를 인격적으로 비난하지는 말라는 것입니다. 자칫하다가는 당신이 직장의 주먹 노릇을 하게 될지도 모릅니다. 상대방도 당신과 똑같은 인간입니다. 수평을 기본으로 생각해야 합니다. 상대가 당신보다 못나서 다른 팀에 있는 것도 아니고, 당신보다 잘나서 다른 팀에 있는 것도 아닙니다. 그저 서로 다른 일을 담당할 뿐입니다. 교묘한 통제 수단인 소속에 놀아나 사람을 잃는다면 너무 억울한 일입니다.

업무와 인간이 구분되는 순간 직장에 촘촘히 세워진 벽은 무너집니다. 물론 이것은 관계의 문제이기 때문에 혼자 바뀐다고 완성될 일은 아닙니다. 아마도 끊임없이 도전을 받게 될 것입니다. '태도 똑바로 해라', '여기냐 저기냐 골라라…', 그럴 땐 상대가 지금 직장의 주먹 노릇을 하고 있다는 것을 측은하게 바라보고 지나가는 겁니다. 똑같이 행동해서 당신까지 주먹이 되면 안 됩니다. 억압과 폭력이 있더라도 섬에서 즐겁게 지내던 이름 없는 소년들에 빙의하세요. 분명 누군가는 시작해야 할 일입니다. '실천하는 위대한 인간'이 되어 '타인의 변화'를 선도하세요.

당신이 '천사'라면 이곳은 천국입니다.

명분 : 일단 이유를 만들란 말이다
『모두가 나의 아들』

All My Sons
- 미국 작가 '아서 밀러(Arthur Asher Miller)'의 1947년 작품
- 희곡, 비극, 심리극, 사회비판, 토니상[19] 수상작, 퓰리처상[20] 수상 작가

　　『모두가 나의 아들』은 두 가정을 중심으로 펼쳐지는 '희곡'으로 미국 뉴욕의 코로넷 극장(Coronet Theatre)에서 초연된 작품입니다. '조 캘러'는 가난한 집안에서 태어나 어려운 시절을 보냈지만, 이것저것 많은 일을 하며 장사를 배웠고, 결국 불우한 가정환경을 딛고 일어나 사업가로 성공한 인물입니다. 그는 '회사의 이윤'과 '가족을 위한 것'이라면 수단과 방법을 가리지 않습니다. 지금

---

19 1947년 브로드웨이의 유명 여배우 앙트와네트 페리를 기념하며 창설된 상으로 '연극계의 아카데미상'이라고도 불린다.
20 1917년에 창설된 미국에서 가장 권위 있는 보도·문학·음악상.

은 동업자인 '스티브'와 함께 군수물자를 납품[21]하는 중소기업을 운영하는 중이고, 2차 세계대전으로 인해 많은 돈을 벌어들이고 있습니다. 조가 몸살 때문에 출근하지 않은 어느 날, 동업자 스티브는 재료 확인 과정에서 불량 부품을 발견합니다. 그는 곧장 처리 문제를 상의하기 위해 조에게 전화를 걸었고, '일정을 맞춰야 하니 그냥 납품하라'는 대답을 듣습니다. 결국 불량 부품은 그대로 납품되었고, 이로 인해 21명의 비행사가 목숨을 잃는 사고가 발생합니다. 두 사람은 곧바로 체포되고 맙니다. 얼마 후 몸살 때문에 출근하지 않았다는 이유를 대며 책임을 회피했던 조는 무죄로 석방되지만 스티브는 감옥에 갇힙니다. 이후 조는 사업 규모를 확장해 더 많은 돈을 벌게 됩니다.

조의 둘째 아들 '레리'는 아버지의 동업자인 스티브의 딸 '앤'과 연인 사이입니다. 레리는 아버지가 저지른 일을 알게 되자 아버지에 대한 수치심과 사고로 죽은 조종사들에 대한 죄책감[22]으로 괴로운 나날을 보냅니다. 결국 그는 앤에게 편지 한 통을 남기고 스스로 목숨을 끊습니다. 하지만 어머니인 '케이트'는 아들의 자살을 받아들이지 않고, 해안가에서 실종되었을 뿐 죽은 것이 아니라고 믿고 있습니다. 그럼에도 조는 이런 상황에 부끄러움을 느끼지 않습니다. 자신은 오직 가족을 위해 일한 것이기에 부끄러움을 느낄 필요가 없고, 스티브는 평소에도 실수가 잦았으니 이 정도는 당

---

21 2차 세계대전 중 오하이오 주에서 실제로 발생한 결함 있는 군수물자 납품사건을 바탕으로 쓰여진 작품이다.
22 레리가 전쟁터에 파병되었기 때문에 사고로 죽은 조종사들은 그의 동료들이었다.

연한 것이라 생각할 뿐이죠. 그렇게 3년이 지납니다. 지금은 그간의 사정을 전혀 모르는 첫째 아들 '크리스'와 동생 래리의 연인이었던 앤이 교제 중이고, 결혼을 생각하고 있습니다. 하지만 어머니 케이트는 여전히 동생의 죽음을 인정하지 않고 있습니다. 크리스는 자신의 결혼에 어머니가 걸림돌이 된다며 불만이 가득합니다. 결국 크리스는 무작정 결혼 발표를 하겠다는 생각에 앤을 집으로 초대합니다. 크리스는 우선 아버지 조를 찾아가 사실을 알리고 '결혼을 해야겠으니 어머니가 생각을 바꾸도록 도와 달라'고 부탁합니다. 아들의 이야기를 들은 조는 머릿속이 복잡해집니다. 이렇게까지 복잡한 관계가 만들어질 것이라 생각지 못했던 조는 고심 끝에 아들의 부탁을 거절합니다.

- 원래부터 앤은 래리의 연인이었다.
- 래리는 실종 상태다.
- 네게는 래리의 애인을 뺏을 권리도 없을뿐더러
  엄마도 허락하지 않을 것이다.

크리스는 완벽하게 3인칭에 빙의해 냉정한 말을 하는 아버지에게 분노하고, 이럴 바엔 차라리 집을 나가버리겠다며 아버지와 맞서기 시작합니다. 그때 어머니가 집에 찾아온 앤을 보고는 래리를 아직도 잊지 못하고 집에 찾아온 걸 보니, 나쁜 애는 아닌 것 같다며 눈치 없는 말을 건넵니다. 크리스와 앤의 결혼을 반대하는 사람이 또 있습니다. 바로 앤의 오빠 '조지'입니다. 그는 조가 불량 부품을 납품하도록 지시해서 아버지가 감옥에 갔다는 사실을 알고 있습니다. 결국 조지마저 집으로 찾아와 크리스에게 공격적인 말을 퍼붓습니다. "네 아버지가 우리 가정을 파멸시켰어!" 아무것도 모르는 크리스도 함께 화를 내며 당장 집에서 나가라고 소리를 칩니다. 심상치 않은 이야기에 뜨끔했던 아버지 조가 둘의 싸움에 끼어들어 조지의 말을 하나하나 반박합니다. 하지만 어머니 케이트가 꺼낸 "남편은 10년 동안 한 번도 아픈 적이 없어"라는 말 한마디로 상황은 뒤집어지고 맙니다. 조지는 3년 전 몸살로 회사에 나오지 않은 날을 어떻게 설명할 것이냐는 질문을 던진 뒤 크리스가 모르고 있던 진실을 털어놓기 시작합니다. 이야기를 다 들은 크리스는 부끄러움을 느끼며 더욱 분노합니다. 동업자는 감옥에서 벌을 받고 있지만 아버지는 결백하다고 믿고 있던 자신을 부끄러워 합니다. 동생 레리의 죽음도 아버지의 책임이라는 것을 알아차리고 분노한 그는 아버지를 몰아세우기 시작합니다. 하지만 아버지로부터 돌아온 대답은 "다 너희들을 먹여 살리기 위해 한 일"이라는 말뿐입니다. 크리스는 "아버지를 감옥에 보내야 한다"는 말까지 하기에 이릅니다. 이때 앤이 싸움에 끼어들어 죽은 레리가 자신에게 남긴 유서를 공개하면서 상황을 정리합니다.

'아버지 때문에 많은 사람이 죽었다는 죄책감을
견디지 못해 스스로 죽음을 택했다.'

두 남매의 협공은 조와 크리스를 충격에 빠뜨립니다. 하지만 어머니 케이트는 달랐습니다. 누가 뭐라 해도 래리는 죽지 않았다고 버티는 중입니다. 사실 그녀는 진작부터 모든 사정을 다 알고 있었습니다. 그렇기에 자신이 래리의 죽음을 인정하는 것은 남편의 죄도 인정하는 것이라고 생각해 지금껏 래리의 자살을 인정하지 않는 입장을 고수했던 것입니다. 이제 스티브는 아버지에게 모든 것을 인정하고 죗값을 치르라고 말합니다. 조는 죽은 래리가 남긴 유서 내용을 듣고서야 심경의 변화를 일으킵니다. 그는 결국 자신의 잘못으로 수많은 젊은이가 죽었다는 것에 책임을 통감하며, 자신이 두 아들을 아끼고 사랑하듯 죽은 젊은이들도 모두가 소중한 존재라는 것, '모두가 나의 아들'이라는 것을 깨닫게 됩니다. 그러고는 권총의 방아쇠를 당겨 스스로 생을 마감합니다.

───

작가 '아서 밀러'는 1915년 의류 제조업자 아버지와 전직 교사 어머니 사이의 3남매 중 둘째 아들로 태어났습니다. 중산층 가정에서 태어난 그는 대공황에서 비롯된 경제적 어려움으로 인해 가난한 유년기를 보냈고, 고등학교 졸업 후에는 가수, 운전사, 웨이터, 배달원 등 다양한 직업을 경험했습니다. 그 시절의 경험들은 이후 그의 작품에 고스란히 투영되어 하층민의 고단한 삶에 대한 현실적인 표현으로 승화되었습니다. 그는 대학에서 연극을 전공하면서 희곡을 쓰기 시작했고, 졸업 후에는 라디오극 극본과 드라마 대본을 집필했습니다. 아서 밀러는 이렇게 다른 일을 하는 동안에도 꾸준히 희곡을 집필해 무대에 올렸고, 그 과정에서 『모두가 나의 아들』이 주목받은 것을 시작으로 '뉴욕 연극평론가상'까지 수상하며 작가로서의 입지를 굳히게 되었습니다. 이후로도 꾸준히 작품 활동을 이어가며 '퓰리처상'과 '토니상'을 수상했고, 수많은 희곡을 무대에 올렸습니다. 그의 작품은 대부분 사회와 개인의 관계를 묘사하는 형태를 취하고 있으며 '개인의 고통은 사회 시스템과 맞물려 있다'는 틀 안에서 이야기를 전개합니다. 무려 70년이라는 세월을 작가로 살아온 그는 말년에 자서전인 『시간의 굴곡(1987)』을 발표하는 등 왕성한 활동을 이어가다 2005년 89세의 나이로 세상을 떠났습니다.

『모두가 나의 아들』은 두 가정의 사연을 통해 사회와 개인의 관계를 밀접하게 표현하고 있습니다. 각 인물이 처한 상황을 통해 '개인은 사회 안에 존재하며, 개인의 고통은 사회 시스템과 맞물려 있다'는 이야기를 전하며, 작품 전체를 통해 순수성을 상실한 채 성공이라는 가치만을 추구하는 '자본주의의 문제점'과 '전쟁에 대한 비판'을 표현하고 있습니다.

도덕과 윤리는 논외로 합니다

우리는 『모두가 나의 아들』에서 군수 산업을 하고 있는 기업가와 그의 아들의 대립에 주목할 필요가 있습니다. 두 사람이 각각의 주장을 펼치는 데에 '명분'이 중요한 역할을 하고 있기 때문입니다. 아버지 '조 캘러'는 자신이 저지른 비윤리적인 행위로 인해 아들이 자살하고, 아내의 건강에도 문제가 생겼으며, 수십 명의 또 다른 아들마저 사망했음에도 '모든 것은 가족을 위한 것'이라는 명분을 내세웁니다. 또한 아들 '크리스 켈러'는 어머니의 인정을 받는 것이 '앤 디버'와의 결혼에 명분이 된다고 생각하고 가족과 치열하게 대립합니다. 결국 이들의 충돌은 오직 명분 때문이었습니다. 그리고 이러한 모습은 직장의 의사결정 과정에서도 찾을 수 있습니다. 명분을 찾는 과정은 스스로의 행동을 미리 점검하는 과정입니다. 명분이 있느냐 없느냐는 '한다', '안 한다'와 직결되기 때문입니다. 모든 행위에는 이유가 있습니다. 정당한 이유는 행위에 정당성을 부여하고, 상대의 설득과 이해를 유도합니다. 반면 정당한 이유가 없는 행위는 정당한 이유를 내놓을 수 없기에 해서는 안 될 행위입니다. 매우 간단한 구조이고, 우리는 이미 이것을 알고 있습니다. 그럼에도 정당한 이유 없는 행위를 한다면 그때부터 제시하는 '명분'은 오직 '핑계'일 뿐입니다.

핑계는 결국 또 다른 핑계만 낳습니다. 결국 스스로의 가치를 낮추는 행동일 뿐 어떤 방법으로도 정당화될 수 없습니다. 그래서 우리는 명분을 먼저 고민하는 과정을 통해 옳고 그름을 판단합니다. 직장도 마찬가지로 행위를 하기 전에 명분을 찾습니다. 하지만 직장은 옳고 그름을 판단하는 것이 아닌 비난에 대응할 핑계를 미리 찾는 과정이라는 차이점을 가지고 있죠. 직장은 매번 명분을 필요로 하고, 명분이 없으면 만들어야 합니다. 그 명분은 그럴듯해야 하며, 그럴듯하다는 것은 다수의 공감과는 상관없이 오직 '목적'에만 부합하면 됩니다. 직장은 도덕과 윤리에 반하는 행동일지라도 명분만 잘 만들어지면 실행하는 곳입니다.

명분이 만들어지는 과정

직장에서 명분이 만들어지는 과정을 잘 표현한 영화의 한 장면을 소개하겠습니다. 김의석 감독의 2018년 영화 『죄 많은 소녀』의 한 장면입니다. 이 작품은 '같은 반 친구의 갑작스런 실종으로 마지막까지 함께 있었던 학생이 가해자로 지목된 상황'을 다룬 작품으로, 소개할 장면은 작품 초반 '실종된 학생의 물건이 발견되자 교장과 교사들이 모여 이야기를 나누는 장면'입니다.

(교무실에 교장이 찾아오자 모두 자리에서 일어나 눈치를 본다.)

교장: 이미 아시는 분도 있겠지만 이경민 학생 있죠? 어제 그 친구 가방하고 구두가 요 앞 다리에서 발견됐어요. 애가 공부도 잘하고, 부모도 좋은 직장에 다니는데, 왜 그런 겁니까?

교사1: 입시 스트레스 아닐까요? 저희가 최근에 우열반을 나누고 상위권 학생을 따로 관리하지 않았습니까? 성적 유지에 대한…

교장: (교사 1의 말을 끊고) 그렇게 말하면 학교는 뭐가 됩니까? 그럴듯한 답을 좀 내놓을 수 없어요?

교사2: 제가 한 말씀 드려도 될지….

교장: 말씀하세요.

교사2: 먼저 제가 담임으로서 책임감을 많이 느낍니다. 사실 이런 충동은 대체적으로 마음의 병에서 오지 않습니까? 그 친구 자체가 워낙 뛰어난 학생이다 보니 다른 사람들과 소통하는 데서 어려움이 많았을 것이고 계속 우울한 음악만 들으면서 마음의 병을 키워갔던 것 아닐까….

교장: 그러니까, 애가 재능이 많고, 또 스스로 너무나 뛰어나서 다른 친구들

교사3: 하고 소통을 잘 못하고, 평소에 외로움을 많이 느꼈고… 혹시 애가 우울증이나 뭐 그런 거 없었어요?

교사3: 작년에 저희 반 학생이었는데 애가 굉장히 어두운 구석이 있긴 했습니다. 그죠, 선생님?

교사2: 그런 구석이 없지 않아 있었습니다. 한번은 수업 시간에 계속 음악을 듣고 있기에 핸드폰을 압수해서 도대체 이 친구가 무슨 음악을 듣고 있는지 제가 한번 조사해봤습니다. 90년대 북유럽 밴드 음악인데요. 한번 들어보시겠습니까?

교장: 요즘 애들 노래는 노래 같질 않아서 이거…(못 이기는 척 음악을 듣는다).

직장에서 일을 하고 있다면 이 상황이 어떤 상황인지 이해할 것입니다. 이는 '이윤 추구'를 목표로 하는 기업도, '공익'을 추구하는 비영리 단체도, '국가 기능 수행'을 위한 공공기관도 모두 해당됩니다. 분명 옳지 않은 일을 하는 것이죠. 이대로라면 직장은 자멸했어야만 합니다. 그럼에도 자멸은커녕 여전히 진화를 거듭하는 괴력을 보여주고 있습니다. 그래서 이것을 '광역 공격'에 포함시켰습니다. 직장은 평계를 만들 때 늘 뒤로 빠지고, 인간을 앞세우는 교묘한 전술을 사용합니다. 명분이라는 공격 기술은 늘 '주인의식'과 '책임'과 함께 '콤비네이션'을 이루고 있습니다. 다음 에피소드 '주인의식 : 나는 그저 도구일 뿐인가 - 『야간비행』'을 통해 나머지 공격 방법까지 확인한 뒤에 대응 방법에 대해 알아보겠습니다.

주인의식 : 나는 그저 도구일 뿐인가

『야간비행』

Vol de Nuit
- 프랑스 작가 '생텍쥐페리(Antoine Marie Jean-Baptiste Roger de Saint-Exupery)'의 1931년 작품
- 페미나상[23], 자전적 소설, 직업소설, 앙드레 지드[24]의 서문

    작품의 배경은 남아메리카에 위치한 '부에노스아이레스'입니다. 우편물 수송업체의 업무 책임자 '리비에르'는 업체 간 경쟁에서 이기기 위해 적극적으로 움직인 끝에 '야간비행 운송 허가'를 받아내는 데 성공했고, 덕분에 비행사들은 어두운 밤에도 일하게 되었습니다. 지금은 남아메리카의 최남단 '파타고니아'와 '칠레', '파라과이'에서 각각 출발한 우편 수송선 3대가 부에노스아이레스로

---

23 1904년부터 매년 프랑스에서 출간된 가장 우수한 문학작품에 수여하는 문학상으로 심사위원은 모두가 여성 작가이며, 수상자는 남녀 구분 없이 선정한다.
24 André-Paul-Guillaume Gide(1869~1951), 20세기 초반 프랑스 문학을 대표하는 작가로 평가받으며, 1947년 노벨 문학상을 수상했다.

날아오는 중이고, 이들이 도착하면 우편물을 다른 비행기에 옮겨 유럽으로 보낼 것입니다.

　리비에르는 직무 수행에 있어서는 조금의 실수도 용납하지 않는 사람으로, '야간비행'으로 조종사가 목숨을 잃을 가능성이 높아진다는 것을 진작부터 알고 있었음에도 '업무'를 더 중요하게 여기며 강행 중입니다. 그는 동료들에게 존경의 대상인 동시에 비호감의 대상입니다. 비행사 '파비앵'은 파타고니아에서 우편물을 싣고 이륙해, 하늘에서 밤을 맞이합니다. 초반에는 달빛과 별빛이 안내해주는 평온한 밤하늘을 산책하듯 가뿐히 날았지만 밤하늘이 폭풍으로 뒤덮이자, 지금은 언제 어디에서 뇌우를 만날지 모를 위험한 상황과 사투를 벌이는 중입니다. 리비에르도 파비앵에게 문제가 생겼음을 감지합니다. 그때, 마침 칠레에서 출발한 우편 수송선이 도착합니다. 리비에르는 방금 도착한 비행사가 맘에 안 드는 구석이 있었는지 조종사 관리 좀 잘 하라며 '비행 감독관'을 다그칩니다. 그러면서 동시에 비행사에게는 무사 귀환을 격려합니다. 일은 일이고, 관리는 관리라는 것이죠.

　이제 비행사의 아내가 등장합니다. 한 명은 폭풍 속에 있는 파비앵의 아내이고, 또 한 명은 곧 유럽으로 비행을 시작할 비행사의 아내입니다. 제때 돌아오지 않는 남편을 걱정하는 파비앵의 아내는 책임자 리비에르를 찾아와 상황을 묻습니다. 그러자 리비에르는 '연착하는 일은 흔하게 벌어지는 일'이라며 그저 기다리라는 대답만 할 뿐이고, 또 한 명의 아내는 일 나갈 시간이 되었다며 잠든 남편을 깨우고 있습니다. 언제 파비앵처럼 폭풍을 만날지 모르는데도 말이죠. 결국 파비앵은 돌아오지 못합니다. 가까스로 폭풍을 벗어나는 데 성공했지만 이미 연료가 바닥나버리고 말았던 것입니다. 리비에르는 이렇게 한 명의 비행사를 잃었습니다. 책임자로서 야간비행이 얼마나 위험한지 다시 한번 생각할 사건이 발생했음에도 야간비행은 중단되지 않았습니다. 그리고 곧이어 리비에르의 지시를 받은 유럽행 비행기가 어두운 밤하늘로 이륙합니다.

─

작가 '생텍쥐페리'는 1900년 프랑스 리옹에서 아버지 '장마르크 드 생텍쥐페리 백작'과 프로방스 명문가 출신인 어머니 '마리 드 퐁스콜롱브' 사이에서 태어났습니다. 그는 4살 되던 해 아버지가 사망하자, 어머니와 함께 리옹을 떠나 시골의 자연 속에서 유년기를 보내며 예술가적 심성을 키웠습니다. '비행기'와 떼놓을 수 없는 인물인 생텍쥐페리는 12살 때 처음 비행기를 타보았고, 21세에 공군에 입대해 조종사가 되었습니다. 제대 후 회계사로 일하면서 시와 소설을 습작하던 그는 25세에 잡지 편집장인 '장 프레보'와 대문호 '앙드레 지드'를 만나면서 본격적인 문학 인생을 시작했습니다. 1926년에 항공 회사에 입사한 그는 항공로 개발 업무를 담당했고, 북서 아프리카 항공로, 남대서양 항공로, 남아메리카 항공로를 개척한 인물이기도 합니다. 그 과정에서 경험한 열악한 비행 환경과 여러 차례의 생사를 넘나드는 불시착 경험이 『야간비행』에 녹아 있습니다. 이후 꾸준히 창작 활동을 펼치던 그는 1944년 공군 조종사로 복귀했고, 같은 해 7월 31일 정찰 비행 중 실종되어, 44세의 나이로 사망 처리되었습니다.

주인이 책임지세요

직장의 기본 단위는 인간입니다. 한 명, 한 명의 주체적 '개인'이 모여야만 '집단'이 완성되는 것이죠. 그렇지만 일단 집단이 완성되고 나면, 그때부터 개인은 없습니다. 개인은 한순간에 '주체'에서 '객체'로 바뀌며 무력화됩니다. 직장은 '개인의 주체성'에 전혀 집중하지 않는 곳입니다. 늘 집단의 '목표 달성'만이 우선입니다. 지금 우리는 더 이상 주체가 아닌 삶을 살고 있기 때문에 괴로워하는 것입니다. 그럼에도 직장은 공격을 멈추지 않습니다. 객체에게 주체라는 '거짓 인식'을 주입하는 '주인의식' 공격입니다.

'당신이 이 회사의 주인입니다.'

맞는 말입니다. 하지만 이 말이 우리 입에서 자발적으로 튀어나와야만 맞는 말이 됩니다. 지금껏 직장이 인자한 표정으로 쏟아낸 '내 집처럼 생각하라', '우리는 하나다'라는 말은 우리에게 언제든 '책임'을 묻기 위한 '사전 작업'일 뿐입니다. '내 소유의 자동차'를 운행하는 사람은 정기적으로 정비를 하고, 실내외의 청결을 유지합니다. '내 것'이기 때문입니다. 반면 '택시'를 타고 가는 동안 실내 청소를 하는 사람은 없습니다. '내 것'이 아니기 때문이죠.

택시에 탔습니다. 그러자 기사께서 "이 차의 주인은 당신입니다"라며 청소를 시킵니다. 그래서 운행하는 동안 택시 안을 청소하고 내렸습니다. 얼마 후 택시기사로부터 전화가 옵니다. 실내가 더러워 다음 손님이 불쾌감을 드러냈다면서 "청소 방법은 당신이 선택한 것"이니 책임지고 손님에게 사과하라고 합니다.

 직장은 우리에게 주인이라는 말만 했을 뿐 그에 따른 무언가를 보여준 적이 없습니다. 그저 언더커버와 소문, 권위, 정치를 앞세워 우리 스스로 '가짜 어른'이 되게 하고 '극단적 자기합리화'를 펼치게 만들었을 뿐이죠. 직전 에피소드인『모두가 나의 아들』에 소개한 '교무실 대화' 장면은 '직장'의 공격에 압도당한 '인간'이 완벽한 '직장의 주먹'이 되어 서로를 타격하고 있는 모습이었습니다. 교무실 대화는 결국 '직장의 명분'을 완성했습니다. 그리고 또 한 가지, '책임질 인간'을 정했습니다. '학교의 입장'은 진작부터 정해져 있었던 것입니다. 교장과 교사들은 서로에게 책임을 떠넘기기 위한 대화를 나눈 것뿐이죠. 그렇지만 '학교'는 이 대화를 '회의'라는 공정한 의사결정을 거쳤다고 포장합니다. 만약 행위로 인해 문제가 발생하면 직장은 '꼬리 자르기[25]'로 책임을 면합니다. 이것이 직장이 자멸하지 않은 이유입니다.

직장의 주인이 되지 말고, 내 인생의 주인이 되세요

 직장은 인간에게 있어 삶의 일부입니다. 개인이 모인 직장이 개

---

25 구성원의 잘못으로 집단의 이미지가 실추되거나 집단이 감추고 있던 잘못 따위가 드러나 집단 전체가 위기에 처했을 때, 해당 구성원에게 모든 책임을 지워 내쫓는 것으로 위기를 모면하는 일.

인을 말살한 것처럼 '일부'가 당신의 삶 전체를 말살하게 그냥 두지 마세요. 당신이 직장에서 '교장'이라는 직함을 가졌다고 직장 밖에서도 교장 노릇을 할 수 있습니까? 사회적 지위요? 이미 '권위'를 설명하면서 다룬 내용입니다. 그 판단은 타인의 몫입니다. 오히려 함부로 행동하면 직장이 교장이란 자리를 뺏어가버릴 것입니다. 직장을 믿지 마세요. 그리고 속지도 마세요. 교장 자리에 앉힐 인간은 당신 말고도 많습니다. 늘 '일'과 '인간'을 분리해야 합니다. 직장이라는 좁은 곳만 쳐다보지 말고 '삶'을 봐야 합니다. 우리는 이미 넓게 볼 수 있는 시야를 가지고 있음에도 넓게 보지 못하고 있습니다. 중간관리자도 말단 직원도 모두의 중심을 '나'로 맞추고, 인간관계를 수평으로 생각하고 행동한다면 '교무실 회의'에서 모두의 공감을 얻을 진짜 명분을 찾게 될 것입니다.

만약 '직장'에서 당신이 죽는다면?

제3장

Round 2. 어그레시브
적극적인 공격

이제 2라운드를 앞두고 있습니다. 우리는 직장에서 '더 나은 삶을 살 수 있는 방법', '더 행복을 느낄 수 있는 방법'을 찾는 것을 목표로 하고 있고, 상대는 '인간'을 이용한 '집중 공격'과 '광역 공격'을 구사한다는 것을 확인했습니다. 이제 우리도 공격을 시작해 보겠습니다.

인간은 알몸으로 태어나서 알몸으로 떠나는 존재라고 합니다. 좋습니다. 그렇다 칩시다. 하지만 비록 겉은 그럴지언정 안은 '선택의 자유'를 가지고 태어났습니다. 아무것도 없이 온 것이 아닙니다. 우리 모두는 스스로 선택할 수 있는 존재입니다. 내 인생은 내 것입니다. 2라운드에서 우리 공격은 상대가 퍼붓는 '주인의식'의 진정한 화살표를 나에게 향하도록 하는 것입니다.

※ 지금 필요한 복싱 용어

- 어그레시브(Aggressive) : 적극적으로 공격하는 것
- 인파이팅(Infighting) : 상대의 팔 안쪽으로 파고드는 근접 전법
- 인사이드 포지션(Inside position): 상대의 안쪽으로 파고들어 유리하게 싸울 수 있는 위치
- 아웃복싱(Out boxing) : 상대에게 떨어지면서 교묘하게 공격하는 원거리 전술

인파이팅
파고들어 공격하기

　우선, 상대에게 파고들어 공격하는 '인파이팅'을 시도하겠습니다. 이미 상대를 파악했으니 이제부터는 우리가 가진 '경험'으로 인사이드 포지션을 차지하고, 떠오르는 대로 주먹을 뻗어보겠습니다.
　우리가 무기로 앞세울 '경험'은 지금껏 직장의 공격을 관찰하고 분석하는 과정에서 쌓인 기술입니다. '눈에는 눈, 이에는 이'라는 말처럼 우리도 똑같이 돌려줄 겁니다. 주변에서 아무리 조언을 하고 시끄럽게 해도 우직하게 안으로 파고들어 내가 가진 경험을 퍼부어 보세요. 상대의 기술을 거꾸로 이용해 '소문'도 만들고 '양면성'도 드러내며 '조직' 전체를 흔들어 보는 겁니다.

우리는 이번 라운드를 마지막 라운드로 만들 것입니다.

아무리 가까워도 말조심하세요

『테스』

Tess of the D'Urbervilles, 부제: 순결한 여인(A Pure Woman)
- 영국 작가 '토마스 하디(Thomas Hardy)'의 1891년 작품
- 장편소설, 비극, 성차별 및 순결관념, 도덕적 편견, 사회적인 인습

주인공의 이름은 '테레사 더버빌', '테스'라고 불리는 이 여성은 아름다운 외모와 지성 그리고 명랑함을 가졌습니다. 가난한 행상이었던 그녀의 아버지 '존'은 부자인 '더버빌 가'를 찾아가 자신의 집안이 더버빌 가의 먼 친척[1]이라 소개하며 테스를 하녀로 취직시킵니다. 더버빌 가에 들어간 테스는 이 집안의 아들인 '알렉 더버빌'과 만났고, 알렉은 테스를 본 순간 그녀의 미모에 반해 선물을 안겨주는 등 끈질긴 구애를 한 끝에 결국 그녀를 농락하고 맙니

---

1 사실 이들이 먼 친척이라는 것은 반은 맞고, 반은 틀리다고 볼 수 있다. 테스의 아버지는 족보를 사서 귀족 가문의 친척임을 자칭했을 뿐, 실제로는 남남이었다.

다. 이로 인해 원치 않는 임신을 하게 된 테스는 자신의 정부가 되라는 알렉의 제안을 뿌리치고 더버빌 가에서 나와 고향으로 돌아갑니다. 알렉은 떠나는 그녀에게 도울 일이 있다면 언제든 연락하라는 말을 남깁니다.

테스는 혼전임신으로 인해 커다란 수치심[2]을 느껴야 했습니다. 전후 사정은 차치하고 혼전순결을 지키지 못했다는 것 자체가 비난의 대상이었기 때문이죠. 어렵사리 아이를 출산한 테스. 하지만 아이는 사생아라는 이유로 세례조차 받지 못합니다. 테스는 아이에게 '소로우(Sorrow=슬픔)'라는 이름을 지어줬지만, 얼마 못가 병으로 사망하고 맙니다. 홀몸이 된 테스는 자신의 과거를 문제 삼는 이들로부터 도망쳐 새로운 삶을 시작하기로 마음먹고 멀리 떨어진 곳에 위치한 '톨버데이스 농장'에서 일을 도우며 살게 됩니다.

성직자 집안의 막내아들로 태어난 '에인젤 클레어'는 올곧은 성품을 지녔지만 유난히 종교에 대한 반감이 큰 인물입니다. 그는 형제들과 달리 '성직자'가 아닌 '농장 경영'을 목표로 삼고, 실습을 위해 톨버데이스 농장에 방문합니다. 그리고 그곳에서 만난 테스에게 첫눈에 반합니다. 테스와 에인젤은 여러 가지로 맞는 부분이 많았습니다. 테스도 그가 마음에 들었지만, 자신의 과거로 인한 자격지심 때문에 에인젤의 사랑을 밀어내고 있었죠. 그럼에도 에인젤의 열렬한 구애는 계속되었고, 결국 테스도 자신의 감정을 더 이

---

[2] 작품의 배경은 빅토리아 여왕이 집권하던 시절의 영국으로, 당시 영국의 보수적인 사회 분위기는 특히 여성에게 혼전순결에 대한 엄격함을 요구(강요)하는 것이 당연하게 여겨지던 시기였다.

상 부정하지 못하고 그렇게 둘은 결혼을 합니다.

결혼 첫날 밤, 에인젤은 과거 자신의 방황하던 시절 이야기[3]를 솔직히 털어놓고 용서를 구합니다. 여전히 과거에 대해 양심의 가책을 느끼던 테스는 '이 사람이라면 모든 것을 이해해 줄 것'이라는 믿음으로 그에게 아픈 과거를 모두 털어놓습니다. 속 시원히 말하고 나면 '괜찮아요. 다 잊고 나랑 행복하게 살아요…' 정도의 대답이 돌아올 것을 예상했던 테스. 하지만 예상은 빗나갑니다. 에인젤은 진정 '내로남불'이 무엇인지를 몸소 보여주면서 테스가 처녀가 아님에 크게 실망했다며 화를 내기 시작합니다. 잘못된 인습과 편견을 부정하며 살고 싶다던 에인젤이었지만, 결국 그도 크게 다를 바가 없었던 것입니다. 두 사람은 별거를 시작했고, 에인젤은 목장 운영에 관해 새로운 것을 배우러 간다면서 브라질로 떠나버립니다. 테스는 자신이 가장 신뢰하고 사랑하는 에인젤조차 자신을 버렸다는 절망에 빠진 채 고향으로 돌아갑니다.

돌아온 고향집은 엉망진창입니다. 아버지가 세상을 떠나자 가뜩이나 어렵던 경제 사정이 최악으로 치닫고 있었죠. 테스는 가족을 돕기 위해 백방으로 노력해보지만 쉽게 달라질 상황은 아닙니다. 그즈음 테스는 자기 인생을 박살낸 남자 알렉과 재회하게 됩니다. 오랜만에 만난 알렉은 이전과는 많이 달라졌습니다. 테스와의 일이 있은 후, 종교[4]를 통해 회개했다면서 자신이 성직자임을 자처

---

3 매춘부와의 동거 경험을 털어 놓은 것으로, 결국 에인젤도 '혼전순결' 문제에 있어서는 (다만 성별이 달랐을 뿐) 테스와 다를 바가 없었다.

4 그를 종교로 이끈 인물은 '클레어 목사'이다. 아이러니한 것은 그가 '에인젤 클레어'의 아버지라는

하고 있었는데요. 그러고는 선한 미소로 테스에게 호의를 베풉니다. 하지만 알렉의 신념은 테스를 만나 곧바로 무너졌고, 다시 예전으로 돌아간 알렉은 또다시 구애를 시작합니다. 이번엔 정부가 아닌 아내로 맞이하겠다는 제안까지 하면서요. 알렉이 무서워진 테스는 브라질로 떠난 에인젤에게 그간의 이야기를 담아 편지를 보냅니다. 하지만 아무리 기다려도 답장을 받을 수 없었고, 결국 자신과 가족의 생존을 위해 행복을 포기하고 알렉과 동거를 시작합니다.

한편 브라질로 떠났던 에인젤은 그곳에서 풍토병에 걸려 생사를 넘나드는 시간을 보냅니다. 그 과정에서 자신의 잘못을 깨닫고, 지난 일을 후회하며 브라질을 떠나 테스에게 돌아옵니다. 그가 브라질을 떠난 직후 테스의 편지가 도착하는 바람에 에인젤은 아무것도 모르는 상태로 테스와 알렉이 동거하는 모습을 목격합니다. 테스는 돌아온 에인젤을 본 순간 고통을 느끼며 괴로워하기 시작했고, 마치 발작을 하듯 절망과 분노에 휩싸여 이성을 잃고 맙니다. 결국 자신의 인생을 두 번이나 박살낸 남자, 알렉을 살해하게 되죠. 에인젤은 그 길로 테스를 데리고 도망쳤고, 두 사람은 도피 생활을 하는 동안 마지막으로 행복을 경험합니다. 결국 테스는 5일 만에 체포되어 교수형으로 생을 마감합니다.

사실이다.

작가 '토마스 하디'는 1840년 영국 도체스터 인근의 스틴스퍼드(Stinsford)에서 태어났습니다. 대부분 그의 소설이 '영국 남부'를 배경으로 하는 것은 그의 고향을 모델로 했기 때문입니다.

'석공'이었던 아버지의 영향으로 16세까지 '건축 사무소'에서 일을 배웠던 그는 일찍부터 문학에 관심을 갖고 소양을 쌓다가 1892년에 영국 킹스칼리지 대학교에 입학해 프랑스어를 전공하며 본격적으로 글을 쓰기 시작합니다. 졸업 후 아버지를 따라 건축 관련업에 종사하면서 틈틈이 습작에 몰두해 소설 『The Poor Man and the Lady(1867)』를 완성했습니다. 하지만 출간 과정에서 어려움을 겪다 원고를 폐기했고, 1871년이 되어서야 정식으로 첫 장편소설을 출간한 뒤 이듬해부터 전업 작가의 삶을 시작합니다. 그 무렵 '에마 기퍼드(Emma Gifford)'라는 여성과 교제했고, 1874년 직접 건설한 '맥스게이트(Max Gate)'라는 저택에서 신혼살림을 꾸립니다.

토마스 하디는 맥스게이트에서 자신의 대표작으로 인정받는 『테스』를 완성했습니다. 이 작품은 그가 16살이던 1856년에 남편을 살해한 '마사 브라운'이라는 여성의 교수형을 목격했던 것을 소재로 만들어졌습니다. '비극적 플롯의 대명사'로 자리 잡은 이 작품은 작가의 진보적인 성향을 잘 보여주는 작품입니다. 하지만 지극히 보수적이었던 당시 분위기는 주인공의 비극적인 삶을 통해 표현된 사회 고발[5]의 메시지를 받아들이지 못했고, 결국 혹독한 평가와 비난을 받아야 했습니다. 그럼에도 토마스 하디는 굴하지 않고 다음 작품인 『이름 없는 주드(1895)』에서 '사촌 간의 사랑'을 소재로 다뤄 사회에 파격적이고 급진적인 메시지를 던졌고, 더욱 거센 비난을 받다가 절필을 선언하기에 이르렀습니다.

그러나 말년에 접어들면서 좋은 일이 많이 생깁니다. 1910년에는 국왕으로부터 '공로대훈장'을 받았고, 1920년과 1925년에는 '케임브리지대학'과 '옥스퍼드대학'으로부터 '명예 문학박사 학위'를 받았습니다. 그는 이제 자타공인 영국 문단의 원로로 인정받는 위치에 올랐고, 그의 저택인 맥스게이트에는 황태자를 비롯한 수많은 유명 인사가 방문해 그와 만남을 가졌습니다. 활동 초기 소설에 전념했던 그는 절필 선언 후 시와 희곡 위주로 창작하며 1,000여 편의 시를 남겼고, 60여 년 정도 창작활동에 전념하다가 1928년, 88세의 나이로 세상을 떠났습니다.

탄탄한 이야기 구성과 사실적인 묘사가 돋보이는 작품인 『테스』는 19세기 말 영국 사회에 직접적인 반기를 든 이른바 '문제작'입니다. 산업혁명 후 경제 발전과 식민지 개척으로 번영을 맞이했던 영국인들은 '엄격한 윤리의식'과 '굳건한 종교적인 믿음'을 앞세우며 우월감을 과시하고 있었습니다. 하지만 이는 어디까지나 지배층의 자기방어와 명분 만들기였을 뿐 스스로 성별, 경제력 등 새

---

5 당시 사회의 위선적인 모습, 잘못된 인습, 계급의식, 순결 관념이 지배하는 사회의 여성을 향한 폭력적 관념 등에 대한 문제 제기.

로운 차별 기준을 만들어낸 것에 불과했습니다. 이중 '여성'에 관한 차별은 여성을 인간이 아닌 여성으로 구분하면서 특히나 엄격한 윤리 기준을 강요했습니다. 게다가 이에 문제를 제기하는 목소리가 너무 작아 거의 들리지 않는 상황이었기에 오랜 기간 유지될 수 있었죠. 이런 상황에서 토마스 하디가 금기시되는 문제를 이야기로 다루고, 그것도 모자라 작품의 부제를 '순결한 여인(A pure woman)'이라 붙이는 발칙한 행동을 한 것입니다. 이렇듯 이 작품은 인간을 남성, 여성으로 나누는 시선이 아닌 '인간 자체'로 보는 시선을 가졌고, 이는 시대를 뛰어넘어 여전히 우리에게 물음을 던지고 있습니다.

영원한 적군도, 영원한 아군도 없다

우리는 테스와 에인젤의 첫날 밤에 주목해야 합니다. 결국 믿음을 갖고 이야기를 털어놓은 테스는 에인젤에게 버림받고 맙니다. 분명 이야기 흐름대로 생각하면 에인젤은 알렉보다 덜 나쁜 놈입니다. 하지만 가만히 이야기를 분석해 보면 에인젤이 알렉보다 더 나쁜 놈이라는 생각이 듭니다. 알렉은 작품 초반에 테스를 농락하는 악행을 저질렀음에도 나중에는 테스를 책임지려는 모습을 보였습니다. 테스가 에인젤에게 버림받은 이후의 행보에서도 그것이 보입니다. 반면 이름부터 천사 같은 에인젤은 웃는 얼굴로 테스에게 침을 뱉었죠. 그럼에도 마지막 순간 테스에게 진정한 행복을 경험케 한 것은 에인젤입니다. 이것이 바로 '시점의 차이'입니다. 한 인간을 바라보는 시점에 따라 '적군'이 될 수도 있고 '아군'이 될 수도 있습니다. 게다가 그 시선은 계속 바뀝니다. 직장은 이것을 '소문'이라는 기술로 교묘하게 사용하고 있습니다. 그래서 우리도 이 기술을 사용할 겁니다.

―

　내가 소속된 팀의 팀장이라는 인간의 행태가 도저히 용납이 안 됩니다. 그는 비열하기 짝이 없고, 권위로 똘똘 뭉친 가짜 어른입니다. 전형적인 '직장의 주먹'이 된 팀장에게 신나게 얻어맞고 있자니 주변에 있는 비슷한 처지의 인간이 눈에 들어옵니다. 동질감도 느껴지고, 일도 합리적으로 잘하는 인간으로 보입니다. 그래서 큰 맘 먹고 하소연을 했더니 말도 잘 통합니다. 이제 두 사람은 가까운 사이가 되었습니다. 팀장에게 맞고 오면 두 사람은 자연스레 팀장을 욕하는 시간을 가지며, 너무나도 당연한 논리로 세상 둘도 없는 도덕성을 뽐내기 시작합니다. 결국 직장의 주먹이었던 팀장은 얼마 후 쫓겨납니다. 그렇게 처음으로 직장을 상대로 다운을 얻어냈습니다. 신나죠? 하지만 이는 다운이 아니라 '슬립다운'입니다. 직장은 공석이 된 팀장 자리에 나와 함께 도덕성을 뽐내던 그 인간을 앉힙니다. 그러자 그 인간은 나를 멀리하기 시작합니다. 그가 직장의 주먹이 되자 이제 내가 그에게 위협적인 존재가 된 것이죠. 나는 이제부터 새 팀장의 공격 대상입니다. 그가 사용할 무기는 지금껏 말이 잘 통한다며 꺼내놓았던 내 얘기들입니다. 이렇게 직장은 우리의 공격을 '정치'와 '권위'로 가뿐히 피해버립니다. 이제 알겠습니다. 결국 우리도 승리라는 '목적'에만 집중해 똑같이 돌려주겠다는 명분 만들기에만 집착했다는 것을요. 결국 공격은커녕 다시 한번 직장의 주먹 노릇만 하고 말았습니다.

말하기 듣기 시간

'말하기'라는 양날의 칼은 스스로를 단단하게 만들 수도 있고 무너뜨릴 수도 있습니다. 그래서 우리는 '말'을 오직 '스스로를 단단하게 만드는 데'만 사용하겠다는 자기최면을 걸고 살아야 합니다. 생각 없이 함부로 뱉은 말은 '이불킥[6]'으로 돌아옵니다. 그러니 절대 직장에서 만나는 인간을 에인젤과 알렉으로 구분해서는 안 됩니다. 쉽게 믿고 마음을 열었다가는 정치(定置) 한 방에 쓰러집니다. 저도 오랜 세월 직장 생활을 하고 있지만 여전히 이것을 지키지 못하고 있습니다. 아무 의미 없는 말을 던지고, 툭하면 분노하고, 마음에 안 들면 상대를 욕합니다. 그래서 여전히 힘들고 당황스러운 일을 겪고 있죠. 그럼에도 주제넘게 이래라 저래라 글을 쓰는 것은 적어도 말이 얼마나 중요한지, 인간을 정의하는 것이 얼마나 위험한지 정도는 깨달았기 때문입니다. 그래서 아직 실천을 완성하지 못한 저보다 앞서 여러분이 실천하길 바라는 마음에서 공유하는 것입니다. 지금 제가 하는 실천은 고작 직장에서 '바닥'만 보고 다니는 어설픈 실천일 뿐입니다. '주변시(周邊視)[7]'덕에 장애물

---

6 '이불'과 '킥(Kick)'의 합성어로 2013년 경 퍼지기 시작한 신조어다. 잠자기 전 그날의 부끄러운 기억이 떠올라 창피해하며 이불을 발로 차는 행위를 뜻한다.
7 시야의 주변부에 대한 시력. 중심부보다 시력이 나쁘고 색각도 약하지만 약한 빛이나 움직임을

을 완벽하게 피할 수 있게 된 덕분에 '무의미한 말'을 나눌 일이 많이 줄어들었습니다. 바닥만 보고 다녀도 중요한 얘기를 해야 할 사람은 저를 불러 세우더군요. 하지만 여러분께는 추천하지 않습니다. 제가 전하려는 진짜 깨달음은 '말을 시작하기 전 반드시 생각해야 할 3가지'입니다.

1. 지금 반드시 말을 해야 하는가.
2. 오늘 밤 이불킥을 할 것인가.
3. 내 말이 누군가를 해치지는 않을 것인가.

'듣기'에서 중요한 것은 그것을 말하기로 연결하지 않는 것입니다. 누군가 당신에게 '털어놓은 말'을 다른 곳으로 옮기지 마세요. 상대는 테스가 그랬던 것처럼 분명 털어놓을 만한 대상을 찾다가 당신에게 온 것입니다. 상대가 털어놓거든 듣고 끝내세요. 위로나 도움을 줘야 할 상황이라면 '말을 시작하기 전 반드시 생각해야 할 3가지'를 베이스로 말하면 됩니다. 절대 당신의 입에서 다른 인간의 이야기를 전하면 안 됩니다. 그렇게 하는 순간 당신은 '직장의 주먹'이 되는 겁니다. 상대가 먼저 준 믿음에는 믿음으로 답하면 됩니다. 그것은 상대를 보호하는 것이 아닌 나를 보호하는 일입니다. 다른 것들은 그냥 따라 옵니다. 당신에게 '성자(聖者)[8]'가 되

보는 힘은 강하다.
8 지혜와 덕이 매우 뛰어나 길이 우러러 본받을 만한 사람.

라고 요구하는 것이 아닙니다. 저도 못하고 있으니까요. 우리는 언제든 분노할 수 있고, 좌절할 수 있습니다. 그래도 됩니다. 하지만 적어도 직장에서 발생한 의견 충돌이나 불만을 누군가에게 '털어놓는 것'에는 신중해야 합니다. 이는 옳고 그름의 문제와는 아무런 관련이 없습니다. 어디까지나 '내 생각'일 뿐이라는 것을 잊지 마세요. 다른 인간도 당신만큼이나 생각이 많습니다. 부디 직장의 주먹이 되지 않길 바랍니다.

주변이 시끄러워도 늘 차분한 상태를 유지하세요.

> 찰칵! 찍혔습니다
> # 『참을 수 없는 존재의 가벼움』
> The Unbearable Lightness of Being
> - '프랑스'로 망명한 '체코'출신 작가 '밀란 쿤데라(Milan Kundera)'의 1984년 작품
> - 프라하의 봄, 허무주의, 키치[9], 영원회귀[10], 『안나 카레니나』[11] 오마주

 이 작품은 '프라하의 봄(1968)'이라는 역사적 사건을 배경으로, 네 남녀의 사정을 통해 인간의 삶과 죽음을 '가벼움'과 '무거움'이라는 이분법적 측면에서 조명하고 있습니다. 외과의사인 '토마시'는 보헤미아 지역의 한 작은 마을에서 '테레자'라는 여성을 만납니다. 토마시는 그녀와 한 시간 남짓한 시간을 함께 보낸 후 '프라하'

---

9 미학에서 '보기 괴상한 것', '저속한 것'과 같은 사물을 뜻하는 가치를 의미하는 단어로, 작가 '밀란 쿤데라'는 현실의 이면을 부정하고 이상이나 감동적 이미지만을 신봉하는 태도를 비판하는 의미로 재해석했다.

10 독일의 철학자 '프리드리히 니체(1844~1900)'의 후기 사상의 근간이 되는 사상으로, 인간의 삶에 대한 강력한 긍정을 표현했다. 제1장 『차라투스트라는 이렇게 말했다』 편을 참고하세요.

11 러시아 작가 '톨스토이'의 대표작이라 인정받는 소설, 1877년 작.

로 돌아갑니다. 그 뒤 그에게서 운명의 이끌림을 느낀 테레자는 얼마 후 프라하에 있는 토마시를 찾아왔고, 두 사람은 동거를 시작합니다. 하지만 토마시는 한 여자와 오래 살지 못하는 '여성 편력'이 있습니다. 그는 '영혼과 육체는 별개'라는 생각을 가지고 자유로운 성관계를 추구하는 인물로, '사비나'라는 화가와 교제 중인 동시에 테레자와 동거를 시작했던 것입니다. 토마시의 이런 사고방식은 '아름다움을 추구하는 자유로운 삶'입니다. 토마시와 교제 중인 사비나도 이미 그의 스타일을 잘 알고 있었고, 그녀 또한 사랑의 가벼움을 추구하기에 둘의 동거를 이해하는 입장입니다. 하지만 테레자는 다릅니다. 토마시와는 반대로 '영혼과 육체는 하나'라며 사랑을 무겁게 생각하기에 토마시의 여성 편력을 이해할 수 없었고, 결국 괴로운 시간을 보내게 되죠. 토마시는 테레자가 괴로워하는 모습을 보고 그녀를 위로하고 싶어서 결혼을 하기로 합니다.

그즈음 소련이 무력을 앞세워 프라하를 점령하는 일이 벌어집니다. 그래서 토마시, 테레자, 사비나는 위험을 피해 스위스로 떠납니다. 사비나는 스위스에서 사랑을 무거움으로 생각하는 인물인 '프란츠'를 만나고, 프란츠는 사비나에게 반합니다. 하지만 유부남인 프란츠는 사비나에 대한 자신의 감정이 무거움으로 변하자 고민에 빠졌고, 끝내 아내에게 이혼을 선언하고 사비나를 마주합니다. 하지만 사랑을 가벼움으로 생각하는 사비나는 그의 이런 행동이 부담스러울 뿐입니다. 결국 사비나는 떠나고, 프란츠는 혼자가 됩니다. 프란츠는 얼마 후 자신을 좋아하던 여대생과 동거를 시작합니다. 한편 토마시와 테레자는 스위스에서 계속 지내지 못하고 다시 위험한 프라하로 돌아오게 됩니다. 돌아가길 원한 테레자의 요구를 토마시가 들어준 것입니다. 소련군이 점령 중인 프라하는 여전히 복잡한 상황입니다. 토마시는 곧장 외과의사로 복귀를 준비하지만 불가능하다는 것을 알게 됩니다. 이유는 그가 이전에 신문에 기고했던 글 때문입니다. 그는 체코의 정치 현실에 오이디푸스의 이야기를 빗댄 글을 기고하며 '공산당을 비판'했던 적이 있었는데, 소련이 그런 토마시가 자유롭게 활동하도록 두지 않았기 때문입니다. 그는 생계를 위해 어쩔 수 없이 '창문닦이'로 일하게 됩니다. 하지만 이런 상황에서도 토마시의 여성 편력은 변하지 않습니다. 변함없이 다른 여성의 체취를 묻히고 다니는 그는 오히려 테레자에게 '섹스와 사랑은 별개'라는 주장을 주입시키고 있는 상황입니다. 결국 테레자는 토마시의 주장대로 다른 남성을 만나보기로 합니다. 실습을 해보고 과연 어떤 것이 맞는지 결정하려는 것이었죠. 하지만 테레자는 다른 남성과의 섹스를 통해 희열과 치욕을 동시에 경험하고, 결국 가벼움과 무거움 사이에서 더 큰 혼란에 빠진 꼴이 되고 맙니다. 두 사람은 이제 모든 것을 뒤로하고 떠나기로 합니다. '시골로 가서 탁 트인 풍경을 즐기며 편안한 삶을 살겠다'는 생각이었죠. 그렇지만 두 사람은 그렇게 살기 전에 교통사고로 사망합니다. 프란츠의 사랑을 거부하고 떠났던 사비나는 여전히 화가의 삶을 이어가는 중이고, 캄보디아 시위에 참여했다가 강도를 만난 프란츠도 얼마 후 사망합니다. 등장인물과 배경, 소재 모두가 '외연적 가치'와 '함축적 가치'의 극명한 차이를 보이는 이 작품은 결국 가벼움과 무거움에 관한 이야기를 쉬지 않고 이어가

다가 끝나버립니다.

─

작가 '밀란 쿤데라'는 1929년 체코 브륀에서 태어났습니다. 체코의 '음악학자' 겸 '피아니스트'인 아버지[12]의 영향으로 어려서부터 음악 공부를 시작했고, 이후 '프라하 카렐 대학교[13]'와 '프라하 공연예술 아카데미'에서 문학, 미학, 영화, 희곡 등을 공부했습니다. 공산 체제였던 '체코슬로바키아'에서 활동을 시작한 그는 희곡 『열쇠의 주인들(1962)』, 소설 『농담(1967)』으로 이름을 알리기 시작했지만, 프라하의 봄에 참여하면서 저서 압수, 활동 제한 등의 고초를 겪다가 결국 1975년 프랑스로 망명했습니다. 이후 대학 강의를 하며 지내던 1979년 체코슬로바키아 국적을 박탈당했고, 이듬해인 1980년 '파리대학'으로 자리를 옮긴 뒤 이듬해 프랑스 시민권을 획득했습니다. 이후로도 강의와 창작을 병행하던 그는 1984년 『참을 수 없는 존재의 가벼움』을 발표하며 세계적인 작가로 자리매김했고, 이후 노벨 문학상 후보에 여러 차례 이름을 올린 것을 비롯해 다수의 문학상[14]을 수상하며 세계적인 명성을 떨치게 되었습니다. 2019년에는 국적 박탈 40년 만에 체코 국적을 회복했으며, 현재는

---

12 루드빅 쿤데라(1891~1971).
13 카렐 대학교(체코어: Univerzita Karlova v Praze) - 프라하에 위치한 국립대학. 1348년 설립된 중앙유럽에서 가장 오래된 대학교.
14 LA타임스 소설상(1984), 커먼웰스상(1984), 예루살렘상(1985), 넬리 작스상(1987), 체코작가상(2007), 프란츠 카프카상(2020) 등 다수.

프랑스에 거주 중입니다.

프라하의 봄은 과연 언제 올 것인가?

'프라하의 봄'은 1968년 '체코슬로바키아 사회주의 공화국'의 당 제1서기 '알렉산데르 둡체크'에 의해 시작된 '자유민주화 운동'입니다. 또한 이를 막기 위해 소련이 군사적으로 개입한 사건까지 포함해서 '체코 사태'라는 이름으로 부릅니다.

2차 세계대전 이후 소련은 체코슬로바키아의 공산 체제를 견고히 하기 위해 비공산 계열을 탄압하기 시작했고, 이로 인한 크고 작은 충돌이 이어지는 동안 체코슬로바키아의 경제 상황은 빠르게 악화되어 극심한 경제난을 겪기에 이릅니다. 그럼에도 '노보트니'를 중심으로 한 집권 세력은 국민들의 고통을 무시한 채 보수 정책을 고수했고, 국민들은 지식층을 중심으로 뭉쳐 본격적인 민주화와 자유화를 위한 활동을 시작합니다. 결국 1968년에 공산당의 권력 독점 포기 선언과 함께 노보트니 내각의 체코슬로바키아는 민주화와 자유화 노선에 올라타게 됩니다. (이 시점을 '프라하의 봄'이라 부릅니다.) 하지만 소련은 상황을 좌시하지 않았습니다. 이대로 가다가는 공산권 전체로 민주화 운동이 파급될 수도 있기에, 직접 상황을 정리하기로 했죠. 하지만 국제 사회의 주목을 받을 만큼 규모가 커지거나 전쟁으로 확대되는 것에 부담을 느껴 최대한 빠른 점령을 목표로 엄청난 수의 병력을 한꺼번에 투입해 상대의 전의를 상실케 만들어 버렸습니다. 체코슬로바키아 정부도 '더 이상의 저항은 희생자만 늘리게 될 것'이라는 판단에 국민들에게 '최대한 저항하지 않을 것'을 당부하며 개혁파 지도자들이 투항하는 것으로 사건을 일단락 짓습니다. 이제 시계는 다시 과거로 돌아가게 되었습니다.

원래 프라하의 봄은 1946년부터 5월마다 열렸던 '프라하 음악제'의 제목이었습니다. 당시 한 기자가 체코 사태와 관련한 기사를 작성하면서 '프라하의 봄은 과연 언제 올 것인가?'라는 문장을 사용한 이후로 이 단어는 '자유민주화 운동'의 대명사로 자리 잡게 되었습니다. 밀란 쿤데라는 바로 이 프라하의 봄에 지식인으로 참여했었고, 『참을 수 없는 존재의 가벼움』에 등장하는 외과의사 토마시 또한 지식인으로서 공산당을 비판하는 글을 기고했던 것입니다. 이제부터는 소련이 무력으로 프라하를 점령한 시점에 밀란 쿤데라가 겪었던 사건들과 토마시가 창문닦이가 된 이유를 생각해 보면 됩니다.

프라하의 봄 즈음의 체코는 일련의 역사적 사건들로 비추어 볼 때 공산주의라는 무거운 이데올로기를 추구하던 '동유럽'과 자본주의라는 비교적 가벼운 이데올로기를 추구하던 '서유럽'의 가치가 적절히 섞여 있는 공간이었습니다. 작품은 네 명의 주인공이 가벼움과 무거움으로 대비되는 성향을 지닌 것을 통해 이를 구체적으로 보여주고 있습니다. 그런 네 명의 주인공이 적절히 섞여 있는 곳이 체코라는 공간이었죠. 토마시는 자신의 신념에 따라 공산당을 비판하는 글을 썼습니다. 그리고 이어진 탄압에도 굴하지 않고 창문닦이로 살아가는 신념을 보여줍니다. 그가 여성들과 자유로운 성생활을 즐긴 것 또한 자신의 신념을 바탕으로 한 행동입니다. 결국 토마시의 모든 행동은 스스로에게 '옳은 일'입니다. 테레자 또한 자신의 신념에 따라 '영혼과 육체의 일치'를 주장하는 옳은 일을 했습니다. 사비나가 자신의 자유를 위해 프란츠를 버리고 떠난 것도 옳은 일이었고, 프란츠 또한 옳은 일을 했습니다. 하지만 결과적으로는 서로의 신념에 따라 했던 옳은 일이 상대방에게 옳지 못한 일로 작용합니다. 이는 무엇이 진정 옳은 일인지를 생각하게 합니다. 결국 이들이 각각 행한 옳은 일은 가벼움과 무거움을 상징하며 '인간의 삶의 무게'에 대한 질문을 던지고 있는 것입니다.

내가 옳다고 생각하는 행동은 모두가 정답인가?

인간을 박제(剝製)[15]하는 곳

아직 이름이 없는 사물에 이름을 지어주면 그것은 곧 나에게 소중한 존재가 됩니다. 이쯤 해서 김춘수 시인의 '꽃'을 예로 들고 싶기는 한데, 지금껏 징글징글할 정도로 들었을 테니 이 책에서는 제목만 언급하고 넘어가겠습니다. 하지만 직장이라는 곳은 이 공식이 성립하지 않는 공간입니다. 소중한 존재가 될 이름을 지어주는 것이 아닌 그냥 정해지면 계속 그 이름으로 살아야 하는 곳이고, 개명도 못합니다. 그냥 찍히고, 박제되는 곳이죠. 이름이 없는

---

15 동물의 가죽을 곱게 벗기고 썩지 않게 처리한 뒤에 솜이나 대팻밥 따위를 넣어 살아 있을 때와 같은 모양으로 만드는 행위나 그렇게 만든 물건.

것에 이름을 붙인다는 것은 진작부터 '없음'을 전제로 하는데 직장은 '이름이 있는 인간'에게 '새로운 이름'을 붙여놓고 원래 이름이 무엇이었는지 알려고 하지 않습니다.

⸺

퇴근 후 가족들과 식탁에 앉아 저녁 식사를 하고 있는데 같은 팀 동료로부터 조심스러움이 느껴지는 메시지가 도착했습니다.

'선배님, 사실 제가 로또 3등에 당첨되었는데, 이걸 주변에 얘기해야 할까요?'
'기쁨을 나누고 싶다면 그럴 각오로 기쁘게 알리시고, 그렇지 않다면 아무에게도 말하지 말고 필요한 곳에 사용하세요. 저는 이 메시지를 안 본 걸로 하겠습니다.'

다음 날 출근해보니 메시지를 보낸 동료가 모두에게 알리는 선택을 한 모양입니다. 그런 줄도 모르고 비밀을 지켜준다며 모른 척했던 저는 졸지에 모두가 아는 사실을 혼자만 모르는 사람이 되어 있었습니다. 그래도 기분은 나쁘지 않았습니다. 그는 스스로의 판단으로 옳은 일을 한 것이니까요. 그때부터 사람들은 그에게 '당첨 비법'을 묻기 시작했습니다. 어디서 샀는지, 몇 시에 샀는지, 꿈을 꿨는지, 자동인지 수동인지…, 저는 그런 이야기를 나누는 동료의 모습이 즐거워 보였습니다. 그리고 꽤나 많은 시간이 흘렀습니다. 어느 날, 점심시간에 함께 산책을 하고 있는데 누군가 그를 불러 세우고는 묻습니다. "로또 당첨되는 방법 좀 알려줘." 지금 그 동료는 '그냥 로또 당첨된 사람'일 뿐입니다. 제가 몇 년간 가까이서 지켜본 그 동료는 '로또 당첨'말고도 장점이 많은 사람입니다. 옆에서 지켜본 제가 그렇게 봤을 정도라면 본인 스스로 생각하는 자신의 모습은 훨씬 다양할 것입니다. 하지만 멀리서 그를 보면 오직 '로또'만 보입니다.

직장에서 한 번 정해진 포지션은 쉽게 바뀌지 않습니다. 그나마 로또 당첨은 '밝은 면'이 박제된 경우에 해당합니다. 실제로는 '어두운 면'을 박제당하는 경우가 훨씬 많습니다. 『참을 수 없는 존재의 가벼움』에 등장하는 외과의사 토마시는 공산당을 비판하는 글을 기고한 것이 박제되어 결국 '창문닦이 토마시'가 되었습니다. 이는 작품 안에서 볼 수 있는 토마시의 다양한 모습 중 한 가지일 뿐인데, 하나의 행위가 삶을 통째로 바꿔놓은 것입니다. 직장에서도 순식간에 인간이 박제됩니다. 서투른 시절 저지른 업무 실수, 누군가와의 언쟁, 바지 지퍼가 내려간 줄 모르고 돌아다녔던 것, 이에 고춧가루가 낀 채 미소 지은 것, 족구 하다가 헛발 날린 것, 늦잠 자다가 지각한 것, 검은 옷을 즐겨 입는 것, 고양이 키우는 것⋯. 여기에 소문이 더해지면 실체가 없는 상태로 박제되는 황당한 상황이 벌어집니다. 결국 그 인간은 영원히 그 박제 안에 갇혀버리는 것이죠. 말 한마디, 눈인사 한 번 나누지 않는 인간들조차 박제만 보고 나를 판단합니다. 분명 박제를 만든 누군가는 옳은 일을 행한 것이겠지만 박제된 인간에겐 '옳지 않은 일'이 된 것이죠. 이로 인해 박제당한 채 그곳을 떠나는 경우도 발생합니다. 떠난 인간은 새로운 직장에서 새로운 삶을 시작할 각오로 최선을 다합니다. 하지만 좁아터진 업계, 나아가 좁아터진 사회는 어느새 그의 옆에 박제를 가져다 놓습니다. '저 사람 전에 다니던 직장에서 사장이랑 욕하고 싸웠대', '사고치고 도망쳐서 여기 온 거래', '족구 못 한다던데?', '듣던 대로 엉망이구만,' 하아… 그래서 밀란 쿤데라는 이 작품의 첫 페이지에 '영원회귀[16]'를 등장시킨 모양입니다.

새 옷을 입기 위한 반격

내가 당하고 있는 일은 분명 부당합니다. 옳지 않은 일이고, 이런 일이 더 이상 반복되어서는 안 됩니다. 그래서 가장 먼저 박제를 만든 인간을 찾습니다. 나를 박제된 모습으로 이야기하는 인간 중 그나마 왕래가 있던 인간을 한 명 골라서 누구에게 그 말을 들었는지 묻습니다. 하지만 말을 안 합니다. 너무 직접적으로 지목하라는 요구에 당황했는지 곧바로 독립투사에 빙의해 '난 모르오'를 시전합니다. 그래서 다른 인간을 찾아갑니다. 그래도 결과는 똑같습니다. 결국 나는 도장 깨기 방식으로 그나마 왕래가 있던 인간들과도 등을 지게 되었습니다. 이미 나를 제외한 모든 인간이 단단히 뭉쳐 있으니 깨뜨릴 수 있는 방법은 '외부의 힘'을 동원하는 것뿐입니다. 그래서 나에게 부당함을 강요한 인간을 '외부'에 신고했습니다. 그러자 드디어 해결의 기미가 보입니다. 외부에 신고한 내

---

16 제1장 『차라투스트라는 이렇게 말했다』 편을 참고해주세요.

용이 곧 '상급자'에게 전달되었습니다. 그런데 내가 신고한 사람이 그 상급자입니다. 결국 돌고 돌아 박제만 남았습니다. 이렇게 이번 공격도 상태에게 유효타를 날리지 못하고 받아칠 기회만 열어주고 말았습니다.

아직도 모르시겠습니까? 결국 이번 공격도 승리라는 '목적'에만 집중해 '내가 생각하는 옳은 일'이라는 '명분'을 만드는 과정이었다는 것을요. 냉정하게 들리겠지만, 박제는 바꿀 수 없습니다. 내가 옳은 일이라는 신념으로 행동하듯, 타인 또한 옳은 일을 행하고 있다는 것을 잊지 마세요. 세상에서 당신만 옳은 것이 아닙니다. '인간관계'는 '수평'입니다. 적어도 당신만은 수평을 인지해야 합니다. 직장에서 나는 외로운 존재입니다. 그 외로움을 받아들여야 합니다. 순간의 기쁨이나 성취감, 팀 전체의 만족은 말 그대로 순간에 불과합니다. 당신이 기뻐 웃는 모습조차도 박제될 수 있음을 경계하세요. 좀 틀려도 괜찮습니다. 당신이 옳다고 생각하면 됩니다. 옳다고 생각하는 행위는 하고, 그렇지 않다면 하지 마세요. 옳은 일은 '명분'이 따르지만, 옳지 못한 일에는 '핑계'가 따를 뿐입니다. 남의 성공을 비난하지 말고, 나의 성공만을 위해 옳은 일을 하세요. 남을 무너뜨리려 하지 말고 내가 무너지지 않는 데 집중하세요. 우리가 할 일은 다른 인간의 '박제'를 만들지 않는 것입니다. 이것은 하나의 박제가 줄어드는 결과로 이어집니다. 곧이어 다른 사람도 같은 생각을 시작한다면 그 숫자만큼 박제의 개수는 줄어들겠죠. 남에게 들이대는 엄격한 기준은 자신에게만 적용하세요. 잘 모르면서 함부로 정의하지 마세요. 당신이 엄격한 모습으로 자신에게만 집중해 살다보면, 어느 순간 당신을 가둔 박제는 사라지고 온전한 자신만 남아 있을 것입니다.

무거운 세상과 가벼운 세상의 중심에는
누가 있는지 생각해보세요.

> 영혼까지 털어 드립니다
> # 『1984』 (feat. 직장의 실체)
>
> Nineteen Eighty-Four
> ● 영국 작가 '조지 오웰(George Orwell)'의 1949년 작품
> ● 디스토피아, 풍자소설, 전체주의 비판, 빅 브라더, 텔레스크린, 사상경찰, 이중사고

    이 작품은 줄거리 파악보다 세계관에 관한 이해가 더 중요합니다. 작품의 이해를 위해서는 정치와 사상에 관한 광범위한 지식이 필요하기 때문에, 이번 줄거리 소개는 간략하게 요약된 세계관과 이야기 흐름을 설명하는 것으로 진행하겠습니다.

    소설의 배경은 '실제 특정 국가'를 지칭하는 것이 아닌 '허구의 가상 국가'입니다. 세계는 지금 핵전쟁과 혁명으로 인해 '오세아니아(Oceania)', '유라시아', '동아시아'라는 3개의 '초강대국'으로 재편되었고, 이들은 상대방을 완벽하게 파멸시키지 않는다는 암묵적

룰 안에서 '적대적 공생 체제'를 유지하고 있습니다.[17]

　오세아니아는 300미터가 넘는 초고층 빌딩이 있을 정도로 엄청난 기술력을 자랑하는 국가로, 전체주의 정치 이데올로기인 '영사(Ingsoc)[18]'를 기본으로, 전지전능한 지배자 '빅 브라더'의 통치를 받고 있습니다. 빅 브라더는 상징적인 인물로, 어디에서나 포스터를 통해 그를 볼 수 있지만 실제로 그가 누구인지는 아무도 모릅니다. 더불어 빅 브라더가 지배하기 전의 세상을 기억하는 사람도 없습니다.

　국가 조직은 '평화부', '풍요부', '진실부', '애정부' 4개로 나뉘어 있고, 평화부는 전쟁 관리, 풍요부는 식량 관리, 진실부는 기록 관리, 애정부는 감시 업무를 담당합니다. 국민은 '내부 당원'과 '외부 당원' 그리고 '프롤(Prole)[19]' 계층으로 나뉘어 있고, 이중 프롤은 전체의 85%를 차지하고 있습니다. 간단히 비유하자면 내부 당은 지배층, 외부 당은 중산층, 프롤은 하위층이라 할 수 있습니다. 빅 브라더의 지배 체제 유지를 위한 도구는 '텔레스크린[20]'이 대표적입니다. 텔레비전과 비슷한 모습을 가졌지만 일방 송출이 아닌 양방 송출을 통해 '감시 기계' 역할을 하고 있습니다. 당원들의 집에는

17　책 속의 책인 『과두정치적 집단주의의 이론과 실제』에 작품 속 세계관이 설명되어 있다. 그렇지만 독자 의견 중에는 체제 유지를 위해 가상의 적국과 동맹국을 만들었을 뿐, 실제로 '오세아니아'를 제외한 다른 국가는 없다는 해석도 존재한다.
18　영국사회주의(English Socialism)를 뜻하는 소설속 가공의 사상.
19　당원에 속하지 않은 하층 노동자 계급으로 '프롤레타리아'의 줄임말이다.
20　작품에 등장하는 '빅 브라더'라는 이름은 현재도 널리 사용하는 단어로, 주로 국가가 국민을 감시하는 망을 만들거나, 특정 집단에서 지배력 강화를 위해 감시하는 것을 비유적으로 표현하는 데 사용한다.

텔레스크린이 설치되어 있고, 당원들은 이를 시청하며 반대편에서는 당원들의 모습을 감시하는 형태로 운영됩니다. 당원이 아닌 프롤들은 텔레스크린으로 감시당하지는 않지만 국가의 조직적이고 치밀한 정책에 따라 철저하게 우민화[21] 된 상태입니다. 빅 브라더는 국민들에게 공포심을 주고, 그 공포심을 통해 국가에 더욱 헌신적으로 '복종하게 만드는 정책'을 펼치고 있습니다. 개인의 자유가 전혀 허용되지 않고, 전쟁조차 통치의 수단으로 이용됩니다. 더불어 국민들의 생각까지 제한하기 위해 '사용할 수 있는 단어'를 줄여 나가는 중이고, 국민들이 두 가지의 모순된 것들을 동시에 받아들이는 '이중사고[22]'를 하도록 유도해 '아는 것도 모르는 것도 아닌 상태'로 만들어 놓았습니다. 그럼에도 남다른 주관을 가진다거나 세계의 규칙을 지키지 않으면 '사상경찰'이 나타나 영원히 사라지게 합니다.

주인공의 이름은 '윈스턴 스미스[23]', 39세 남성으로 오세아니아의 '제1지구, 제1도시(Airstrip One)'에 살고 있는 외부 당원입니다. 직장은 모든 객관성을 지닌 진실을 조작하는 진실부이고 윈스턴은 이곳에서 과거의 신문 기사를 조작하는 일을 하고 있습니다. 윈스턴은 전쟁에서 가족이 모두 행방불명된 것에 죄의식을 가지고 있

---

21 국민들이 정치와 국정에 관심을 가지지 않는 상태.
22 두 가지의 모순된 것들을 동시에 받아들이는 것을 뜻하는 단어로, 예를 들면 '검은 색이면서 흰색'이라는 의미의 '흑백색'이라는 단어가 있다. 이와 관련해 작품에서는 '전쟁은 평화, 자유는 속박, 무지는 힘(War is peace, Freedom is slavery, Ignorance is strength)'이라는 말을 당의 슬로건으로 사용한다. 결국 '이것도 저것도 아닌 것'을 의미한다.
23 '윈스턴 처칠'과 영국에서 가장 흔한 이름인 '스미스'를 합친 이름.

고, 다른 여러 가지 계기로 인해 '현 체제에 대한 의문'을 가진 인물입니다. 그는 국가에서 금지하는 행위인 '일기[24]'를 쓰면서 자신의 솔직한 감정을 모두 털어놓고 있습니다. 외부 당원인 윈스턴의 방에는 당연히 텔레스크린이 설치되어 있지만, 그는 사각지대를 이용해 은밀하게 일기를 쓰고 있습니다.

평소와 다름없이 반복되는 일정을 소화하던 윈스턴은 '줄리아'라는 여성이 자신을 보고 있다는 사실을 감지합니다. 줄리아는 26세 여성으로, 윈스턴과 같은 외부 당원이고 진실부에서 일하고 있습니다. 그리고 윈스턴과 마찬가지로 체제에 대한 의문을 가지고 있습니다. 윈스턴은 처음에 자신이 사상경찰로부터 감시당하고 있다고 생각했지만 줄리아가 건넨 쪽지를 보고 서로가 통하는 구석이 있다는 사실을 알아차립니다. 그리고 두 사람은 체제가 금지하고 있는 행위인 '연애'를 시작합니다. 이들은 자신들이 금지된 사랑을 나누는 행위만으로도 부당한 현실 - 현 체제에 맞서고 있다고 여기고 있습니다.

두 사람은 곧 같은 뜻을 가진 사람들을 찾아 나섰고, '오브라이언'이라는 인물과 만납니다. 오브라이언은 가장 높은 계층인 내부 당원에 속한 인물로, 신사적이고 카리스마 넘치는 이미지로 인해 진작부터 윈스턴이 호감을 가졌던 인물입니다. 오브라이언은 두 사람에게 반체제 단체인 '형제단'을 은밀히 소개하고, 두 사람은 체제에 저항하겠다는 생각에 용기 있게 형제단에 가입합니다.

---

[24] 일기는 개인이 남긴 기록으로, '과거를 증명하는 수단을 만드는 것'을 금지하고 있다.

하지만 두 사람은 즉시 체포되어 애정부의 감옥에 수감되고 맙니다. 사실 오브라이언은 반체제 인사가 아니었습니다. 그는 윈스턴이 체제에 불만을 가지고 있음을 감지하고 그를 체포할 덫을 준비했고, 두 사람은 그 덫에 걸린 것이었죠. 이제 두 사람은 격리되어 가혹한 고문을 받기 시작합니다. 격렬하게 저항하던 윈스턴은 어느새 무자비한 폭력과 공포로 인해 폐인으로 변합니다. 결국 육체뿐만 아니라 정신까지 황폐화되어 죽일 가치조차 없는 존재로 변한 채 석방되었고, 자신과 마찬가지 신세가 되어 있는 줄리아와 재회합니다. 그때 마침 텔레스크린에서 오세아니아의 전쟁 승리 소식이 들려옵니다. 이야기는 비참하게 세뇌당한 윈스턴을 향해 강렬한 문장을 던지며 마무리됩니다.

"그는 빅 브라더를 사랑했다(He loved Big Brother)."

이 작품이 출간된 때는 2차 세계대전 직후로 '전쟁은 끝났지만 진정한 평화가 찾아올 것인가'라는 의문이 팽배하던 시기입니다. 많은 사람이 전체주의적 통치에 염증을 느끼고 민주주의에 대한 열망을 가지기 시작했을 즈음 날카롭고 정교한 구성으로 전체주의의 무서움을 보여주는 작품이 등장한 것이죠. 이 작품은 개인의 감정이나 감각이 권력으로부터 완벽히 통제당하는 극단적인 전체주의 사회에서 역사를 끊임없이 조작하고 진실을 기록한 문서를 불태우는 등의 구체적인 통제수단을 보여주며 인간이 권력 앞에서 어떻게 변해 가는지를 조명해 국민에 대한 통제와 독재를 풍자하는 동시에 전체주의를 비판하고 있습니다.

작품의 제목 『1984』는 작품 집필 연도인 1948년의 마지막 두 자리를 서로 바꿔서 만들어진 '미래'입니다. 집필 연도 기준으로 무려 36년 후의 이야기죠. 그리고 신기하게도 우리에게 1984년은 36년 전의 '과거'입니다. 결국 우리는 작품이 다룬 '미래'로부터 36년이란 시간이 더 흐른 '미래의 미래'에 살고 있는 것입니다. 『1984』를 작가의 현실 반영으로 해석하기도 하지만 저는 작가가 미래에는 '완전히 다른 세상'이 펼쳐지기를 바랐을 것이라고 해석합니다. 시대가 변하는 동안 1984년과 2021년의 사회는 많은 변화를 겪었습니다. 그렇기에 지금은 1984와 2021이 완전히 다른 세상은 아니라도 다른 세상이라는 것을 부정할 수 없습니다. 그럼에도 직장은 여전히 작품 속 상황에서 빠져나올 생각이 없어 보입니다. 오히려 더 과거로 더 내려가 '봉건주의'까지 붙들고 있는 상황이니까요.

조선시대의 텔레스크린, '오가작통'

조선시대에는 다섯 집을 한 통(統)으로 묶어 서로에게 감시와 신고 의무를 부여해 국민을 관리하는 '오가작통(五家作統)' 제도가 존재했습니다. 이에 대한 최초의 기록은 『세종실록』 세종 10년(1428)의 건의사항에 등장합니다.

신하: 전하! 주나라와 당나라처럼 우리도 다섯 집씩 묶어서 관리하시죠?
세종: 응, 안 돼.
세종은 오가작통을 허락하지 않았습니다. 하지만 결국, 단종 3년(1455)에 이르러

법제화되었습니다. 내용은 '평민을 통(統)이라는 단위로 다섯 가구씩 묶어, 통 내에서 범죄를 은닉하다가 발각되면, 통 전체가 변방으로 이주되는 것'입니다. 간단하게 말해서 이웃끼리 감시하다가 여차하면 신고하라는 겁니다.

이렇게 기가 막힌 오가작통 제도는 이후 '농경을 서로 도우며, 환란을 상호구제한다'라는 명분까지 갖추고 끈질기게 이어져 조선 후기 천주교도 색출에도 큰 역할을 했고, 1896년에는 전국의 호적 작성에도 활용되었습니다. 하지만 이후로는 기록이 발견되지 않았습니다.

오가작통은 오랜 역사만큼이나 많은 변화를 거쳤습니다. 제도의 취지는 변함없었지만 형식상 명칭도 여러 차례 바뀌었고, 관리인이 생기거나 가구 수를 바꾸기도 했습니다. 거의 몸살을 앓은 수준이죠. 이런 잦은 변화의 원인은 오가작통이 국가가 원하는 대로 운영되지 않았기 때문입니다. 이는 국가의 비정상적인 지배력이 인간의 '이성(理性)'을 통제하지 못했다고 설명할 수 있습니다.

직장의 실체

『1984』에 등장하는 국민들은 빅 브라더라는 존재에 대한 의문을 가지지 않습니다. 그것을 부정하려 들지도 않고 오히려 당연히 존재하는 것으로 받아들입니다. 결국 실체도 보이지 않는 빅 브라더가 국민들의 자발적 감시와 통제 위에서 마음껏 권력을 휘두릅니다. 반면 조선의 오가작통은 국민을 장악하지 못하고 오랜 기간 몸살을 앓다가 결국 역사 속으로 사라지고 말았습니다. 『1984』 속 국민과 조선의 백성 사이에는 어떤 차이점이 존재하는 것일까요?

혹시 여러분은 직장의 실체에 대해 고민한 적이 있으신가요?

원래 있던 것이니 그러려니 하고 있는 것 아니었나요? 직장의 기본 구성단위는 무엇인가요? 실체도 없는 직장이 왜 인간의 '칠정[25]'을 지닌 것일까요?

당신이 직장이고, 직장이 당신입니다.

이제 모든 퍼즐이 맞춰졌습니다. 직장은 인간입니다. 당신은 지금 링 위에 서서 스스로를 상대하고 있는 것입니다. 인간들은 직장이라는 가면을 쓰고 서로를 공격하고, 때로는 스스로의 목을 조르면서 고통을 경험하고 있습니다. 우리가 찾으려는 '더 나은 삶을 살 수 있는 방법', '더 행복을 느낄 수 있는 방법'을 쥐고 있는 것은 결국 인간입니다. 그렇기에 인간이 쓰고 있는 직장이라는 가면을 벗겨야 합니다. 그 방법은 '스스로의 변화'입니다. 이는 자신에게 문제가 있다는 사실을 '자각'하려는 '진심'이 있어야만 비로소 시작할 수 있습니다. 스스로의 변화는 곧 개인의 변화를 뜻합니다. 그리고 개인의 변화는 사회의 변화로 이어집니다. 스스로의 변화는 인간에게 씌워진 직장이라는 가면을 벗길 유일한 방법입니다. 아무리 거대한 건축물도 처음부터 거대하지 않았습니다. 반드시 처음과 시작이 존재합니다. 마찬가지로 개인과 사회의 변화도 시작과 처음이 필요합니다. 기왕이면 지금 이 책을 읽고 있는 당신이 시작이 되길 바랍니다. 변화의 필요성을 느끼고 처음이 되려는 인간이

---

25 희, 노, 애, 락, 애, 오, 욕(喜, 怒, 哀, 樂, 愛, 惡, 欲).

많아진다면 동시에 변화가 발생하면서 훨씬 빠른 속도로 목적지에 도착할 것입니다. 그토록 원하는 '더 나은 삶을 살 수 있는 방법', '더 행복을 느낄 수 있는 방법'을 찾는 유일한 도전을 지금 시작하면 됩니다.

    '인간'은 위대한 존재입니다.
    스스로의 가치를 스스로에게 증명하세요.

아웃복싱
상대와 멀리 서기

상대의 반격은 강력했습니다. 배운 대로 갚아주겠다며 안으로 파고드는 '인파이팅'은 효과적인 전술이 아니었죠. 우리의 공격은 상대를 전혀 흔들어놓지 못했고, 오히려 상대에게 '카운터블로'의 기회만 제공했습니다. 상대가 자신의 실체를 드러내며 '자신이 행한 악과 똑같은 행동을 하고 있는 나'를 보여준 순간 우리는 멍하니 날아오는 주먹에 맞다가 로프에 등을 기댄 채 때리지도 막지도 못하는 '로프다운' 상태가 되고 말았습니다. 그렇다고 포기할 수는 없습니다. 얻어맞으면서도 흩어진 멘탈을 주섬주섬 챙겨봅니다. 상대가 '나'라는 것은 곧 스스로 변화하면 상대를 이길 수 있다는 뜻입니다. 그렇지만 나와의 싸움이라고 해서 스스로를 때리면 안 되겠죠? 그래서 계속 상대를 직장으로 정의하고 승부를 이어가겠습니다.

이제부터는 직장과 거리를 두는 '아웃복싱'으로 전술을 변경합니다. 한 걸음 물러나면 더 넓게 볼 수 있습니다. 인간의 칠정을 이용해 시야를 좁혀놓고 타격하는 상대와 거리를 벌리면 권위에 압도당해 잃어버렸던 나를 발견할 수 있을 것입니다. 나를 발견하면 나에게 힘을 줘야 합니다. 당신의 1분, 1초, 찰나의 순간까지 모든 시간은 누구도 건드릴 수 없는 소중한 시간이라는 것, 그것이 소중하다는 것을 스스로 인식하고 그 소중한 시간을 더욱 새롭게 채워야 합니다. 스스로를 믿으세요. 너무 빠르지도 너무 느리지도 않게 적당한 템포로 움직여야 합니다. 우리가 본격적으로 스스로를 가꾸기 시작하면 게으름과 나태함이 나타나 훼방을 시작할 것입니다. 그것들은 '나는 내 삶이 즐겁다'라는 주문으로 물리치면 됩니다. 주문을 사용하는 방법은 간단합니다. '추억'을 쌓는 것입니다.

> 내가 일을 하는 동안에도 나를 즐겁게 해줄 추억.

'즐거운 추억'은 힘든 순간이 닥칠 때마다 즐거움의 에너지를 충전해줄 것입니다. 당신은 곧 일을 하는 동안에도 즐거움을 유지할 수 있는 수준에 도달할 것이고, 직장은 당신을 쉽게 공격하지 못하게 될 것입니다. 진짜 즐거움을 느끼는 사람은 자연스럽게 겉으로 드러나기 때문이죠. 우리는 이미 워밍업을 통해 우리가 '자의

적 선택'으로 일을 한다는 것을 파악했습니다. 그래서 이제부터는 '즐겁게 + 일'을 할 것입니다. 일을 잘하는 사람은 일을 즐기는 사람을 이길 수 없습니다. 그러니 미소를 지으세요. 당신에게는 마음에서 우러나는 진정한 미소가 필요합니다. 『웃는 남자[26]』에서 찾아낸 기쁜 미소, 진짜 웃음을 만들어 가는 겁니다.

나를 잃어버릴 만큼 정신없는 삶에 쉼표 하나 찍겠습니다.

---

26 제1장 『웃는 남자』 편을 참고해주세요.

여행, 19세기 런닝맨
『80일간의 세계일주』

Around the World in 80 Days
- 프랑스 작가 '쥘 베른(Jules Verne)'의 1873년 작품
- 모험소설, 날짜변경선, 세계의 풍물 소개, 여러 민족의 성격 풍자

주인공은 '필리어스 포그'입니다. 금발머리에 창백한 인상을 가진 40대 영국 남성으로, 작품에서는 직업을 알려주지도 않고 대체 어떻게 재산을 모은 건지도 알려주지 않지만 은행의 VVIP 고객일 정도로 많은 재산을 소유하고 있습니다. 그는 대부분의 시간을 클럽[27]에서 카드놀이를 하며 보내고 있습니다. 그의 성격은 완벽주의자에 가깝습니다. 특히 숫자와 시간에 철저한데요. 일상생활은 분 단위로 계획되어 있고, 이동하는 경우에는 발걸음 수까지 계획

---

[27] 단어 자체의 의미는 '동호회'를 의미하고, 우리나라에서는 음악을 듣고 즐기거나 춤을 추기 위해 모이는 장소로서의 '클럽'이 보편적으로 사용된다. 하지만 작품에 등장하는 '클럽'은 비슷한 사회적 지위나 취미를 가진 사람들이 모이는 장소로 묘사된다.

합니다. 최근에는 자신의 하인 '제임스 포스터'를 면도용 물의 온도를 정확히 맞추지 않았다는 이유로 해고했고, 새 하인 '파스파르투[28]'를 고용했습니다.

아침 식사를 마친 포그는 늘 사람들과 어울려 시간을 보내는 '리폼 클럽[29]'에 도착합니다. 사람들은 대형 은행에 강도가 들어 5만 5천 파운드(우리 돈 약 55억 원)가 도난당한 사건에 관해 이야기하며 범인의 도주로에 관한 의견을 주고받다가, 신문에서 '80일 만에 지구 한 바퀴를 돌 수 있다'는 기사를 발견하고는 이것이 가능한 일인지에 대해 이야기하기 시작합니다. 신문 기사에는 나라별 이동 경로와 교통수단까지 상세하게 정리되어 있었지만 사람들의 반응은 대체로 말도 안 된다는 반응입니다. 하지만 포그의 생각은 달랐습니다. 가능하다, 불가능하다 입씨름을 벌이던 그는 결국 2만 파운드(우리 돈 약 20억 원)를 걸고 '80일 안에 지구를 한 바퀴 돌아 다시 이곳으로 오겠다'며 내기를 제안합니다. 하인 파스파르투를 대동해 출발한 포그가 1872년 12월 21일 20시 45분까지 리폼 클럽에 돌아오면 내기에서 이기는 조건이었습니다. 다른 회원들 사이에도 포그의 성공 혹은 실패를 맞추는 내기가 이어집니다.

한편 두 사람의 발걸음을 따라 나선 이가 있었습니다. 그는 바로 런던 광역경찰청 소속 형사 '픽스'입니다. 픽스는 딱히 무슨 일

---

28 프랑스 출신 30대 남성으로, 다양한 직업을 경험했고, 쾌활한 성격에 재주가 많고, 힘도 센 인물.
29 Reform Club. 실제 영국에 존재하는 클럽으로, 1832년 정치적 목적의 급진주의자 중심의 만남의 장소로 시작해 1836년 신사들만 출입이 가능한 공간으로 개관했고, 이후 1981년부터 여성 출입을 허용했다. 현재는 배경이나 국적에 관계없이 이용할 수 있고 숙박, 도서관, 레스토랑, 회의실 등을 제공하는 곳으로 운영되고 있다.

을 하는지 불분명한 포그가 거금을 걸고 내기를 한 다음 다른 나라로 나가려는 것을 수상히 여겨 앞서 발생한 은행 강도 사건의 범인이 해외로 도피하려는 것이라고 추론하고, 그를 추격하기로 한 것입니다. 포그와 파스파르투는 픽스라는 꼬리까지 달고 여정을 시작합니다. 그들은 다양한 교통수단을 이용해 프랑스와 이탈리아, 이집트를 거쳐 인도 뭄바이에 도착합니다. 이들은 이곳에서 최근 개통된 '인도 대륙횡단 열차[30]'를 이용해 빠른 시간에 '콜카타[31]'까지 이동할 계획입니다. 하지만 열차는 전체 노선이 아닌 일부 구간만 개통된 상태였죠. 그래서 이들은 파스파르투가 급히 수배해 온 '코끼리'를 타고 철도가 연결되지 않은 지역을 이동하게 됩니다.

그 길에 '필라지 사원'이라는 곳에서 화형[32]당할 위기에 처한 '아우다'를 구출해 함께 여행하게 됩니다. 아우다는 아름다운 외모를 가진 인도 여성으로 상인의 딸로 태어나 돈 많은 권력자와 결혼했지만, 나이가 많은 남편이 얼마 전 사망하는 바람에 지역 풍습에 따라 남편과 함께 산 채로 화장당할 위기에 처해 있었습니다. 포그와 파스파르투, 아우다는 콜카타에 도착한 뒤 배를 타고 홍콩으로 이동할 계획이었지만 이번에도 걸림돌이 생깁니다. 처음부터 이들을 추격하던 픽스의 계략으로 법정에 서게 된 것입니다. 앞서 뭄바이에 도착했을 때 파스파르투가 혼자 관광에 나섰다가 인도인들이 성스러운 곳으로 여기는 사원에 구두를 신고 들어가는 바람

---

30 실제 1870년 3월 7일 개통.
31 인도에서 3번째로 큰 대도시, 서벵골 주의 주도.
32 인도의 악습중 하나인 '아내 화장 풍습'인 '사티(Suttee, Sati)'를 말한다.

에 몸싸움을 벌인 사건이 있었는데, 픽스가 그것을 성직자들에게 알리는 바람에 그들의 고소로 법정에 서게 된 것입니다. 픽스는 이쯤 해서 이들을 체포해 영국으로 돌아갈 계획이었습니다. 하지만 픽스의 계획은 포그의 재력에 밀려 실패하고 맙니다. 한 방에 2천 파운드(우리 돈 약 2억 원)를 보석금으로 지불하고 풀려난 이들은 계속 일정을 진행합니다.

이들은 어렵게 홍콩, 상하이, 일본을 거쳐 미국으로 향하는 배에 오릅니다. 홍콩을 떠날 때쯤 픽스는 '체포 영장'이 영국령인 홍콩을 떠나는 순간 효력이 사라진다는 것을 알고는 차라리 이들이 하루빨리 영국에 도착하도록 돕는 것으로 계획을 바꿔, 미국으로 향하는 배에서 파스파르투에게 '적극적으로 여행을 돕겠다'며 일행에 합류합니다. 주인을 걱정시키고 싶지 않았던 파스파르투는 픽스의 정체를 알리지 않았고, 네 사람은 함께 미국에 도착합니다. 포그 일행은 미국 대륙을 열차로 횡단하는 과정에서 정치 문제에 휘말리기도 하고, 열차를 타고 무너지기 직전의 다리를 극적으로 통과하는가 하면, 인디언의 습격을 받기도 하는 등 수많은 위기를 극복하며 어렵사리 뉴욕에 도착합니다. 이들은 뉴욕에서 배를 타고 영국으로 갈 계획이었지만 지금껏 겪은 일들로 인해 일정이 지연되어 고작 45분 차이로 대서양을 횡단하는 배를 놓치고 맙니다. 급히 다른 노선을 찾아봤지만 모두 일정대로 도착할 수 없습니다. 그래서 그들은 항구에 정박 중이던 프랑스 보르도행 화물선 '앙리에타 호'에 거금을 지불하고 탑승합니다.

항해가 시작되자 포그는 선장에게 목적지를 '영국 리버풀'로 바꿔달라는 부탁을 하지만 선장은 이를 거절합니다. 포그는 선원들을 꼬드겨 선장을 감금하고 직접 배를 몰기 시작합니다. 하지만 연료 부족으로 어려움을 겪은 끝에 겨우겨우 '아일랜드의 퀸스타운'에 내리게 되었고, 다른 교통수단을 이용해 영국 리버풀에 도착합니다. 이제 런던행 열차를 타기만 하면 되는 상황인데, 하필 이때 픽스가 이들을 체포합니다. 하지만 '진짜 은행 강도'는 이들이 대서양을 통과하는 동안 이미 체포되었고, 뒤늦게 이 사실을 알게 된 픽스가 이들을 풀어줬지만 지연된 일정을 되돌려 놓을 수는 없었습니다. 포그가 열차를 통째로 빌려 전속력으로 달려 런던에 도착한 시각은 1872년 12월 21일 20시 50분, 성공 조건이었던 20시 45분에서 5분 늦게 도착한 것입니다. 포그는 실패를 인정하고 집으로 돌아갑니다.

파스파르투는 픽스의 정체를 말하지 않은 자신 때문에 내기에서 지게 된 거라고 생각해 어쩔 줄 몰라 하고, 아우다는 내기에서 진 포그를 위로하며 친구라도 만나서 기분 풀라는 말을 합니다. 그러자 포그는 친구가 없다고 대답합니다. 아우다가 그러면 가족이라도 만나라고 말하지만 가족도 없다고 대답합니다. 아우다는 마지막으로 "그러면 저를 아내로 맞아주시겠어요?"라며 청혼을 합니다. 파스파르투는 주인을 기쁘게 해줄 일이 생겼다며 당장 다음 날 결혼식을 올리기 위해 허겁지겁 장소와 주례를 섭외하러 나섭니다. 하지만 "내일은 일요일이라서 교회에서 결혼식을 할 수 없어요"라는 대답이 돌아옵니다. 이게 어떻게 된 일일까요? 파스파르투는 오늘을 일요일이라고 착각하고 있었습니다. 그렇습니다. 이들은 동쪽으로 지구를 한 바퀴 도느라 하루를 벌었던 것입니다. 결국 이들은 79일 만에 지구를 한 바퀴 도는 데 성공했고, 아직 내기에서 진 것이 아니었습니다. 이들은 급히[33] 약속 장소로 이동했고, 1872년 12월 21일 20시 44분 57초'에 리폼 클럽의 문을 열었습니다. 결국 내기에서 이긴 포그는 아우다와 결혼해 평범한 일상을 살게 됩니다. 파스파르투가 묻습니다. "78일 만에 도착할 수도 있었겠죠?" 포그가 대답합니다. "그러지 않았기 때문에 아우다와 결혼할 수 있었지."

작가 '쥘 베른'은 1828년 프랑스의 항구 도시 낭트에서 태어났습니다. 어린 시절부터 바다와 배에 대한 관심이 많았고, 여행을 즐겼다고 합니다. 유년기에 많은 영감을 얻은 그는 10대 때부터 소설을 습작했지만 변호사였던 아버지의 영향으로 파리에 있는 법대에 진학했습니다. 하지만 문학에 더 큰 관심을 가지고 있었기에 파리에서 지내는 동안 여러 문인들과 교류하며 인연을 쌓았고, 1850년에 자신의 첫 희곡을 무대에 올리기까지 했습니다. 법률가로 활동하려던 계획을 접은 그는 졸업 후 고향으로 돌아가지 않고 파리에 머물며 집필 활동에 전념했고, '기구'를 소재로 한 작품을 완성

---

[33] 이번에도 마부에게 거금을 주며 전속력으로 달릴 것을 요구했고, 마부는 제정신이라고는 생각하기 어려울 정도로 난폭운전(?)을 했다.

해 출간을 시도했으나 여러 차례 거절당합니다. 이후 작가이자 출판인인 '피에르 쥘 에첼'을 만나 원고의 완성도를 높인 『기구를 타고 5주간』을 1863년에 발표해 큰 성공을 거두며 본격적으로 이름을 알리기 시작합니다. 이후 왕성한 작품 활동을 펼쳤던 그는 주로 '우주, 하늘, 해저'를 다루는 소설을 출간했는데, '우주선, 비행기, 잠수함'이 본격적으로 발명되기 이전[34]에 오직 상상력을 발휘해 '공상과학소설'을 썼고, '미지의 세계로 떠나는 모험'을 다뤘습니다. 그가 발표한 작품들은 프랑스를 비롯한 대부분의 유럽 국가들의 '전위 문학'과 '초현실주의'에 광범위한 영향을 미쳤고, 그를 SF 소설의 시조에 해당하는 저명한 작가로 평가받게 만들었습니다.

그의 작품 대부분이 모험, 과학 등을 통해 낙관적인 미래를 그려 세계 어린이들에게 꿈과 희망을 심어준 작품이기에 작가 자체가 낙천적인 사람일 것이라 생각할 수도 있습니다. 하지만 그는 20대 초반에 실패한 사랑으로 인한 상심을 작품에 어둡게 담아내기도 하고, 염세적인 성향의 작품을 발표하기도 했습니다. 자세히 들여다보면 그는 낙천적인 성격이 아니었습니다. 말년에 10년 이상 정치 활동을 하기도 한 그는 인간에 대한 혐오감을 드러내며 대인관계를 기피하는 모습을 보이기도 했습니다. 유작을 포함해 지금까지 공식적으로 인정받은 소설만 60편이 넘는 그는 1905년, 77세의 나이로 세상을 떠났습니다.

---

[34] 최초의 동력 비행기는 1903년 미국의 '라이트 형제'가 발명했고, 최초의 기계식 추진 잠수함은 1863년 프랑스 해군 잠수함 '플론져'이며, 최초의 우주선은 1957년 소련이 발사한 '스푸트니크 1호'이다.

작가는 실제로 많은 곳을 여행한 경험을 바탕으로 이 작품을 집필했다고 합니다. 그렇습니다. 방구석에서 상상만으로 집필했다면 지금 우리가 이 작품을 고전이라며 읽고 있지도 않겠죠? 우리는 이 작품에서 두 가지 키워드에 주목합니다. 그것은 '여행'과 '세계'입니다.

빈 종이에 세계지도를 그리기 시작한 순간

여행과 돈 중에서 하나를 고르라면 저는 여행을 선택하겠습니다. 돈은 늘어날 수도, 줄어들 수도, 사라질 수도 있습니다. 하지만 여행을 통해 만들어진 '추억'은 사라지지 않습니다. 마음만 먹으면 대를 이어 전해질 수도 있기 때문에 여행을 선택합니다. 저는 여행이 가진 무한한 가능성은 돈과 비교 자체가 불가능한 엄청난 규모를 지녔다는 믿음을 가지고 있습니다.

25살이 되어 난생처음 비행기를 탔습니다. 그전까지는 공항에 가본 경험도 거의 없었고 자가용도 없었습니다. 여행이 뭔지도 몰랐습니다. 그러다가 무슨 생각이었는지 집 근처 대형마트에 갔다가 해외여행 패키지 상품을 계약했습니다. 왜 그랬는지 아직도 모르겠습니다. 그 행동이 내 인생을 완전히 뒤집어 놓은 중대한 사건의 시작이었다는 것이 그저 신기할 뿐입니다.

상품을 계약하자 여행사에서는 빨간색 기내용 캐리어를 선물로 줬습니다. 그때는 기내용인 줄도 몰랐습니다. 처음으로 저를 하늘로 데려간 비행기는 '캐세이퍼시픽 항공'의 보잉747이었고, 목적지는 '홍콩 첵랍콕(Chek Lap Kok) 국제공항'이었다는 것을 여행 마치고 돌아와서야 알았습니다. 아무 생각 없이 여행 간 것이 확실하죠? 목적지에 도착해 가이드를 따라 버스에 오른 것이 첫 해외여행의 시작이었습니다. 그런데 전혀 재미를 느끼지 못했습니다. 어딘가에 내려놓고 30분간 자유시간, 다음 코스, 그다음 코스, 중간에 단체로 밥 먹고. 이건 뭐 학창 시절 소풍이랑 다르지도 않은 것이 슬슬 돈이 아깝기 시작했습니다. 게다가 강제로 모아놓고 물건을 구입하라는 압박에는 불쾌감까지 느꼈습니다.

결국 다음 날 아침에 짜증이 폭발했습니다. 하루 종일 '마카오'에 다녀와야 하는데, 옵션 관광 추가요금을 내라는 겁니다. 열받아서 못 낸다고 했습니다. 처음부터 말했다면 기분 좋게 지불했을 것을 왜 이따위로 운영하느냐며 따졌습니다. 결국 나만 빼고 모두 마카오로 가버렸습니다. 혼자 남은 저는 호텔에서 제공하는 버스를 타고 겁도 없이 번화가인 '침사추이(Tsim Sha Tsui)'로 향했습니다. 지금이야 스마트폰 GPS로 길을 찾는 세상이지만 그때는 달랑 지도 한 장 들고 길을 찾아야 했습니다. 결국 두 시간 만에 길을 잃고 말았습니다. 아무리 지도를 봐도 어디인지 모르는 상황에 어쩌다 들어간 곳은 범죄자가 튀어 나올 것 같은 뒷골목이었습니다. 눈 앞이 캄캄했습니다. 가이드는 아침에 대판 싸우고 마카오로 가버려서 연락할 곳도 없는데 말입니다. 점점 압박감이 심해지자 목숨의 위협마저 느끼기에 이르렀습니다. 식은땀 줄줄 흘리면서 몇 시간 동안 길을 찾아 헤맨 끝에 겨우 출발지로 돌아올 수 있었습니다. 살았습니다. 이제 짜증 모드로 돌아가면 됩니다. 그런데 이상하게도 전혀 짜증이 나지 않았습니다. 저는 그 순간 몸속에서 피가

끓어오른다는 것이 어떤 것인지 흥분을 느꼈습니다. 조마조마하며 지도를 펼치고, 외국어로 길을 묻고, 처음 보는 공간을 탐험하면서 목적지에 도착한 자신이 대견했고, 신기하고, 존경스러웠습니다. 살면서 느낀 성취감 중 단연 최고의 성취감이었습니다.

홍콩, 러시아, 일본, 중국, 미국,
캐나다, 프랑스, 스위스, 이탈리아, 독일.
생각나는 나라만 적어도 이만큼, 이걸 다시 도시로 나누면?

홍콩에서 길을 잃고 생존을 걱정하던 제가 10년 사이에 백팩을 메고 점령한 나라들입니다. 처음에는 비행기를 몇 번째 타는지도 기억했었는데 이제는 카운트도 안 합니다. 동선까지 그려가며 목적지에 집중했지만 이제는 아무 때나 계획 없이도 떠납니다. 그 중 몇 번은 지인의 가이드 역할을 했고, 종종 다른 사람의 여행 루트를 짜주기도 했습니다. 8개 국어를 사용하고, 여행 중 사귄 외국인들과 지금까지도 이메일을 주고받습니다. 11살짜리 딸도 이젠 비행기 탑승 횟수를 카운트하지 않습니다.

이건 전부 얼마에 살 수 있나요?

> 스릴, 가끔은 스릴을 찾는 것도 좋습니다
> # 『모비 딕』
>
> Moby-Dick
> ● 미국 작가 '허먼 멜빌(Herman Melville)'의 1851년 작품
> ● 자전적 소설, 해양소설, 모험소설, 상징주의, 고래 백과사전, 백경, 스타벅스

    이야기는 19세기 중반 미국의 중요 산업 중 하나였던 '고래사냥'의 중심지인 동부 해안에서 시작됩니다. 작품의 화자 '이스마엘'은 상선을 타고 바다로 나간 경험이 있고, 바다에 대한 동경과 고래에 대한 호기심이 많은 인물입니다. 삶의 지루함을 느끼던 이스마엘은 어느 날, 항구도시인 '뉴베드퍼드(New Bedford)[35]'의 여관에서 험상궂은 외모에 온몸에 문신이 있는 '퀴케크'라는 남자와 한 침대를 사용하게 됩니다. 퀴케크는 폴리네시아[36]인 작살잡이로 이

---

35 미국 매사추세츠주 남부에 있는 항구 도시.
36 뉴질랜드, 하와이 제도, 이스터 섬을 잇는 이른바 '폴리네시아 삼각형' 안의 1000개 이상 섬들의

스마엘과 전혀 다른 분위기를 풍겼지만, 두 사람은 대화를 나누는 동안 가까워져 함께 '포경선'에 탑승하기로 합니다.

다음 날, 미국 동부 연안의 '넌터킷 항구'에 도착한 두 사람은 선장 '에이허브'가 이끄는 포경선 '피쿼드 호'의 선원이 되어 모험을 시작합니다. 피쿼드 호는 미국을 떠나 넓은 바다 구석구석을 항해하면서 '향유고래'를 포획하고, 갑판 위에서 바로 해체해 '고래 기름'을 모으는 일을 합니다. 배에는 이스마엘과 작살잡이 퀴퀘크, 선장 에이허브, 이성적인 성격의 1등 항해사 '스타벅', 낙천적인 성격의 2등 항해사 '스텁', 전투적인 성격의 3등 항해사 '플라스크', 그리고 선장의 특별한 임무를 부여받은 유령 같은 선원들이 탑승하고 있습니다. 하지만 이들은 수십 일째 끝없는 수평선만 바라보는 지루한 항해를 이어가는 중입니다. 그러다가 배가 열대지방 가까운 곳을 지나갈 즈음 한쪽 다리에 '고래 뼈'로 만든 의족을 달고, 음침한 표정을 한 선장 에이허브가 등장해 '모비 딕'이라는 고래에 대한 이야기를 시작합니다.

모비 딕은 거대한 흰 고래로 지금껏 수많은 포경선을 침몰시킨 악명 높은 녀석이며, 몸에는 그동안 고래잡이들이 던진 작살과 흉터가 가득하다고 합니다. 설명을 마친 에이허브는 모비 딕이 자신의 한쪽 발을 먹었기 때문에 복수를 해야 한다면서, 피쿼드 호의 항해 목적이 모비 딕을 잡는 것이니 모두 그 고래를 잡는 데 힘을

집단.
폴리네시아인: 폴리네시아의 원주민으로 주요 민족으로는 마오리족, 하와이인, 사모아인, 투발루인, 통가인 등이 있다.

합쳐 달라고 말합니다. 그러자 1등 항해사 스타벅이 반대 의견을 냅니다. 자신은 집안 대대로 고래를 잡으며 생계를 유지해왔고, 그렇기 때문에 필요에 의해서만 고래를 사냥할 뿐 복수 때문에 목숨을 걸 수는 없다는 말이었습니다. 그리고 무엇보다 선원의 안전이 우선이라고 말합니다. 하지만 에이허브는 그의 말을 무시하고 가장 먼저 모비 딕을 발견한 사람에게 상금을 주겠다며 중앙 돛대에 금화를 박았습니다. 그러자 몇몇 사람들이 에이허브의 말에 동조하기 시작합니다.

    항해가 이어진 몇 개월 사이 이스마엘은 처음으로 고래를 잡기는 했지만 항해의 목적이 모비 딕이었기에 '고래잡이'에는 크게 집중하지 않습니다. 스타벅이 여러 차례 에이허브를 만류해봤지만 그는 의견을 굽히지 않습니다. 오히려 지나가는 길에 포경선을 만나면 다른 것은 다 미뤄두고 모비 딕을 봤냐는 질문부터 하고 있습니다. 항해 도중 만난 영국 포경선 '새뮤얼 엔더비 호'의 선장은 에이허브에게 "목숨이라도 건졌으니 다행"이라며 그의 복수를 비아냥거리지만, 에이허브는 그의 말을 무시합니다. 또 한번은 같은 넨터킷에서 출발한 '레이첼 호'의 선장이 '아들이 타고 있던 보트'가 실종되었다며 함께 보트를 찾아 달라는 부탁을 했는데도 냉정하게 거절합니다. 그즈음 퀴퀘크가 갑작스런 병에 걸려 사경을 헤매기 시작하고, 이스마엘은 퀴퀘크의 요청으로 그의 관을 짜주게 됩니다. 완성된 관을 본 퀴퀘크는 관에 한번 들어가 보더니만 "아직 죽을 때가 아닌 것 같다"며 건강을 회복합니다. 그 관을 배 후미에 매달아 놓은 채 항해가 계속됩니다.

그러던 어느 날, 직접 망루에 오른 에이허브가 모비 딕을 발견하면서 치열한 사투가 시작됩니다. 모비 딕은 덩치뿐만 아니라 머리도 좋은 녀석이었습니다. 절대 만만하게 볼 상대는 아니었죠. 첫째 날은 모비 딕을 추격하는 과정에서 한 명의 선원이 사망합니다. 다음 날이 되자마자 피쿼드 호는 본격적인 공격을 시작하지만 보트가 세 척이나 파괴되는 피해를 입고 맙니다. 그다음 날에는 거꾸로 모비 딕이 달려들어 피쿼드 호를 산산조각냅니다. 그럼에도 작은 보트 한 척에 몸을 싣고 공격을 이어가던 에이허브는 결국 모비 딕의 거대한 몸통에 작살을 꽂는 데 성공합니다. 하지만 그 순간 에이허브는 작살의 줄에 걸려 바다 속으로 끌려가 버립니다. 이스마엘은 퀴퀘크의 관을 붙들고 겨우 바다 위에 떠 있다가 얼마 전 아들을 찾는 중이라던 레이첼 호에 의해 구조되어 목숨을 건집니다. 그러고는 자신이 겪은 비극을 이 작품을 통해 전합니다.

───

작가 '허먼 멜빌'은 1819년 미국 뉴욕에서 태어났습니다. 그는 아버지가 일찍이 사업에서 파산하고 세상을 떠나는 바람에 생계를 위해 어려서부터 일을 해야 했습니다. 측량사, 선실 승무원 등을 경험하며 성장했고, 한때 교사라는 안정적인 직업을 가지기도 했지만 결국 스스로 안정적인 삶을 포기하고 1940년 '포경선'의 선원이 되어 모험을 시작합니다. 하지만 선상에서의 혹독한 삶에 염증을 느끼고 배에서 도망쳤다가 구조되기를 여러 차례 반복했고,

그 과정에서 원주민 부족인 '타이피족'과 만나기도 했습니다. 선원으로 18개월을 보낸 후 미국 해군에 채용되어 고향으로 돌아온 그는 이후 집안 사정이 안정되자 본격적으로 해양문학 작품을 집필하기 시작합니다. 그렇게 여러 편의 작품을 발표하기는 했지만 초기작 외에는 특별히 주목을 받지 못했습니다. 1851년 발표한 『모비 딕』의 초판 판매량도 고작 12권밖에 되지 않았습니다. 결국 생계를 유지하기 위해 다른 직업을 찾아야 했던 그는 이후에도 틈틈이 소설이나 시를 발표했지만 여전히 주목받지 못했고, 말년에 불행한 가정 문제까지 겹쳐 비참한 삶을 살다가 1891년, 72세의 나이로 세상을 떠났습니다.

그의 작품은 사망 후 30년이 지난 1921년에 이르러 재평가받게 됩니다. 1919년에 컬럼비아 대학 교수인 '레이먼드 멜보른 위버(Raymond. M. Weaver 1888~1948)'가 그의 생애와 작품을 연구하기 시작했고, 이를 통해 1921년 허먼 멜빌의 전기 『Herman Melville: Mariner and Mystic』을 출간하면서 문단과 학계, 대중의 관심을 불러일으킨 것입니다. 결국 그는 미국문학사를 대표하는 소설가로 인정받으면서, 그가 남긴 작품에 대한 본격적인 연구가 시작되었습니다. 1923년에는 영국 작가 'D.H. 로렌스'가 '에드가 앨런 포', '너대니얼 호손', '월트 휘트먼'의 작품과 함께 『모비 딕』에 대해 평론했고, 영국의 대문호 '윌리엄 서머싯 몸'이 허먼 멜빌을 '역사상 가장 위대한 작가 10명'에 포함시키기도 합니다.

허먼 멜빌은 젊은 시절 안정적인 '교사'라는 직업을 버리고 흔들림 가득한 선원의 길을 택했습니다. 이후 자신의 경험을 담은 작품을 발표했지만 인기를 얻지 못했고, 힘든 개인사까지 겹치며 흔들림 가득한 삶을 살다 갔습니다. 이런 상황이라면 안정적인 직업을 버린 것을 후회했을 법도 한데, 그는 그러지 않았습니다. 말년의 허먼 멜빌은 자신의 선원 시절을 떠올리며 '나의 인생이 시작된 곳'이라고 말했습니다. 이는 여러 가지 의미를 가진 말이지만, 그가 스릴을 통해 만족을 경험했다는 것으로도 해석할 수 있겠습니다.

『모비 딕』을 논할 때 '스타벅스'가 빠지면 섭섭하죠!

세계 최대 커피 체인점 '스타벅스(Starbucks)'는 1999년 우리나라에 진출해 2021년 기준 1,500여 개의 매장을 운영하며 커피 프랜차이즈 업계 1위를 달리고 있습니다. 그런데 스타벅스의 이름이 『모비 딕』에 등장하는 1등 항해사 '스타벅'의 이름에서 유래했다는 사실을 알고 계신가요?

작가 허먼 멜빌은 젊은 시절 포경선의 선원으로 일하는 동안 선원들로부터 당시 자손 대대로 '포경업'을 꾸리며 부를 축적한 스타벅 선장의 성공담을 듣게 되었습니다. 포경선의 선원이었던 허먼 멜빌에게는 그가 전설과도 같은 존재로 받아들여졌고, 언젠가 꼭 그의 이야기를 소설로 담아야겠다는 생각을 하게 되었다고 합니다. 이후 그 생각은 『모비 딕』에 반영되어 1등 항해사 스타벅을 탄생시켰습니다.

스타벅은 약 1,000년 전 영국의 한 마을의 '갈대가 풍성한 개울'에서 유래한 이름입니다. 사람들은 그곳을 '갈대(stor)'라는 단어와 '개울(bek)'이라는 단어를 합친 '갈대개울(storbek)'이라 불렀고, 그곳에 사는 가족들은 스타벅스라고 불렀습니다. 세월이 흘러 1635년 영국에 살고 있던 '에드워드 스타벅'이라는 사람이 미국으로 건너와 포경업을 시작해 전 세계를 누비며 부를 축적했고, 자손 대대로 그 사업을 물려받아 부를 이어갔습니다. 후손 중 한 명인 '발렌타인 스타벅'은 새로운 섬을 발견해 '스타벅 섬'이라는 이름을 붙이기도 했습니다.

커피 체인점 스타벅스의 CEO '하워드 슐츠'는 자신의 저서 『온워드』에서 『모비 딕』에 등장하는 1등 항해사 스타벅의 이름이 '친근하면서도 신비로운 느낌을 풍겼다'며 자신이 추구하는 방향과 잘 어울린다는 판단에 커피숍 상호를 '스타벅스'로 정했고, 고래잡이들 사이에서 유명한 괴담의 주인공 '세이렌'을 자사의 로고로 정했다고 밝혔습니다. 『모비 딕』에서 스타벅이 커피를 즐긴다는 것을 암시하는 내용도 찾을 수 있으니, 스타벅스가 여러모로 잘 어울리는 이름을 선택했다고 생각합니다.

시공간을 이동하는 '마법 사진'

직장과 거리를 넓히고 보니 드디어 '나'의 모습이 보입니다. '현실'이라는 '명분'에 짓눌려 집과 직장만 왔다 갔다 하고 있는 나, 그리고 고작 그 안에서 만족을 찾으려 고군분투하고 있는 '불쌍한 나'의 모습이 보이기 시작한 겁니다. 나를 도와야겠습니다. 그래서 우선 불쌍한 나에게 '휴식'을 선물하기로 합니다. 『80일간의 세계 일주』와 『모비 딕』을 통해 우리는 '여행'과 '스릴'이라는 키워드를 발견했습니다. 여행과 스릴, 이 두 단어는 공통점을 가지고 있습니다. 바로 즐기는 '과정'에서 즐거운 에너지를 얻는다는 점입니다. 동시에 일회성으로 즐기는 것만으로는 큰 도움을 주지 못한다는 공통점도 있습니다. 그래서 우리는 즐거운 에너지를 오래도록 간직할 방법으로 '추억'이 동반된 여행과 스릴을 즐겨야 합니다. 저는 지금껏 해외를 여행하면서 휴양지를 찾은 적이 거의 없습니다. 대부분 유명한 건축물이나 장소에 도착하기 위해 다양한 교통수단을 이용했고, 처음 보는 길을 걸어본 '탐험'의 기록뿐입니다. 이렇듯 저는 여행을 통해 스릴을 경험합니다. 솔직히 혼자 외국에서 배낭여행을 하다 보면 많이 두렵습니다. 국내에서는 쉽게 해결될 일도 엄청나게 커질 수 있고, 잘못하면 실종될 수도 있는 위험한 곳이기 때문입니다. 그래서 늘 긴장을 유지하다 보니 여행이 스릴을 경험하는 일이 되어버린 것입니다. 덕분에 여행=스릴이라는 공식이 완성되었습니다.

타임루프(Time Loop)[37]를 소재로 제작된 영화 『나비효과(The Butterfly Effect, 2004)』에는 끔찍한 어린 시절의 상처를 지닌 주인공이 그동안 꾸준히 써온 일기를 통해 시공간을 이동하는 장면이 등장합니다. 원하는 날짜의 일기를 읽으면, 그곳으로 이동하는 것이죠. 저도 비슷한 능력을 가지고 있습니다. 저는 일기가 아닌 '사진'을 이용해 다른 시간대의 에너지를 현실로 가져옵니다. 사진에는 그 순간의 에너지가 담겨 있습니다. 그 순간이 즐거웠다면 즐거운 에너지가 담겨 있고, 그렇지 않다면 반대의 에너지를 가지고 있죠. 정확하게 말하자면 사진이라는 사물이 에너지를 가진 것이 아니라 내 '기억'이 그것을 가지고 있는 것입니다. 우리는 지나간 사건의 기억을 떠올리는 것을 추억이라고 말합니다. 즐거운 순간의 사진은 우리에게 '즐거운 추억'을 선물합니다. 그래서 저는 그 사진을 '마법 사진'이라고 부릅니다. 사용법도 간단합니다. 사진을 보면서 당시의 기분을 떠올리기만 하면 어느새 현실의 나에게 사진 속 즐거운 에너지가 옮겨 옵니다. 정말 간단하죠? 하지만 마법 사진을 만드는 방법은 까다로운 편입니다. 사진이 촬영되는 순간을 '진짜 즐거운 순간'으로 만들어야 하기 때문입니다.

진짜 즐거운 순간을 만드는 방법은 스스로 즐거움을 허락하는 것입니다. 여행에 현실이라는 사정을 대입하면 '진짜 즐거움'을 만나지 못합니다. 그런 식이라면 아무리 많은 사진을 찍어도 마법 사진은 만들어지지 않습니다. '불쌍한 나에게 휴식을 선물하겠다는

---

37 무한반복된다는 뜻의 '루프(Loop)'를 기본으로 '시간'이 반복되는 상황.

마음이 들었다면, 나를 중심에 놓고 현실은 내려놓으세요. 여행의 주체를 나로 고정하고, 목적도 나, 과정도 나로 고정합니다. 저도 여행을 계획할 때면 늘 일이 떠올라 망설이게 되고, 마치고 돌아오는 길은 어김없이 마음이 불편했습니다. 특히 멀리 떠났다가 비행기 타고 돌아올 때가 가장 불편했습니다. 그래서 비행기에서 운 적도 있을 정도였습니다.

'이제 일상으로 돌아가는구나.'

여행이 끝나면 당신은 현실로 돌아옵니다. 만약 여행을 하지 않았다면 당신은 계속 현실 속에만 있었을 것입니다. 그래서 여행을 떠나야 하는 겁니다. 쌓인 일도 많고, 돌볼 것도 많고, 이런저런 생각도 많지만 '진짜 즐거움'을 만나고 오기만 하면 마법 사진이 뒷일을 책임져 줄테니까요. 그러니 꼭 현실을 떼놓고 떠나시기 바랍니다. 어차피 여행 마치고 돌아오면 다시 만날 현실을 여행지까지 데려갈 필요는 없겠죠? 현실을 데려가면 무엇이 되려고, 무엇을 하려고 여행한다는 목적에 집착하게 되면서 계속 여행을 방해할 겁니다. 그냥 마음을 열고 자신의 모든 감각을 동원해 영감을 얻는 데 집중하세요. 현실을 꺼내놓은 빈 공간에는 추억이 담겨 있을 것입니다. 여행의 주체는 나, 목적도 나, 과정도 나. 이렇게 마음먹었다면 진짜 즐거움을 만날 수 있습니다. 이제부터 어디를 가든, 무엇을 하든 다 좋습니다. 여행지에서 잠만 자고 왔더라도 스스로 만족했다면 성공입니다. 스스로 만족한다면 멀리 가도 여행이고,

옆 동네에 다녀와도 여행이고, 직장 주변을 돌아다녀도 여행입니다. 오로지 스스로에게 '휴식'을 허락하는 것, 이것이 여행의 전부입니다. 질문과 호기심만 붙들고 있으면 됩니다. 온전히 즐기세요. 해외여행도 좋고, '익스트림 스포츠(Extreme Sports)[38]'도 좋고, 테마파크 어트랙션도 좋고, 영화 한 편 감상하는 것도 좋습니다. 침대에서 뛰어내릴 때 스릴을 경험한다면 그렇게 하세요. 가장 어려운 '스스로 허락하기'만 통과하면 됩니다. 오직 나를 기준으로 결정하는 겁니다. 그렇게 진짜 즐거움을 느끼는 순간을 사진으로 기록하세요. 진정한 휴식을 통해 마법 사진을 완성한 당신은 언제든 그것을 꺼내보고 에너지를 얻을 수 있습니다. 힘들고 지칠 때, 좌절로 고통스러울 때, 마법 사진을 보세요.

제 스마트폰 앨범에는 '내 여행'이라는 폴더가 있습니다.

---

38 극한을 추구하는 스포츠. 주로 위험한 상황에서의 스릴과 속도감을 즐긴다. 북미에서는 어떻게든 아드레날린을 분비시키려고 '익스트림 스포츠'에 몰두하는 이들을 아드레날린 정키(adrenalin junkie)라고 부른다.

당신이 없어도 잘 돌아갑니다
『귀향』, 『변신』

'기 드 모파상[39]'의 단편소설, 『귀향』

평화로운 어촌 마을, '마르탱 부인'은 아이 셋과 함께 시간을 보내고 있습니다. 남편의 이름은 '레베스크'로 그는 지금 일을 나갔습니다. 그의 직업은 어부이고 그녀의 두 번째 남편입니다. 그녀의 첫 번째 남편도 어부였습니다. 첫 번째 결혼 후 2년이 지났을 때 남편은 배를 타고 나가서 돌아오지 못했습니다. 두 사람에게는 딸이

---

39 기 드 모파상(Henri René Albert Guy de Maupassant)
  - 프랑스의 소설가. 세계적으로 유명한 사실주의와 단편소설 작가.
  - 주요 작품 : 장편 『죽음처럼 강하다(1889년)』, 『우리들의 마음(1890년)』 단편 약 300편, 기행문 3권, 시집, 희곡 등.

하나 있었고, 당시 아내는 임신 6개월이었습니다. 그녀는 10년간 남편을 기다리며 홀로 아이들을 키웠습니다. 그러던 중 그녀에게 마음을 두고 있던 레베스크의 청혼으로 두 번째 결혼을 했습니다. 두 사람은 결혼 후 3년간 두 명의 아이를 낳았고, 넉넉지는 못해도 성실하게 살고 있습니다. 그러던 어느 날 아이들과 엄마만 있는 집에 초라한 행색의 늙은 남자가 나타납니다. 그는 집 앞에 서서 집 안을 바라봅니다. 이상한 느낌이 든 마르탱 부인이 그 남자를 쳐다보자 어딘가로 사라졌다가 다시 찾아오기를 반복합니다. 남편 레베스크는 일을 마치고 어두워져야 돌아올 텐데, 그 남자는 계속 말뚝처럼 우두커니 집 안을 바라보고 있습니다. 마르탱 부인은 용기를 내 삽을 들고 남자에게 다가갑니다.

"여기서 뭐하는 거죠?"
"바람 좀 쐬고 있습니다. 뭐가 잘못됐나요?"

그 남자는 밤이 되어서야 사라졌습니다. 마르탱 부인은 집에 돌아온 남편에게 이 사실을 말하지만, 그는 별일 아니라며 대수롭지 않게 생각합니다. 다음 날이 되었습니다. 마침 그날 풍랑 때문에 바다에 나가지 않은 남편은 다시 집 앞에 나타난 남자를 보고 다가갑니다. 두 사람은 문 앞에서 이야기를 나누더니 함께 집으로 들어옵니다. 레베스크는 3일째 아무것도 먹지 못했다는 남자에게 빵과 사과주를 대접합니다. 레베스크가 묻습니다. "어디로 가는 길이요?" 남자가 대답합니다. "여기까지요", "이곳에 아는 사람이 있습니까?", "물론이죠."

"당신 이름이 뭡니까?"
"마르탱."

마르탱 부인은 이제야 그를 알아봅니다. "당신이군요?" 남자는 무뚝뚝한 어투로 천천히 대답합니다. "그렇소, 나요." 오래 전 바다에서 실종된 남편이 돌아온 것입니다. 당시 마르탱이 타고 있던 배는 암초에 걸려 침몰했고, 동료 두 명과 함께 간신히 목숨을 건진 마르탱은 상륙한 곳의 원주민들에 의해 감금되었습니다. 그리고 12년의 세월이 흐르는 동안 동료 두 명은 사망했고, 지나가던 영국인의 도움으로 마르탱만 탈출할 수 있었습니다. 그는 주변을 둘러보다가 두 여자아이를 보고 말합니다. "저 애들이 내 딸이요? 많이 컸구려." 그러고는 레베스크에게 말합니다.

"나는 당신이 원하는 대로 하겠소. 당신에게 폐를 끼칠 생각은 조금도 없어요. 우리 둘 다 자기 자식을 키우면 될 것 같소. 아내가 누구와 살지는 당신 뜻을 따르겠소. 하지만 이 집은 아버지가 물려주었고 내가 태어난 곳이니, 내가 가져야겠소."

마르탱은 지금 두 사람이 살고 있는 집을 내놓으라고 요구합니다. 이 결정을 내리기 위해 마르탱과 레베스크는 신부님을 찾아가기로 합니다. 그리고 신부님을 찾아가는 길에 마을에 있는 술집에 들러 자신이 돌아왔음을 알립니다. "내가 돌아왔소."

'프란츠 카프카[40]'의 중편소설, 「변신」

　주인공은 '그레고르', 의류회사에 다니는 외판원입니다. 그는 혼자서 가족의 생계를 책임지고 있습니다. 그러던 어느 날, 아침에 깨어난 그는 자신이 벌레로 변해 있음을 알게 됩니다. 가족들도 그의 모습을 보고 당황합니다. 하지만 가족들은 해결 방법을 찾기는 커녕, 그를 냉대하기 시작합니다. 오로지 누이동생만 그에게 음식을 주고 청소를 하기 위해 그가 있는 곳에 가끔 들를 뿐입니다. 그레고르는 그동안 아버지의 빚을 갚고, 가족을 먹여 살리기 위해 하루도 빠짐없이 일했습니다. 하지만 지금은 그의 그런 모습을 기억하는 가족이 없습니다. 가족들은 그레고르가 모아둔 돈을 몰래 꺼내 쓰다가 돈이 떨어지자 직업을 구해 돈을 벌기 시작합니다. 결국 유일하게 그레고르를 돌보던 누이동생마저 그를 돌보지 않기에 이릅니다. 이제 그레고르는 제대로 먹지도 못하는 신세가 되어, 지내는 곳마저 더러운 쓰레기 방으로 변하고 맙니다. 그러다가 방 밖에서 들리는 소리에 놀랍니다. 그간 방 청소를 해주던 누이동생의 목소리입니다.

　"더 이상 벌레와 같이 살 수 없어. 저 벌레를 없애버려야 해."

---

[40] 프란츠 카프카(독일어: Franz Kafka) 체코의 소설가로 예술적 감각이 시대를 앞서간 천재라는 평가를 받는 독어권의 대문호. 주요 작품으로 장편 「소송(Der Prozeß,미완작,1925)」, 「심판(미완작)」, 중편 「변신(Die Verwandlung,1915)」, 「시골의사(Ein Landarzt,1917)」 등이 있다.

실망감과 비참함에 사로잡힌 그레고르는 곧이어 밖에서 자신의 방문을 잠그는 자물쇠 소리를 듣습니다. 슬픔과 고통에 몸부림치던 그레고르는 그렇게 죽고 맙니다. 하지만 가족들은 그의 죽음을 슬퍼하지 않습니다. 그저 담담히 받아들이고 새로운 삶을 시작합니다.

받고 할까, 하고 받을까

퇴근 시간이 다가옵니다. 하던 일을 정리하고 회사 밖으로 나갈 준비를 하는데 누군가 새로운 업무를 던져주고는 이렇게 말합니다. "수당 줄 테니까 다 해놓고 가." 수당을 준다고요? 아니요. 저는 받을 겁니다. 하지만 바쁘면 안 하고 안 받을 겁니다.

급여 = 약속된 만큼 제공한 노동력에 대한 '정당한 보상.'
초과근무수당 = 시키고 주는 돈(×), 하고 받는 돈(O).

개념 정리부터 확실하게 하세요. 나와 약속되지 않은 노동을 강요하는 것은 부당한 행동입니다. 솔직히 개인 돈 주는 것도 아니잖아요. 그놈의 '권위'가 당신을 수준 낮은 인간으로 만드는 겁니다. 말장난 같지만 이 미묘한 차이는 엄청난 결과로 이어집니다. 그러니 관리자도 실무자도 모두 생각을 바꾸세요. 직장이 초과근무를 '시키고 돈을 주는 것'이라고 생각하면 내 삶의 주체는 직장이 됩니다. 이 상태로는 선택은커녕 생각조차 하지 않고 살아야 합니다. 직장이 요구하는 초과근무를 '하고 돈을 받는 것'으로 생각한다면 내 삶의 주체는 '나'로 돌아옵니다. 여기에는 직장의 초과근무를 무조건 거부하고 뛰쳐나가는 판단만 존재하는 것이 아닙니다. 여러 가지 사정을 고려해 직장이 요구하는 만큼의 추가 노동력을 제공하는 결정을 내리는 것도 포함됩니다. 아마도 대부분은 후자를 선택할 것입니다. 이것이 나의 선택인지, 직장의 강요인지는 같은 결과를 낳더라도 엄청난 차이를 보여줍니다. 인간은 '생각'을 할 수 있습니다. 스스로 포기하지 마세요. 직장의 주먹이 되지도 말고, 직장에게 일방적으로 얻어맞지도 말아야 합니다.

20대 시절 다니던 회사에서 있었던 일입니다. 저는 아무 계획도 없이 그냥 하루 쉬고 싶었습니다. 그래서 관리자를 찾아가 내일 하루 쉬겠다는 얘기를 했습니다.

"휴가? 왜?"
"그냥 하루 쉬고 싶습니다."
"안 돼."

관리자는 단칼에 거절했습니다. 그는 내가 자신에게 구구절절 사정을 늘어놓으며 고개 숙여 부탁하길 기다리고 있었던 모양입니다. 저는 더 이상 요구하지 않았습니다. 더럽고 치사해서 사정하고 싶지도 않았습니다. 몇 시간 뒤 전화가 울립니다. 관리자와 같은 사무실을 사용하는 선배였습니다. "내일 무슨 일 있어?", "아뇨. 그냥 하루 쉬고 싶어서요.", "내가 특별히 부탁해서 허락 받았으니까 빨리 와서 고맙다고 인사해." 다시 관리자를 찾아가 선배가 시킨

대로 고맙다고 인사했습니다. 그러자 자신이 특별히 허락한 것이라는 주제로 한참 동안 훈화(訓話)[41] 말씀이 이어졌습니다. 여기서 끝이 아닙니다. 다리를 놓아준 선배의 따뜻한 말 한마디가 비수로 변해 가슴에 박혔죠. "커피 한 잔 타와 봐." 다음 날 그냥 출근했습니다. 형식상 쉴 조건은 모두 만들어졌지만, 수치스러워서 도저히 쉴 수가 없었습니다. 얼마 전 찾아보니 그때 그분들 모두 퇴직하셨던데, 제게 그렇게까지 모질게 굴어서 금덩어리라도 들고 가셨나요?

가세요. 제발 좀 가세요!

최근 들어 뭔가 '변했습니다', 아니 '변하는 것 같습니다.' 자유롭게 휴가를 사용하라고 합니다. 이유도 묻지 않겠다고 합니다. 그래서 자유롭게 휴가를 사용하는 모습이 여기저기서 목격됩니다. 하지만 여전히 근간은 바뀌지 않았습니다. 실무자가 휴가를 쓰겠다는 말에 끄덕거리는 관리자는 여전히 하고 싶은 말이 많은 표정입니다. 실무자도 마찬가지입니다. 묻지도 않았는데 자기 사정을 늘어놓으며 스스로 이유를 설명하기 바쁩니다. 그렇게 하면 뭔가 두 사람 사이는 부드러워집니다. 그렇지 않고 정말 깔끔하게 통보만 하고 돌아가면, 관리자는 조용히 마일리지를 쌓아 언제든 한 방 먹일 준비를 하더군요. 지금 제가 다니는 직장은 휴가를 인트라넷을 이용해 비대면으로 신청하는 '형식'을 갖추고 있습니다. 실제

---

41 訓 가르칠 훈, 話 말씀 화 : 우리가 바르게 자라는 데 필요한 교훈이 담겨 있는 말(이라고 합니다).

로 그렇게 사용도 합니다. 좋죠? 하지만 반전이 있습니다. 신청양식에 '사유'를 적는 칸이 여전히 존재한다는 것입니다. 우리는 직장과 거리를 넓혀 나를 발견했고, '휴식'을 선물하겠다는 결정까지 했습니다. 그런데 여기서부터 막힙니다. 상대의 기술로 분류하자면 '권위'와 '주인의식'의 콤비네이션입니다. 당신이 자리를 비우면 큰일이라도 날 것 같나요? 아닙니다. 당신은 이미 세뇌당한 것입니다. 내가 없어도 직장은 절대 무너지지 않습니다. 직장은 내가 들어오기 한참 전부터 잘 돌아가고 있었고, 내가 이곳을 떠나도 계속 잘 돌아갈 것입니다. 그러니 '내가 아니면 안 된다' 같은 쓸 데 없는 생각으로 휴식을 포기하지 마세요. 직장의 목적은 개인의 자존심이나 책임감을 자극해 자리를 지키게 하려는 것뿐입니다. 잠깐 비어 있는 자리를 누군가가 메워야 하기 때문에, 그럴 일 자체를 만들지 않으려는 것일 뿐, 당신이 없으면 정말로 큰일 나서 그러는 것이 아닙니다. 그저 '가짜 어른'들이 권위를 세우기 위해 복종을 강요하는 것뿐입니다. 당신이 없어도 큰일 나지 않는 이유는 명확합니다. 오로지 당신 혼자만의 능력으로 직장이 움직이는 것이 아니기 때문이죠. 세상 혼자 다 살 것처럼 생각하지 마세요. 인간관계는 수평입니다. 이 세상은 당신만큼 잘난 인간들만 사는 곳입니다. 직장에는 당신만큼 유능한 사람들로 가득합니다. 이는 가끔 아침 9시 30분 정도에 걸려오는 전화를 받으면 알 수 있습니다.

"아침에 거래처 좀 들렀다 갈게."

사장입니다. 전날 술깨나 드신 모양인데요. 결국 직장은 사장이 자리를 비워도 굴러갑니다. 그런데 당신이 뭐가 못났다는 겁니까. 빅 브라더[42]를 사랑하시나요? 『변신』의 그레고르도, 『귀향』의 마르탱도 없으면 큰일 날 것 같았지만, 결국 아름다운(?) 결말을 맞이했죠. 하지만 적어도 두 작품은 무시무시한 현실을 차분하고 덤덤한 서술을 통해 예술로 승화시켰습니다. 하지만 당신이 직장에서 예술로 승화시킬 재료는 무엇인가요?

작품의 해석은 어디까지나 독자의 몫입니다.

— 사월이 아빠 —

---

[42] 제3장 「1984」 편을 참고해주세요.

> **부록** 내가 왕이 되는 세상
>
> # 『홍길동전』
>
> 洪吉童傳
> - 작자 미상, 창작 년도 미상
> - 한글 소설(최초 여부 논란 중), 사회비판, 유토피아 소설, 조선시대 히어로물

원본(原本)이 현재까지 발견되지 않았고, 이본(異本)만이 전해지고 있는 작품으로 이중 서울에서 간행된 경판본(京板本)과 전주에서 간행된 완판본(完板本)[43]이 대표적입니다. 이 외에도 다양한 이본이 존재하며 각 판본은 인명, 지명, 결말 등[44]에서 차이를 보입니다. 이 책에서는 완판본을 기준으로 줄거리를 소개합니다.

---

43 완판본의 '완(完)'은 'perfect'의 의미가 아닌 전라남도 전주의 지역명에서 유래했다.
44 예를 들어, 홍길동의 유년 시절 암살을 주도한 인물의 이름이 '초낭', '초란' 등으로 다르고, 홍길동이 정착한 섬의 이름도 '제도', '성도' 등으로 다른 점. 내용 면에서 후반부 요괴가 등장하는 판본이 있는가 하면 다른 존재가 등장하는 판본도 존재한다.

이 이야기는 주인공 '홍길동'의 탄생부터 죽음까지의 일대기입니다.

세종 15년, 청렴강직하고 덕망이 높은 '홍문'이라는 재상이 커다란 용이 입으로 들어오는 태몽을 꾸고 군자를 낳을 것이라며 부인에게 동침을 제안하지만 거절당합니다. 그 뒤 몸종 '춘섬'과의 사이에서 사내아이를 얻었는데, 이 아이가 바로 '홍길동'입니다. 홍길동은 어려서부터 하나를 들으면 열을 알고, 한 번 보면 모르는 것이 없는 명석한 두뇌를 자랑했습니다. 홍길동은 그렇게 비상한 재주와 큰 체격에 용감한 성격까지 갖춘 아이로 성장했습니다. 하지만 자랄수록 호부호형(呼父呼兄)[45]을 할 수 없는 자신의 정체성에 대해 혼란스러워하며 힘들어 했습니다.

홍문은 홍길동이 천한 몸에서 태어났음을 안타까워하며 용꿈을 꾸고 얻은 아이의 신통함에 관심을 기울였고, 그의 이런 모습을 본 첩 '초낭'은 홍문의 총애를 빼앗길까 두려워 홍길동을 제거할 계획을 세웁니다. 초낭은 홍길동의 처소에 자객을 보내지만, 그 자객은 홍길동의 손에 목숨을 잃고 맙니다. 이 사건 이후 홍길동은 아버지를 찾아가 집을 떠나겠다는 하직 인사를 올립니다. 그러자 홍문은 떠나는 홍길동에게 호부호형을 허락합니다. 홍길동은 어머니 춘섬에게도 하직 인사를 올리고 방랑길에 오릅니다. 도적 무리

---

45 아버지를 아버지라 부르고 형을 형이라 부른다는 의미로, 조선시대 신분제도에 따라 '서자'인 '홍길동'에겐 '호부호형(呼父呼兄)'이 허락되지 않았다.

에 합류한 홍길동은 수천 명의 수도승이 있는 사찰[46]의 곡식과 재물을 빼앗는 지휘력을 보여주어 그들의 우두머리가 됩니다. 홍길동은 '앞으로는 백성의 재물은 건드리지 않고, 백성들에게서 착취한 재물[47]을 빼앗아 불쌍한 백성을 구제할 것'이라며 자신이 이끄는 무리의 이름을 '활빈당'으로 정합니다. 활빈당은 팔도를 휘저으며 양반들이 백성들에게 부정하게 착취한 재물을 빼앗기 시작합니다.

얼마 후 활빈당에게 재물을 빼앗긴 이들의 목소리가 임금의 귀에 들어가자 홍길동을 체포하라는 명령이 떨어집니다. 하지만 홍길동은 임금이 보는 앞에서 비상한 재주를 선보여 오히려 '병조판서'에 오릅니다. 홍길동은 결국 임금에게 벼 삼천 석을 얻어 삼천 명의 도적들을 데리고 나라를 떠나 '제도'라는 섬에 정착해 도적들에게 '농업에 힘쓰며 무예를 연마하라'는 지시를 내립니다. 이후 강력한 군사력을 갖춘 홍길동은 위기에 처한 여인을 구출해 아내로 맞이하고 근처에 있는 나라인 '율도국'을 정벌한 뒤 스스로 왕위에 오릅니다. 홍길동은 '출신이 천한 인간도 왕이 될 수 있다'라는 '평등의식'을 기본으로 율도국을 통치하다가 선도를 닦아 백일승천(白日昇天)[48]합니다.

---

46 작품에서는 경상남도 합천 해인사를 지칭하고 있으나, 현존하는 사찰과 혼란이 생기지 않도록 이 책에서는 '사찰'로만 표기했다.
47 부패한 승려들이 부정하게 축적한 재산을 의미한다.
48 도를 극진히 닦아 육신을 가진 채 신선이 되어 대낮에 하늘로 올라가는 일.

혁명적 유토피아 소설

『홍길동전』은 홍길동이라는 영웅의 출세기뿐만 아니라, 산적해 있던 조선(朝鮮)의 제반 문제를 폭넓게 다루고 있습니다. 즉 당시 백성들의 어려운 삶을 대변하고 있는 작품입니다. 조선은 1388년 당시 고려의 무신이었던 '이성계(李成桂)'가 실권을 장악한 뒤 1392년 새 왕조를 개국하면서 시작된 나라입니다. 이후 500여 년간 지속되다가 1897년 26대 왕 고종의 대한제국 선포로 막을 내렸습니다. 나라 안팎으로 혼란스러웠던 '고려'를 무너뜨리고 새롭게 건국한 조선의 야심찬 포부는 『태조실록』에도 잘 나와 있습니다. 정치, 경제, 사회를 두루 변화시키려는 다양한 정책을 펼쳤다는 내용과 국왕의 즉위를 알리는 교서의 내용에 '호포 감면'이나 '충신·효자'에 대한 포상 등 17가지의 민생 관련 정책이 포함되었다는 것은 조선 개국 당시의 목표와 포부를 짐작케 합니다.

하지만 현실은 이상과 달랐습니다. 여전히 수많은 백성들이 배고픔과 질병에 시달려야 했고, 강압 정치와 폭력, 권세가들의 수탈도 계속됐습니다. 관료들은 변함없이 뇌물을 거둬들였고, 이로 인해 줄어든 세금은 국가 재정을 악화시켰습니다. 재정이 궁핍해진 국가는 관료들의 녹봉을 삭감했고, 관료들은 다시 뇌물을 걷는 악순환이 이어지면서 백성들은 새로운 왕조의 포부를 체감하기 어려웠습니다. 거기에 경직된 신분 제도로 인한 한계가 더해지며 백성들은 희망 없는 삶을 살아야만 했죠.『홍길동전』은 이런 부패한 사회와 불합리한 신분 제도에 대한 날카로운 풍자를 담은 작품입니다. 주인공 홍길동은 조선 사회 전반에 산적한 문제들을 백성의 입장에서 비판하고 이를 극복하기 위해 노력하는 인물로 고통받는 피지배 계층이 없는 국가를 지향하고 있습니다. 그가 세운 활빈당이라는 이름에서도 백성의 편에 서서 삶을 꾸려 나가겠다는 의지를 엿볼 수 있습니다.

높으신 분께 드리는 편지

직장에서의 불합리와 부조리, 불평등을 견뎌내기 힘들어 스스로 글러브를 벗고 개업하시는 분들께 제가 맘먹고 몇 말씀 올리겠습니다. 그리고 이 말씀은 직장의 이른바 '높은 분들'과 승진해서 신분 상승하신 분들께서 주목해서 들어주시면 좋겠습니다. 강도는 '매운 맛'으로 진행합니다.

당신은 직장을 벗어나 스스로 '왕'이 되었습니다. 이제부터 당신은 홍길동이 되어야 합니다. 갑작스런 신분 상승으로 스스로가 홍길동이기를 거부하면, 올챙이 적 생각 못하는 개구리가 되는 겁니다. 그러면 제가 돌을 던질 겁니다.

지금 가장 확실한 것은 포지션이 바뀌었다는 것입니다. 우리가 함께 직장과 승부를 겨루며 관찰하고 깨달은 모든 것을 거꾸로 적용해야만 합니다. 홍길동은 무능한 조정과 부정부패로 가득한 사회를 통쾌하게 혼내주고 새로운 나라를 만들어 적어도 그 나라 안에서는 악이 뿌리내리지 못하도록 했습니다. 당신은 이미 직장에 대해 많은 것을 경험했으니 이제부터는 홍길동처럼 행동해야만 합니다. 그런 당신에게는 분명 수많은 유혹이 있을 것입니다. 하지만 이미 스스로의 변화가 얼마나 중요한지, 그리고 인간이 얼마나 위대한지를 깨달았기 때문에 함부로 행동한다면 홍길동에게 호되게 당할 수 있다는 것도 알고 있을 것입니다. 딱 다섯 가지만 이야기할 테니 잊지 말고 기억하세요.

1. 타인의 변화를 선도하세요

당신의 나라에는 머지않아 속임수, 소문, 권위, 정치, 명분, 주인의식이 날뛰기 시작할 것입니다. 절대 이것이 당신에게서 출발해서는 안 됩니다. 그래야만 왕이라는 자리에서 모든 것을 해결할 수 있습니다. 당신은 그저 아직 깨닫지 못한 인간들에게 진실이 무엇이고, 옳은 것이 무엇인지 직접 실천하면서 보여주면 됩니다. 그러면 인간들은 스스로 당신의 '권위'를 인정할 것입니다.

2. 업무를 가장 잘 아는 상태에서 지시하세요

자칫 동료들이 '이상'을 늘어놓더라도, 구체적으로 설명할 수 있는 '수준 높은 리더'가 되어야 합니다. 반대로 당신의 이상을 늘어놓고 '현실'로 만들어내라는 말 같지도 않은 소리는 하지 마세요. 동료들에게 구체적으로 설명하라는 말은 하면 안 됩니다. 업무에 대해 모르는 왕은 왕이 아닙니다. 본인도 모르는 것을 남에게 내놓으라고 하는 건 도둑입니다. 동료들에게 덮어씌우려는 주인의식을 진정 누가 가져야 하는 것인지 깊이 고민하세요. 누구나 아는 당연한 얘기를 들이밀며 스스로 만든 권위만 내세우지 말고 '구체적으로 지시'하는, 모든 것을 아는 왕이 되어야 합니다. 함부로 행동하면 홍길동이 가만있지 않을 겁니다.

3. 지시하기 전에 '나도 할 수 있는 일인가'를 고민하세요

그저 '이랬으면 좋겠다'고 생각하고 막연하게 일을 던져놓고는 '널 믿는다', '능력이 출중하니 답을 낼 수 있을 것이다.' 이렇게 지시하면 안 됩니다. 우수한 능력을 가진 동료에게 일을 던져서 그가 답을 찾았다고 해도, 당신에게는 주지 않을 것입니다. 그것이 곧 당신의 약점이기 때문입니다. 권위에 미친 인간에게도 지식을 나눠줄 성자가 어딘가에는 존재할 것입니다. 하지만 그따위로 행동하는 당신은 성자를 만날 가능성도 자격도 없습니다.

4. 돈으로 장난치지 마세요

당신이 지급하는 돈은 상대방이 당신에게 제공한 노동에 대한 '정당한 보상'일 뿐입니다. 그렇기에 그 돈은 당신 것이 아닙니다. 하물며 사장도 아닌 주제에 부서장, 상급자라는 타이틀을 달았다는 이유로 돈으로 장난치는 인간들도 많습니다. 주제 파악부터 하세요. 본인도 남의 돈 받아가는 입장인데 행동 조심하셔야죠. 개인의 주머니에서 돈 꺼내서 줄 능력도 없으면서 노동을 강요하는 건 누워서 침 뱉는 겁니다. 보상할 능력이 안 되면 당신은 일을 시킬 자격이 없습니다. 일을 더 시켰으면 그만큼 보상하세요. 직접 보상을 지급하는 위치가 아니라면, 나눠줄 보상을 확보하기 위해 노력한 뒤에 확보한 만큼만 일을 시키세요. 같은 값에 일만 더 시키려 들면 곧 홍길동이 찾아갈 겁니다.

5. 인간관계는 수평입니다

'선배, 후배, 부하?' 좋습니다. 딱 '업무'에만 한정하세요. 절대로 인간에게는 적용하지 마세요. 그럼에도 호칭이 필요하다면 '동료'라고 부르세요. 인간은 각자의 목적을 가지고 직장에 소속되어 서로 협력하고 있을 뿐입니다. 누군가의 부하가 되려는 목적을 가진 인간은 단 한 명도 없습니다. 인간은 직장 문을 나서면 모두 누군가의 아버지이고 아들이고, 어머니이고 딸입니다. 주제넘게 인간 위에 군림하려 들지 마세요.

진실은 늘 당신을 지켜보고 있습니다. 현명한 인간이 되어 그 진실이 되세요. 남을 가르치려 들지 말고, 나누어 줄 지식을 쌓다가 언제든 인간이 다가오면 따듯하게 맞아주는 겁니다. 누구에게나 당신이 준비된 파트너라는 인식이 생기도록 자신을 바라보고, 자신을 아끼고, 자신을 사랑하세요. 개인의 변화는 사회를 변화시킵니다. 초라한 시작이라도 찬란한 결말에 도달할 수 있습니다. 자신을 믿으세요. 모든 인간은 위대한 존재입니다.

지옥에서 배운 것이 고작 지옥 만들기라면,
그냥 지옥의 개로 사세요.

제4장

Round 3. 사이드 스텝
조심스런 공격

정말 신나게 뛰어다녔습니다. 어떠셨나요? '아웃복싱' 쓸 만하죠? 우리는 이제 '추억'이라는 엄청난 기술을 습득했습니다. 추억은 당신이 죽어서도 유지될 만큼 강력한 동력을 제공하는 영원히 고갈되지 않을 무한의 에너지입니다. 덕분에 우리는 3라운드에도 지치지 않고 계속 뛰어다닐 수 있게 되었습니다. 지금껏 우리는 오로지 상대만 바라보고 있었습니다. 무턱대고 '인파이팅'으로 승부하겠다고 파고들다가 큰 위기를 맞기까지 했죠. 하지만 거리를 두고 나를 발견하는 '아웃복싱'이 나를 깨닫게 했습니다. 이제 남은 라운드는 스스로의 변화에 집중합니다. **'내가 강해지는 것'**이 승리로 이어지는 가장 빠른 길이니까요.

복싱은 나로 상대를 타격하는 스포츠입니다. 상대를 공격할 때 단단한 것으로 때리는 것과 물렁한 것으로 때리는 것 중 어떤 것이 더 강한지는 고민할 필요도 없는 문제입니다. 그래서 내가 단단해져야 하는 것입니다. '단단한 나'는 최고의 공격인 동시에 최고의 방어가 됩니다. 이제 힘을 모으겠습니다. 우리에게 필요한 것은 이미 우리 안에 있습니다. '발견하는 것'과 '찾는 것'의 차이를 생각하면서 마지막 라운드를 시작합니다.

※ 지금 필요한 복싱 용어

- 사이드스텝(Side step) : 상대의 공격을 빗나가게 하기 위하여 위치를 바꾸는 것
- 이펙티브 블로(Effect blow) : 효과적인 타격
- 타이브레이커(tiebreaker) : 판정상 동률일 때 승자를 가리기 위해 라운드를 추가하는 것

이펙티브 블로
효과적인 타격

    이번 승부의 목적은 우리가 직장에서 '더 나은 삶을 살 수 있는 방법', '더 행복을 느낄 수 있는 방법'을 찾는 것입니다. 그래서 우리는 '즐겁게 + 일'을 하는 것을 발견했습니다. 덕분에 직장이 나를 함부로 대하지 않게 되었죠. 하지만 아직 부족합니다. 내가 아무리 펄펄 뛰면서 즐겁게 일을 한다고 해도 직장은 결국 우리를 때릴 것입니다. 아직은 만만하거든요. 이 상황에서 가장 효과적인 타격 방법은 직장이 나를 때리지 못하게 만들거나, 내가 맞아도 아픔을 느끼지 않게 하는 것입니다. 방법은 간단합니다. '일을 잘하는 인간은 일을 즐기는 인간을 이길 수 없다'라는 말을 살짝 바꿔 놓는 겁니다.

'일을 즐기는 사람이 일을 잘하기까지 하는 것.'

이것이 가능하다면 당신은 세계 챔피언입니다. 우리는 일과 휴식의 적절한 밸런스를 유지하며 즐겁게 일하는 방법을 터득했습니다. 이제 일을 잘하는 방법을 터득하기만 하면 됩니다. 그러면 아무도 못 건드립니다. 나를 때리는 상대방의 얼굴이 진지함으로 가득한 것은 당연하게 받아들일 수 있지만, 상대가 나를 웃으면서 때린다면? 진정한 공포를 경험하게 될 겁니다. 우리는 웃으면서 주먹을 날려 직장에게 진정한 공포를 선사할 겁니다. 그러기 위해 이제부터 '배움'을 시작합니다.

"그런데 뭘 배우죠?"

답은 이미 당신이 알고 있습니다. 수많은 인간이 모두 같은 것을 배워야 하는 것은 아니니까요. 그럼 거꾸로 묻겠습니다. "당신을 '전문가'로 만들기 위해 필요한 것은 무엇인가요?" 그동안 시작하지 못했고 시작했더라도 주저앉았던 것들, 몰라서 안 하는 것이 아닙니다. 알지만 못했던 것이죠. 남아 있는 3라운드는 '나의 전문성 만들기'에 집중하겠습니다. 그것은 바로 '자기계발'입니다. 지금껏 너무나 흔하게 들어온 단어, 자기계발. 하지만 우리는 아직 자기계발이라는 단어를 우습게 볼 자격을 갖추지 못했습니다. 그저 이름만 들어봤을 뿐 내가 가진 것은 아니었기 때문입니다. 가벼움과 무거움[1]을 동시에 지닌 자기계발을 얻는 방법은 '성실함'입니다. 이제부터 성실함이 무엇을 뜻하는지, 어떻게 붙들어야 자기계발을 밟고 올라 높은 수준에 도달할 수 있는지를 알아보겠습니다.

호랑이 없는 굴에서 왕 노릇하는 토끼로 살아보는 건 어떨까요?

---

[1] 제3장 「참을 수 없는 존재의 가벼움」 편을 참고해주세요.

우선 지식부터 쌓으세요
『프랑켄슈타인』

Frankenstein: Or the Modern Prometheus
● 영국 작가 '메리 셸리(Mary Wollstonecraft Shelly)'의 1818년 작품
● 최초의 SF소설, 호러 소설, 비극, 과학과 윤리의 대립, 원조 '매드 사이언티스트'

이야기는 '로버트 월튼'이 자신의 누이에게 보내는 편지로 시작합니다. 그는 지식을 얻고 능력과 사고의 범위를 확장시켜 성공의 발판을 마련할 생각으로 '북극'을 탐험 중입니다. 그는 지금 '북극점'에 도달하겠다는 목표를 이루기 위해 애쓰고 있습니다. 그러던 중 우연히 쓰러져 있는 '빅터 프랑켄슈타인[2]'을 구조합니다. 죽기 직전의 상태로 발견된 프랑켄슈타인은 월튼이 '북극점 도달'을 목표로 하고 있고, 목표 달성을 위해 탐험대원들의 죽음도 불사한다

---

2 보통 '프랑켄슈타인'을 떠올릴 때 꿰맨 자국 가득한 얼굴, 관자놀이에 볼트가 박힌 이미지를 떠올리는 경우가 많다. 하지만 그 존재의 이름은 '괴물'이고, '괴물'을 '만든 사람'이 '프랑켄슈타인'이다.

는 이야기를 듣고는 월튼이 자신처럼 '광기를 가진 사람'이라고 생각해 자신의 이야기를 들려주기 시작합니다.

빅터 프랑켄슈타인은 스위스 제네바의 부유한 가정에서 태어났습니다. 그가 다섯 살이 되었을 때 아버지는 '엘리자베스'라는 여자아이를 입양했고, 훗날 그의 상대로 정해주었습니다. 과학적 호기심과 탐구심이 가득했던 그는 독일의 대학에 입학해 과학 전반을 두루 섭렵했고, '자연철학', 즉 '죽음의 통제', '생명의 창조', '영생' 등의 탐구에 매진한 끝에 영안실과 묘지, 도살장 등에서 뼈와 살을 수집해 한 조각 한 조각 조립해 몸통을 만들어 강한 전기 자극을 주는 방법으로 생명을 창조하는 데 성공합니다. 하지만 프랑켄슈타인은 그가 만든 존재를 내버려두고 도망을 칩니다. 원래 계획은 가장 아름다운 외모의 특징들을 골라 조립하는 것이었지만 막상 조립해놓고 보니 구역질 날 만큼 추악한 모습이 만들어졌던 것입니다. 결국 그 존재가 움직이기 시작하자 겁을 먹고 도망쳐버린 것입니다. (작품에서는 이 생명체의 이름을 알려주지 않습니다. 그저 '괴물' 또는 '피조물'이라는 의미의 '크리처' 등으로 부르고, 나중에는 '악마'라고까지 부릅니다. 이 책에서는 '괴물'로 부르겠습니다.)

실험실에서 프랑켄슈타인이 도망치자 괴물은 아무것도 모르고 밖으로 나와 돌아다니기 시작합니다. 괴물의 외모는 인간이 본능적으로 거부감을 느낄 만큼 괴이합니다. 양쪽 눈동자는 검정, 노랑으로 서로 다르고, 피부는 시체처럼 혈관이 그대로 드러나 있으며, 몸통에 달라붙은 팔과 다리의 길이마저 제 각각입니다. 이 모습을 본 인간들은 노골적으로 거부감을 드러내며 괴물을 공격합니다. 결국 괴물은 이리저리 치인 끝에 숲속에 있는 어느 집 창고로 숨어들게 됩니다. 그 집에는 앞을 못 보는 노인과 그의 자식들이 살고 있었고, 괴물은 이곳에서 그들의 삶을 훔쳐보고 때로는 우렁각시 노릇[3]도 하면서 시간을 보냅니다. 그 과정에서 괴물은 인간의 언어를 깨우치고, 책까지 훔쳐 읽으면서 예술, 철학까지[4] 섭렵합니다. 마침내 괴물은 오두막에 사는 가족의 일원이 되고 싶어졌습니다. 결국 괴물은 용기를 내서 노인 앞에 모습을 드러내 그간의 일들을 털어놓습니다. 그러자 노인이 말합니다.

"눈이 안 보여서 얼굴을 볼 수는 없지만, 사람들이 생각하는 것보다는 좋은 분 같소."

괴물은 노인의 말에 큰 감동을 받습니다. 하지만 그때 집에 돌아온 노인의 자식들이 괴물이 노인을 위협한다고 생각해 다짜고짜 집에서 쫓아버립니다. 괴물은 생전 처음 느껴본 따듯함과 동시에 찾아온 실망감으로 슬픔에 빠집니다. 분노한 괴물은 노인의 집을 불태우고 다시 방황하게 됩니다. 괴물은 길을 가다가 물에 빠진 소녀를 구해주기도 하지만 소녀의 아버지가 쏜 총에 맞아 부상을 입고 도망쳐야 했습니다. 괴물은 결국 '인간에 대한 증오'와 '자신

---

3 노인의 아들이 사랑하는 여성이 등장하고, 외국인인 그녀에게 말을 가르치는 것을 훔쳐보며 언어를 익혔고, 두 사람의 사랑을 가엽게 생각한 '괴물'이 몰래 짐승을 잡아다 주거나 집안의 힘든 일을 도우며 지냈다.
4 존 밀턴의 『실낙원(1667)』, 괴테의 『젊은 베르테르의 슬픔(1774)』 등이 등장한다.

에 대한 혐오'만 남은 존재가 됩니다. 이제 괴물은 자신을 만든 사람을 찾아 나서기로 합니다.

한편 괴물을 실험실에 내버려두고 도망친 프랑켄슈타인은 고향에 돌아와 한동안 괴물이 자신을 찾아올지도 모른다는 공포에 휩싸여 지내지만 차츰 안정을 찾아가는 중입니다. 그러던 어느 날 괴물이 그를 찾아오고 맙니다. 집 근처에서 프랑켄슈타인의 어린 남동생을 만난 괴물은 귀엽고 맑은 모습의 아이와 '친구'가 될 수 있을지도 모른다는 기대감을 갖지만, 아이는 괴물의 끔찍한 외모를 혐오스러워 하며 친구가 되길 거부합니다. 결국 괴물은 프랑켄슈타인의 동생을 살해한 뒤[5] 곧이어 프랑켄슈타인과 대면합니다. 괴물은 처음 버림받을 당시의 살덩어리 수준을 뛰어넘은 상태였습니다. 논리정연한 그의 말들은 창조에 관한 논쟁이 가능할 정도로 높은 지적 수준에 도달해 있었죠. 그간의 이야기를 털어놓은 괴물은 프랑켄슈타인에게 "더 이상 인간과 어울릴 수 없다. 앞으로 숨어서 살 테니 함께 지낼 배우자를 만들어내라"는 요구를 합니다. 프랑켄슈타인은 외딴 곳에서 '여자 괴물' 만들기에 착수합니다. 여자 괴물의 완성을 앞둔 그는 깊은 고민에 빠집니다. '괴물이 또 한 명 태어나는 것은 인간에게 재앙이 될 거야.' 결국 그는 괴물과의 약속을 어기고, 거의 다 만들어진 여자 괴물의 육체를 파괴해버립니다.

---

[5] 처음 실험실에서 밖으로 나올 때 입고 나온 코트에 남동생 살해 후 증거를 조작해 집안 하녀에게 혐의를 뒤집어 씌웠고, 누명을 쓴 하녀는 사형된다.

얼마 후 프랑켄슈타인은 '엘리자베스'와 결혼을 합니다. 그는 괴물이 나타나 결혼 생활을 망칠 것이라 생각하고 자신이 먼저 괴물을 잡겠다며 주변을 뒤지기 시작합니다. 하지만 괴물은 그 틈을 이용해 그의 아내를 살해하고, 프랑켄슈타인의 가족과 가까운 친구마저 살해하고 도망칩니다. 분노와 복수심에 찬 프랑켄슈타인은 괴물을 추격합니다. 한편 괴물은 프랑켄슈타인에게 일부러 자신의 흔적을 남기며 추격이 계속 이어지도록 유인합니다. (괴물의 이런 행동에는 프랑켄슈타인이 좌절감에 자살하지 않도록 하려는 의도도 포함되어 있었습니다.) 결국 괴물을 찾아 북극까지 오게 된 프랑켄슈타인은 몸도 마음도 쇠약해져 정신을 잃고 쓰러집니다. 그때 월튼 일행이 그를 발견한 것입니다.

프랑켄슈타인의 이야기를 모두 들은 월튼은 함께한 탐험대원들의 목숨이 중요하다는 생각에 북극점 도달 계획을 접고 떠나기로 합니다. 돌아가는 길에 프랑켄슈타인도 데리고 가려 했지만, 그는 괴물을 찾기 위해 이곳에 남겠다며 만신창이가 된 몸을 일으킵니다. 그러나 프랑켄슈타인은 곧 정신을 잃고 쓰러져 그대로 죽음을 맞이합니다. 그가 죽자 괴물이 배를 부수고 들어와 그의 시체를 안고 절규하기 시작합니다. 놀란 선원들이 괴물을 공격하려 하자, 월튼은 프랑켄슈타인이 말한 괴물이라는 것을 알고 이렇게 묻습니다. "당신이 죽게 만들어 놓고 왜 슬퍼합니까?" 괴물이 대답합니다. "난 그를 미워하지 않았다. 그는 나를 만들었고, 나를 알아준 유일한 사람이었다. 이제 나를 알아줄 사람은 아무도 없다." 괴물은 자신의 존재를 스스로 없애겠다며 어디론가 사라집니다.

작가 '메리 울스턴크래프트 고드윈'은 1797년 영국에서 태어났습니다. 그녀의 아버지는 아나키즘[6]의 효시라고 할 수 있는 '윌리엄 고드윈'이고, 그녀의 어머니는 현대 최초의 페미니스트 중 한 명인 '메리 울스턴크래프트'입니다. 그녀의 어머니가 출산 과정에서 세상을 떠나자 4년 후 아버지가 재혼하면서 그녀는 새어머니의 손에 자랐습니다. 그녀는 철학자인 아버지의 영향으로 어려서부터 많은 문인과 교류하며 문학에 관심을 가졌습니다. 15세에 5살 연상의 '퍼시비시 셸리(Percy Bysshe Shelley)[7]'를 만나 교제를 시작한 그녀는 4년 뒤 결혼해 '메리 셸리'가 됩니다. 그녀의 결혼에는 남다른 면이 있습니다. 그녀가 퍼시비시와 교재를 시작할 당시 그는 이미 유부남이었기 때문입니다. 물론 현재도 미혼 여성과 유부남이 교제하는 것을 옳지 못한 일로 받아들이고 있지만, 당시 영국 사회는 특히 여성에게 엄격한 보수적인 분위기[8]였기 때문에 비난의 강도는 더욱 높았습니다. 결국 두 사람은 비난을 피해 유럽 여행길에 올랐고, 1816년 퍼시비시 셸리의 아내가 사망하자 귀국해 정식으로 결혼했습니다. 그녀는 유럽 여행 중이던 1816년, 지인[9]들과 모

---

6 아나키즘(Anarchism)은 자신이 인정하지 않는 모든 권력을 부정하는 상태를 말한다. 이는 '무정부 상태'를 뜻하는 아나키(Anarchy)와 구분되는 개념으로 정부의 권력뿐만 아니라 종교, 사회, 문화 등 개인의 자유를 힘으로 침해하는 모든 권력에 대한 부정을 의미한다.
7 영국을 대표하는 낭만주의 시인 중 한 명.
8 비슷한 시기 영국 사회를 다룬 '토마스 하디'의 『테스(1891)』편에 보충 설명이 담겨 있다.
9 메리 셸리 부부와 영국의 낭만주의 시인 '조지 고든 바이런', 낭만주의 시대 최초의 흡혈귀 문학 『뱀파이어(1819)』의 작가 '존 윌리엄 폴리도리' 이렇게 총 4명이 모였다.

여 괴담을 주고받는 시간을 가졌었는데, 이때 시체를 전기충격으로 살려낸 과학자의 이야기를 꺼내 『프랑켄슈타인』의 기본 골격을 만들었습니다. 이후 남편의 작품 활동을 도우며 1818년 『프랑켄슈타인』의 초판을 '익명'으로 발표했습니다.[10] 그녀의 결혼 생활은 순탄치 않았습니다. 4명의 자녀 중 3명이 먼저 세상을 떠났고, 남편마저 결혼 7년 만에 사고로 세상을 떠나는 바람에 혼자서 자녀를 양육하며 생계를 꾸려야 했죠. 그녀는 남편의 유고 시집을 발표하는 동시에 자신의 이름으로 된 『프랑켄슈타인』의 개정판(1831)을 발표해 본격적인 작가의 삶을 시작했습니다. 하지만 『프랑켄슈타인』에 대한 평가는 긍정적이지 않았고, 이후 발표한 작품들도 딱히 주목을 받지 못했습니다. 그녀는 말년에 10년간의 긴 투병 생활을 하다가 1851년, 53세의 나이로 세상을 떠났습니다.

프로메테우스 평행이론

이 작품의 원제는 『프랑켄슈타인 - 현대의 프로메테우스(Frankenstein: Or the Modern Prometheus)』입니다. '프로메테우스'라는 단어가 제목에 사용된 것은 분명 중요한 의미를 지니고 있기 때문이겠죠?
프로메테우스(Prometheus)는 그리스 로마 신화에 등장하는 '티탄 신족'으로 '예지 능력'을 가진 신입니다. 그는 신족임에도 전적으로 '인간'을 비호했습니다. '제우스'에게 바치는 제물을 선택하는 과정에서 인간의 편을 들었고, 이로 인해 분노한 제우스가 인간에게서 '불'을 빼앗아 버리자 '신의 불'을 훔쳐다 인간에게 돌려주었죠. 이로 인해 코카서스의 바위산에 쇠사슬로 묶인 상태로 매일 독수리에게 간을 쪼이는 벌을 받게 되었고, 이 벌은 30,000년간 계속되었습니다.

---

10 당시 사회적 분위기는 제3장 『테스』 편을 참고해주세요.

신의 불을 훔쳐다 준 것은 인간에게 '빛'을 전한 것으로 볼 수 있고, 이는 인간이 '신의 지식'을 얻어 문화를 이룩했다는 해석이 가능합니다. 그렇다면 프로메테우스가 이 작품의 제목에 등장한 이유는 무엇일까요?

'지식'에 비중을 두고 생각해보겠습니다. 프랑켄슈타인이 생명을 창조해낼 수 있었던 것은 기존에 없던 '새로운 지식'이 있었기 때문입니다. 하지만 그는 지식 이후로 창조자로서의 책임을 지지는 못했죠. 프로메테우스가 인간에게 불을 전한 것을 새로운 지식을 전한 것으로 볼 수 있습니다. 하지만 지식을 전달한 후에 '판도라'에 의해 인간이 온갖 고통에 처하게 되었음에도 자신은 벌을 받느라 아무것도 하지 못했습니다. 결국 책임이 따르지 않는 무분별한 과학기술의 발전은 무의미하다는 해석에 도달합니다. 책임지지 못할 지식을 사용한 프랑켄슈타인과 프로메테우스의 결말은 모두 불행했으니까요.

무한의 존재 '괴물'이 되세요

아무것도 없이 태어난 괴물은 벌거벗은 육체에 프랑켄슈타인이 두고 간 옷을 걸치고 처음으로 세상과 마주했습니다. 괴물은 고작 1년 남짓한 기간 안에 엄청난 '지적 성장'을 이루고는 다시 프랑켄슈타인과 마주했습니다. 언어를 익히고, 독서를 하며 쌓은 괴물의 지적 수준은 천재성으로 무장한 '창조주'와 논쟁이 가능한 수준에 도달해 있었습니다. 이것이 지식입니다. 지적 수준이 바닥이었던 최초의 괴물은 창조주로부터 버림을 받았지만 지적 성장을 이룬 괴물을 만난 창조주는 곧 괴물을 따라다녀야 하는 상황이 되고 맙니다.

우리는 '나'를 '사랑'합니다. 우리는 나와 사랑하고 싶고, 진정한 나를 만나 사랑을 전하고 싶습니다. 게다가 우리는 이미 무엇이든 할 수 있는 조건을 갖추고 있습니다. 그것은 바로 우리가 인간이기 때문입니다. 인간은 위대한 존재입니다. 그중 '실천하는 인간'은 더욱 위대한 존재입니다. 인간에게는 한계가 없습니다. 스스로 설정한 한계가 있을 뿐, 원래부터 인간은 '한계가 없는 존재'입니다. 세상의 모든 것은 우리에게 스스로의 한계를 설정하라고 강요합니다. 그중 가장 무서운 것이 '현실'입니다. 우리가 처해 있는 모든 현실은 우리에게 '명분'이 아닌 '핑계'를 대도록 강요하고, 나를 아끼고 사랑하는 것이 옳지 않은 것이라며 발전을 가로막습니다.

그런데 자세히 들여다보면 그 현실이 바로 '나'입니다. 이렇게 우리는 앞도 뒤도 없는 뫼비우스의 띠[11]에 갇혀 오로지 '시간'에 지배당한 채 명분을 위한 명분을 만들고 '핑계'를 위한 핑계를 만들며 죽어가고 있습니다. '시간'의 흐름은 인간의 '육체'를 죽입니다. 하지만 인간의 지식은 육체가 사라져도 영원히 남습니다. 새로운 발견, 창조, 창의, 이런 것들의 시작은 모두 개인의 발전에서 출발한 것들임을 잊지 마세요. 우리는 이제부터 괴물이 될 겁니다. 스스로에게 채찍을 들고, 지금껏 타인에게 내세우던 높은 도덕적 잣대를 들이밀어 지적 수준을 높이세요. 당신이 완전한 괴물이 된다면 '전무후무한 학문적 성과'를 이룩한 인간이 되어 있을지도 모릅니다. 다들 그렇게 이룬 것이니까요.

---

[11] 뫼비우스의 띠는 수학의 기하학과 물리학의 역학이 관련된 곡면으로, 경계가 하나밖에 없는 2차원 도형이다. 즉, 안과 밖의 구별이 없다.

지식 쌓기 총론[12]

직장에는 이미 괴물로 변한 인간들이 있습니다. 직장은 이들을 건드리지 않습니다.

언젠가 높은 지적 수준을 가진 괴물의 도움이 필요하다는 것을 잘 알고 있기 때문입니다. 이쯤 되면 직장이 내세울 수 있는 것은 없습니다. 괴물에게 슬쩍 '권위'를 내밀어보긴 하지만 결국 비굴하게도 방긋방긋 미소 지으며 다가가 도움을 청하게 되죠. 괴물은 그럴 때마다 직장에게 친절하게 자신의 지식을 나눠줍니다. 그 전에 자신에게 어떻게 대했는지 따지고 들지도 않습니다. 이미 깨달은 존재가 된 괴물에게는 아쉬울 것이 없으니까요. '직장이 찾아다니게 될 괴물', 이것이 곧 당신의 모습입니다. 이제 우리가 내뱉는 '말'한마디는 우리 스스로가 지적인 인간임을 증명할 것이고, 상대를 우습게 보지 않게 할 것이며, 나에게 함부로 대하는 인간을 논리 정연한 '말'로 제압하게 만들 것입니다. 우리에게 권위나 계급 따위는 하찮은 것에 불과합니다. '지식'으로 얻은 영감은 미소를 만들 것이고, 그 미소를 머금은 얼굴로 잔인한 주먹을 뻗고 있는 자신을 발견하게 될 것입니다. 그러고는 아쉬울 때 찾아와 지식을 구걸하는 직장에게 진정한 자비를 베풀게 되겠죠. 하지만 직장은 나누어준 지식을 받아가 놓고는 필요에 따라 적절히 우리를 이용했다며 스스로를 합리화할 것입니다. 그래도 아무렇지 않습니다. 불쌍한 직장을 위해 눈물을 흘리는 수준에 도달하세요. 높은

---

12 '각론'은 이어지는 에피소드 『데미안』 편을 참고하세요.

지적 수준에 도달하면 인간관계를 수평으로 유지하는 데 매우 효과적인 스킬을 깨닫게 될 것입니다. 지금껏 배운 지식이 전부라는 생각으로 계속 소비만 하지 말고 내 안에 있는 천재성을 꺼내 보세요. 무한한 지식에 몸을 던지는 겁니다.

고수는 고수를 알아봅니다.

깨닫는 순간 나를 만난다
『데미안』

Demian: Die Geschichte von Emil Sinclairs Jugend
- 독일계 스위스 작가 '헤르만 헤세(Hermann Karl Hesse)'의 1919년 작품
- 성장소설, 두 개의 세계, 카인과 아벨, 아브락사스, 야곱과 천사의 싸움, 멘토

주인공 '에밀 싱클레어'는 중산층 가정에서 태어나 딱히 부족함을 느끼지 못하며 자라고 있는 학생입니다. 부모님은 그를 올바른 길로 인도하기 위해 청결하고 온화하고 질서 있는 삶을 사는 사람이 되라고 주문합니다. 그렇지만 그런 말들은 싱클레어에게 답답하게 들릴 뿐입니다. 싱클레어는 불량 학생 '프란츠 크로머'와 만나 또 다른 세상에 발을 들입니다. 크로머는 제멋대로인 성격에 거칠고 예의도 없는 아이입니다. 온실 속의 화초처럼 자란 싱클레어와는 정반대 성격입니다. 싱클레어는 크로머를 통해 온실 밖의 시끄럽고, 음산하고, 폭력적인 세상을 경험하고 싶습니다. 하지만 실제 경험해본 온실 밖 세상은 상상 이상이었습니다. 강해 보이고 싶

었던 싱클레어는 도둑질을 했다는 거짓말까지 합니다. 하지만 크로머는 그런 싱클레어의 약점을 잡아 돈을 가져오라고 협박합니다. 결국 싱클레어는 아버지의 돈을 훔치는 진짜 도둑질을 하게 됩니다. 싱클레어는 온실 밖 세상에 대한 불안과 공포에 휩싸이지만 크로머는 또 다른 요구를 하며 싱클레어를 계속 협박합니다.

그때 싱클레어 앞에 '막스 데미안'이 등장합니다. 데미안은 싱클레어가 다니는 학교에 새로 온 전학생으로 한 학년 상급생입니다. 예의 바르고 똑똑한 데미안[13]은 곤경에 빠진 싱클레어를 도와 그가 크로머에게 더 이상 괴롭힘을 당하지 않게 합니다. 싱클레어와 성경 속 이야기와 관련된 대화를 잠시 나눈 데미안은 그와 거리를 둡니다. 자신을 구해준 데미안에게 고맙다는 말조차 전하지 못한 채 헤어진 싱클레어는 데미안도 결국 크로머와 패턴만 다를 뿐인 '다른 세계의 사람'이라 생각하며 그간 흐트러진 자신의 삶을 제자리로 가져오는 데 집중합니다. 그럼에도 두 사람은 곧 가까운 사이로 발전합니다. 데미안은 싱클레어에게 자신의 내면에 접근하는 방법을 알려주면서 마음을 잘 다스려 비뚤어지지 않고 바른 길로 갈 수 있게 도와줍니다. 싱클레어는 자신도 데미안처럼 되기 위해 노력하기로 마음먹습니다.

시간이 흘러 서로 다른 학교에 진학하면서 두 사람은 잠시 헤어집니다. 싱클레어는 또다시 어둠의 세계에 발을 들여놓고 맙니

---

13 작품에서는 "몸가짐이 마치 농부들 가운데 있으면서, 그들과 같아 보이려고 애쓰는 왕자님"이라는 표현을 사용한다.

다. 싱클레어는 생각합니다. '다시 내 안의 크로머가 나타나고 있구나.' 그러던 중 싱클레어는 우연히 한 소녀를 보고 짝사랑에 빠집니다. 그는 이름도 모르는 그 소녀에게 '베아트리체[14]'라는 이름을 붙이고는 그녀에게 멋지게 보이기 위해 바르게 행동하면서 어둠의 세계에서 빠져나오게 됩니다. 싱클레어는 베아트리체를 그림으로 그리기 시작합니다. 하지만 다 그려놓고 보니 여자도 남자도 아니고, 베아트리체인지 데미안인지도 헷갈리는 그림이 완성되었습니다. 싱클레어는 여전히 데미안을 그리워하고 있었던 것입니다. 싱클레어는 새를 그려 데미안에게 보냈고, 얼마 후 데미안의 회신이 도착합니다.

"새는 알을 깨고 나오려고 투쟁한다. 알은 세계다. 태어나려는 자는 하나의 세계를 깨뜨려야 한다. 새는 신에게로 날아간다. 신의 이름은 아브락사스다."

"Der Vogel kämpft sich aus dem Ei. Das Ei ist die Welt. Wer geboren werden will, muß eine Welt zerstören. Der Vogel fliegt zu Gott. Der Gott heißt Abraxas."

싱클레어는 데미안이 '아브락사스(Abraxas)[15]'를 통해 말하고 싶

---

14 '베아트리체 디 폴코 포르티나리(Beatrice di Folco Portinari)', 『신곡』의 작가 '단테 알리기에리(이탈리아, 1265~1321)'가 평생을 두고 사모한 여인(자세한 내용은 '3장' 「신곡」 편에 서술되어 있습니다).
15 ΑΒΡΑΣΑΞ 또는 ΑΒΡΑΞΑΣ(그리스어). 헬레니즘 문화에서 동서양의 철학과 종교 사상을 조화해 만들어낸 이원론적 사상인 '영지주의' 관련 문헌에 따르면 '수탉의 머리에 사람의 몸, 다리가 뱀이고 방패와 채찍을 들고 갑옷을 입은 괴이한 모습'을 하고 있다. 이 작품에서는 '신'인 동시에

은 것이 무엇인지 알지 못해 답답합니다. 그렇게 자신의 문제와 데미안, 그리고 아브락사스 등으로 골치 아픈 마음에 길을 걷던 싱클레어는 작은 교회에서 들려오는 파이프 오르간 소리에 이끌려 '피스토리우스'라는 사람과 만나게 됩니다. 싱클레어는 그와 대화하며, 아브락사스를 비롯한 여러 가지 고민에 대한 토론을 이어갑니다. 그와 대화를 마칠 때마다 마치 '새가 알을 깨고 나오는 듯한' 자유로움을 경험합니다.

대학생이 된 싱클레어는 데미안과 재회합니다. 동시에 데미안의 어머니 '에바 부인'과도 만납니다. 나이를 짐작하기 어려운 깊이 있는 아름다움을 가진 그녀는 싱클레어가 어려서부터 꿈속에서 자주 마주쳤던 사람입니다. 에바 부인에게 사랑을 느낀 싱클레어는 한동안 그녀를 찾아가 이야기를 나누며 많은 것을 깨닫게 됩니다. 그리고 에바 부인에게 어울리는 성숙한 청년이 되겠다는 생각에 더욱 바른 삶을 살기 위해 노력합니다.

그러던 어느 날 데미안은 독일과 러시아의 전쟁 이야기를 꺼내며, 곧 전쟁터로 갈 거라는 말을 합니다. 그리고 자신이 에바 부인의 영향으로 싱클레어와 만나게 되었다는 사실을 알려주고 전장으로 떠납니다. 얼마 후 싱클레어도 전장으로 향합니다. 싱클레어는 전쟁터에서 '세계라는 알을 깨고 나오는 새'의 모습을 보게 됩니다. 그것은 전쟁이라는 무시무시한 껍질이 깨진 후에 만나게 될 새로운 세상이었습니다. 지금까지의 자신의 삶과 그간 인연이 닿은 많

'사탄'인. 선과 악이 공존하고 있는 존재로 설명된다.

은 사람들에 대한 생각에 빠져 있던 그는 폭격을 맞고 쓰러져 정신을 잃습니다. 싱클레어는 얼마 후 병상에서 데미안과 재회합니다. 데미안은 싱클레어를 보고 속삭이듯 말을 전하고 사라집니다.

"언젠가 다시 나를 찾아도 예전처럼 직접 가줄 수는 없어.
그때는 너의 내면에 귀를 기울여.
내가 그 안에 있다는 것을 알게 될 거야."

이제 싱클레어는 자신이 곧 데미안이라는 것을 깨닫게 됩니다. 크로머의 협박에 벌벌 떨던 나약한 소년이 아닌 강하게 성장한 자신과 만난 것입니다. 이미 내면의 성장을 이루어 그토록 동경하던 데미안과 하나가 된, 아브락사스에 다다른 인간을 만나고 있는 자신, 그것이 바로 지금의 싱클레어입니다. 결국 그는 '모든 고통스런 일을 스스로 극복할 방법'을 찾아내는 성장을 이룬 것입니다.

작가 '헤르만 카를 헤세'는 1877년 독일제국 뷔르템베르크의 소도시 칼브에서 선교사 아버지 '요하네스 헤세'와 어머니 '마리 군데르트' 사이에서 장남으로 태어났습니다. 엄격한 가정 분위기에서 유년 시절을 보내는 동안 종교로 인한 갈등을 겪었고, 방황하던 시기에는 정신병원에 입원하기도 했습니다. 그는 부모님의 영향으로 라틴어학교와 신학교에 다녔는데, 신학교는 신경쇠약증으로 중도에 그만둬야 했습니다. 그는 이와 관련해 "시인이 되지 못하면 아무것도 되지 않겠다"라는 말도 했습니다. 이때의 경험은 소설 『수레바퀴 아래서(1906)』에 투영되어 있습니다. 17세에 학업을 중단한 그는 서점, 시계부품 공장 등에서 일했고, 이 기간에 본격적인 창작 활동을 시작하면서 점차 안정을 찾습니다. 그리고 첫 시집 『낭만의 노래(1899)』 발표 이후 장편소설 『페터 카멘친트(1904)』를 통해 유명 작가가 되었습니다.

'반전 사상'을 가진 그는 1차 세계대전에 참전하긴 했지만, 늘 전쟁과 전쟁을 일으킨 조국 독일에 대해 비판적인 자세를 취했고, '지식인들이 전쟁을 부추기고 있다'고 주장했습니다. 시간이 지나 결혼도 하고 아이도 낳고 유명 작가로서 안정적인 삶을 살던 그는 문득 삶의 지루함을 느껴 인도, 유럽, 싱가포르 등 여러 나라를 여행했고, 경험을 통해 정리된 생각을 담아 『데미안』을 발표합니다. 1923년에는 스위스 국적을 취득했고, 1946년에는 노벨 문학상을 수상했습니다. 이후로도 음악과 미술, 그리고 평화를 사랑하는 사람으로 살던 그는 1962년, 85세의 나이로 세상을 떠났습니다.

『데미안』은 주인공 싱클레어의 '내적 성장'을 다룬 작품입니다. 덩치가 커지고 키가 커지는 등의 외적 성장과는 전혀 다른 얘기를 하고 있는 작품입니다. 작품의 형태는 '대립의 공존'으로 설명이 가능합니다. 서로 대립하는 것들이 내면에 공존한다는 의미인데요. 어린 시절 '가정'과 '바깥세상'이라고 나눠 생각했던 두 개의 세계는 싱클레어의 마음속에서 결국 하나의 공간이었다는 깨달음을 전합니다. 이외에도 '카인과 아벨', '그림 속 베아트리체와 데미안', '새와 알', '아브락사스의 선과 악' 등의 '대립'하는 것들이 인간 내면에 '공존'한다는 것을 표현하면서 이들의 대립이 스스로를 갈고 닦는 데 반드시 필요하다는 이야기를 전합니다. 결국 절대적으로 옳은 것이나 절대적으로 그른 것은 존재하지 않는다는 의미입니다. 인간은 내적 성장 과정에서 '절제'를 배워 스스로의 선택에 따라 선과 악을 구분하는 것입니다.

지식은 시간으로 살 수 있습니다

이를 통해 깨달았다면 이제 구체적으로 '지식'을 쌓는 방법을 안내하겠습니다. 그것은 '내 시간을 투자하는 것'입니다. 세상에 공짜는 없습니다. 지식을 얻기 위해서는 '시간'이 필요합니다. 잠깐의 시간 투자로 지식을 얻을 수는 없습니다. 원하는 지식을 얻으려면 오랜 시간을 투자해야 합니다. 제가 가진 자격증은 30개가 넘습니다. 이들 중 독학으로 취득한 자격증이 절반이고, 나머지는 학원이나 학교에서 집중적으로 학습해 취득한 것입니다. 분야도 다양합니다. IT 분야 자격증은 당연히[16] 취득했고, 이외에도 상담, 요리, 재봉, 어학, 스포츠, 택시 면허, 버스 면허, 법률 분야 등 다방면에 펼쳐져 있습니다. 이 모두가 제 자랑거리입니다.

학원은 학교와 달리 '단기 학습'에 큰 비중을 둡니다. 지식을 얻기 위해서는 오랜 시간을 투자해야 하지만 학원 이용자들의 특성에 맞춰 설계한 것입니다. 그렇지만 자세히 들여다보면 단기 학

---

16 제1장 『그리스인 조르바』 편과 제2장 『다섯째 아이』 편을 참고해주세요.

습으로 구성만 갖추었을 뿐 결국 '장기 학습'에 근간을 두고 있다는 것을 알 수 있습니다. '초급, 중급, 고급, 실무 등' 각 과정은 단기 학습으로 나누어 이수하기만 해도 자격증 취득이나 시험을 통과하게 해줍니다. 하지만 진정 배움을 원한다면 다음 심화 과정으로 옮겨 계속 학습을 이어가야만 하는 구성입니다. 저는 '요리'와 '재봉' 모두 단기반 과정을 이수하고 자격증을 취득했습니다. 하지만 자격증 취득 후 비슷한 시간이 흐른 지금, 요리는 잘하지만 재봉은 못합니다. 요리는 딸이 아내 뱃속에서 자라는 동안 '이유식'을 만들기 위해 배웠습니다. 직접 만든 이유식을 소중한 내 분신에게 먹이고 싶은 마음 때문이었습니다. 실제로 영양 가득한 육류와 신선한 채소를 사다가 직접 만들어 먹이며 키웠습니다. 그 과정에서 재미를 느꼈습니다. 그래서 이것저것 만들어보기 시작하면서, 학원에서 배운 것에서 끝나는 것이 아니라 스스로 다음 과정을 이어나간 것입니다. 10년 정도가 지난 지금은 세상에 없던 음식을 만들어내는 단계에 이르렀습니다.

반면 재봉은 학원에서 배운 것에서 멈춰 있습니다. 딸에게 입힐 아기 옷을 만들기 위해 거금을 들여 재봉틀까지 집에 들여놓았지만 큰 흥미를 느끼지 못하고 요즘에는 바지단 줄이는 정도로만 활용하고 있습니다. 과연 무엇이 지금의 실력 차이를 만든 것일까요? 바로 '투자한 시간의 차이'입니다. 내가 좋아서 재미있다고 생각하며 오랜 시간을 투자한 요리와 반대로 재봉에는 시간을 투자하지 않았습니다. 당시 재봉 학원 초급반을 마쳤을 때 학원에서 중급반 수강을 권유했었는데 수강하지 않았습니다. 그때는 그저 '돈 벌어 먹으려는 수작질'이라 생각했지만, 지금 와서 생각해보니 학원이 단기와 장기를 적절히 섞어 놓고 진정 배움을 원하는 이들에게 문을 열어두고 있었다는 것을 알게 됐습니다. 빨리 배우면 빨리 까먹습니다. 그래서 또 배워야 합니다. 그때마다 처음부터 다시 해야 합니다. 저와 비슷한 연배의 독자라면 당대 최고의 베스트셀러 『수학의 정석』(홍성대 지음)을 기억하실 겁니다. 우리가 오로지 '집합'만 공부하고 그 책을 덮었다는 것도 기억하실 겁니다. 그런데 지금은 집합도 잘 기억나지 않는군요. 혹시 저만 그런 건가요?

지식 쌓기 각론[17]

집중적으로 시간을 투자하면 '지식'을 얻을 것이라는 생각을 버리세요. 일상이 배움이고 배움이 일상이라는 생각으로 지식에 접근해야 합니다. 분야는 한정하지 않겠습니다. 제 자랑은 앞에서 실컷 했으니 각자의 전문 분야와 호기심을 가진 분야로 접근하시길 추천합니다. 자신이 '괴물[18]'이 되었다는 생각을 시작으로 '늘' 무언가를 갈망하고, 내게 주어진 환경을 극복하면서 지식에 접근하는 겁니다. 여기서 가장 중요한 단어는 '늘'입니다. 그래야 지식이 보입니다. 내가 무엇이 되고 싶은지, 무엇을 이루고 싶은지 생각해보고, 그것의 처음은 무엇인지까지 찾아보세요. 어렵지 않을 겁니다. 정확한 타깃이 선정되었다면 이제부터 집중하는 겁니다. 그

---

17 '총론'은 직전 에피소드 『프랑켄슈타인』 편을 참고하세요.
18 직전 에피소드 『프랑켄슈타인』 편을 참고하세요.

리고 '전문가'가 되세요. 전문가라는 칭호는 스스로 내세우는 것이 아닙니다. '권위'와 마찬가지로 타인이 전문가로 인정해야 하는 것입니다. 아브락사스는 알을 깨고 나왔습니다. 하지만 그 이후 '선과 악'이라는 것에 대입되어 버렸죠. 우리는 여기까지 안 가도 됩니다. 알만 깨세요. 껍질의 어디를 어떻게 공략해야 확실하게 깨뜨릴 수 있는지, 그것의 처음은 어디인지를 찾아서 두드리면 알은 깨집니다. 당신은 오직 '성실함'과 '끈기'만 가지면 됩니다. 다음 에피소드를 통해 성실함과 끈기에 대해 차례대로 알아보겠습니다.

알파벳도 모르면서 셰익스피어 읽으시려고요?

요령 피우지 않아야 합니다
『바보 이반』

Ivan the Fool
- 러시아 작가 '레프 톨스토이'의 1886년 작품
- 러시아 민담 재구성, 사회 비판, 군대 풍자, 비폭력주의

시골에 재산을 넉넉히 모은 농부가 살고 있습니다. 그에게는 '세몬', '타라스', '이반'이라는 3명의 아들과 '말라냐'라는 막내딸이 있습니다. 세몬은 군인이고, 타라스는 상인, 이반은 착하고 성실한 바보(?)이고, 말라냐는 농아[19]입니다. 농부는 세 아들에게 재산을 공평하게 나눈 다음 세몬과 타라스를 분가시킵니다. 하지만 욕심쟁이 두 아들은 더 부자가 되고 싶은 마음에 아버지를 찾아와 동생 이반의 몫으로 남겨둔 재산까지 가져가 버립니다. 이반은 자신의 몫을 형들에게 빼앗기고도 부모님과 농사지으며 여동생을 돌보

---

19 聾啞, 청각장애로 들리지 않기 때문에 언어를 익히지 못해 말도 할 수 없게 된 경우.

면 된다고 기분 좋게 받아들이고, 덕분에 모두가 만족한 삶을 살 수 있게 됩니다.

이제 작품 제목에 등장한 바보가 어떤 의미인지 아시겠나요? 어리석고 멍청하고 지능이 낮은 것이 아니라 너무 착해빠져서 '바보 이반'입니다(그의 형들은 반대로 생각하는 모양입니다). 땅속에 사는 '악마'는 이런 사이좋은(?) 형제의 모습이 못마땅합니다. 대장 악마는 부하 악마 셋을 불러 이반의 가족을 불행하게 만들라는 명령을 내리고, 부하들은 맨투맨으로 형제들을 망하게 하기 위해 지상에 올라옵니다. 첫째 세몬을 담당한 악마는 군인인 그를 자극해 전쟁을 일으키고 그 과정에서 훼방을 놓아 망하게 만듭니다. 둘째 타라스를 담당한 악마도 상인인 그를 자극해 과도하게 물건을 사들이게 만든 다음 망하게 만듭니다. 셋째 이반을 담당한 악마는 일 처리에 어려움을 겪고 있습니다. 복통으로 힘들게도 해보고, 농사짓기 어렵게 훼방도 놓지만 이반은 그런 것쯤은 쉽게 이겨냅니다. 다음 날 새로운 각오로 땅속에 숨어서 이반의 농사를 방해하기 시작한 악마! 그런데 어쩌죠? 이반에게 모습을 들키고 맙니다.

"이게 뭐야? 그냥 죽여야겠다, 음… 뭘로 죽이지?"

이반은 악마를 죽이려고 돌을 듭니다. 다급해진 악마는 살려만 준다면 소원을 들어주겠다며 애원합니다. 그러자 이반은 순진하게 복통을 없애달라는 소원을 이야기합니다. 악마는 이반에게 모든 병을 치료할 수 있는 신비한 힘을 가진 약초 3개를 쥐어주고 도망칩니다. 약초를 먹고 복통이 나은 이반은 가벼운 몸으로 집으로 돌아옵니다. 집에 돌아와 보니 세몬과 그의 아내가 쫄딱 망한 채 돌아와 있었고, 이반에게 냄새가 나니 나가서 밥을 먹으라는 훈훈한(?) 멘트를 날립니다. 그러자 바보 이반은 순순히 밖으로 나갑니다. 곧이어 도망친 악마를 대신해 세몬을 망가뜨린 경력직 악마가 이반을 찾아옵니다. 악마는 이반의 농기구를 망가뜨리며 농사를 방해하기 시작합니다. 꿈쩍 않고 묵묵히 자기 일을 하던 이반이 악마를 발견하자, 악마는 '병사를 만들어내는 능력을 가진 신비한 약초'를 내놓고 목숨을 구걸해 도망칩니다. 태연하게 집에 돌아온 이반에게 타라스와 그의 아내가 찾아와 똑같이 밖에서 밥 먹으라는 멘트를 날립니다. 이반은 이번에도 순순히 밖으로 나옵니다. (이쯤 되면 악마가 인정할 법도 한데… 대체 어느 정도를 바라는 걸까요?) 타라스를 망가뜨렸던 악마가 이반에게 도전합니다. 하지만 악마는 이반에게 '금화 만드는 법'을 알려주며 목숨을 구걸하고 도망칩니다.

다시 집에 형제들이 모였습니다. 이반은 형들에게 집을 한 채씩 지어주고 그곳에서 함께 지내기로 합니다. 상황이 이렇게 되었는데도 형들은 이반을 한결같이 바보 취급합니다. 그러다가 이반에게 '금화와 병사를 만드는 능력'이 있음을 알게 되고, 이들은 자신들에게 필요한 병사와 금화를 뜯어내 실패 이전의 상황으로 돌아갑니다. 그리고 얼마 후 두 사람은 돈과 권력을 이용해 각각 한 나라의 왕이 됩니다.

이반은 여전히 농사를 지으며 지내고 있습니다. 그러다 죽을 위기에 처한 어느 왕국의 공주를 알게 되었고 우여곡절[20] 끝에 공주와 결혼해 왕국의 왕이 되었습니다. 하지만 아무런 욕심 없이 그저 농사일에만 열중하는 왕을 바보 취급하는 국민들이 생겨났고, 이들은 하나둘 왕국을 떠납니다. 그렇게 이반의 왕국에는 묵묵히 일만 하는 바보들만 남습니다. 그럼에도 이반은 즐거운 마음으로 이들과 함께 농사를 지으며 살고, 그의 아내도 남편의 뜻을 존중하며 일을 도우며 삽니다. 아무튼 이렇게 세 형제는 모두 각자의 나라를 통치하는 왕이 되었습니다.

대장 악마는 망하기는커녕 오히려 왕이 되어버린 형제들을 직접 처리하겠다며 땅으로 올라옵니다. 대장 악마는 부하들이 했던 것처럼 욕심을 이용해 세몬과 타라스를 손쉽게 주저앉히고 이반의 왕국으로 찾아옵니다. 그런데 이곳은 왕부터 국민들까지 모두 바보들뿐입니다. 열심히 농사짓는 것 외에는 욕심이라곤 찾아볼 수 없었죠. 대장 악마는 주변국을 이용해 무력으로 이들을 제압해 보기도 하고, '돈'으로 모든 것이 가능하다는 것을 보여주며 국민들을 꼬드겨보기도 하지만 뜻대로 되지 않습니다. 오히려 그들의 바보 같은 행동으로 인해 수모를 겪어야 했고, 그러는 동안 완전히 지쳐서 바보들에게 음식을 구걸하는 입장이 되고 맙니다.

음식을 구걸하러 이반의 성에 도착한 대장 악마를 맞이한 것은 이반의 여동생 말라냐였습니다. 듣지도 못하고 말도 못하는 말

---

20 왕은 공주를 살리는 이를 사위로 삼겠다며 치료할 사람을 찾는 중이었고, 이반은 악마에게 얻은 '병을 치료하는 약초'를 사용하려 했지만, 약초를 다른 곳에 모두 사용해버렸다. 그럼에도 공주는 이반을 만난 후 치료되었다.

라냐였지만 예리한 눈으로 대장 악마의 손을 관찰했고, 손에 굳은 살이 하나도 없는 것을 보고는 일하지 않는 게으름뱅이라며 밖으로 끌어내 동물 사료로나 쓸 법한 버리는 음식을 던져줍니다. 대장 악마는 분노합니다. 이제 마지막 남은 힘을 다해 육체노동을 그만하라며 국민들을 설득합니다. 하지만 그 누구도 대장 악마의 말에 귀 기울이지 않습니다. 결국 대장 악마는 이반과 국민들의 지독함에 치를 떨고 사라져버립니다. 이후로도 이반은 성실하게 살았고, 망하고 돌아온 형들도 받아주었습니다. 그런 이반의 왕국에 존재하는 오직 단 하나의 법은 이것이었습니다.

> 손바닥이 단단하게 굳은 사람들은 식탁에서 음식을 먹을 수 있지만 그렇지 않은 사람들은 다른 사람들이 먹고 남긴 음식 찌꺼기를 먹어야 한다.

이반과 그의 아내 그리고 국민들은 모두 바보입니다. 욕심도 부릴 줄 모르고 주어진 일에만 열심히 몰두하는 바보…. 첫째 세몬은 강한 힘을 원하는 영리하고 현실적인 인물입니다. 하지만 강한 힘만 추구하다가 결국 힘에 의해 파멸합니다. 둘째 타라스는 부를 이룩하는 데 온갖 것을 쏟아 부어 결국 부자가 되지만 다른 사람들도 부자가 되자 정작 자신의 힘으로는 빵 한쪽도 만들 줄 모르는 무능함을 드러냅니다. 대장 악마는 이반보다 훨씬 많은 능력을 가진 존재지만 언제나 머리와 입으로만 일을 처리하려 했고, 이반의 국민들에게 그것을 설파하기도 하지만 결국 무너지고 맙니다. 하지만 군사도 부자도 없는 이반의 왕국은 끝까지 살아남았습니다. 이들을 바보라 부르는 이들이 바보였을 뿐, 정작 이들은 바보가 아니었던 거죠.

작가 '톨스토이[21]'는 이들을 통해 '땀 흘려 일하는 민중의 소박한 삶'이 가장 이상적인 삶이라는 메시지를 전하고 있습니다. '권력'과 '부'가 현실적으로 중요한 가치일지는 몰라도, 인간이 살면서 추구해야 할 것은 '권력'과 '부'가 전부가 아니라는 주장입니다. 톨스토이는 이반의 형들과 대장 악마를 통해 당시 민중들의 소박한 삶을 외면했던 러시아 사회와 종교를 비판하고 있습니다. 이 작품은 짧은 우화를 통해 아이들도 알아들을 정도의 '기본'을 강조합니다. (원래부터 어린이용 동화로 알고 있는 사람도 많다고 합니다.) 톨스토이는 자신이 귀족 신분임에도 당시 러시아 귀족들이 너무 많은 재산을 가졌기 때문에 민중들이 가난에 시달리는 것이라 생각했고, 이런 그의 사상은 『전쟁과 평화(1869)』, 『안나 카레니나(1878)』 발표 이후 '톨스토이 후기 문학 작품'의 근간을 이루고 있습니다.

늘 자신이 농부라는 것을 강조하며 농민의 생활을 동경했던 그는 '땀 흘려 일하는 민중의 소박한 삶'을 이상적인 삶이라 생각했고, 말년에는 민중들의 소박한 삶을 외면했던 러시아 귀족과 종

---

21 제2장 「사람은 무엇으로 사는가」 편에 작가에 대한 자세한 정보가 수록되어 있습니다.

교를 비판하는 문학 활동을 펼치기도 했습니다. 이로 인해 '러시아 정교회'로부터 파문당하고, 작품의 출판을 금지당하기도 했지만 동시에 미국, 아시아 등에서는 베스트셀러에 오르며 인기를 누렸습니다. 그리고 오랜 시간이 지난 지금은 그의 '전기 대표작'들과 함께 톨스토이를 '19세기 러시아 문학을 대표하는 세계적 문호'로 인정받게 하는 든든한 버팀목이 되었습니다.

귀족으로 태어났지만 직접 농민들과 농사지으며 땀 흘려 일하는 소중한 가치를 깨달은 그가 전하는 메시지는 '매우 간단하고 직관적'입니다. 그저 당시 사회가 받아들이지 않았을 뿐이죠. 이는 복잡한 설명은 차치하고 『바보 이반』이 동화책으로 널리 읽히며 '어린이들에게도 교훈을 전달한다'는 사실만으로도 증명이 가능합니다. "성실해라, 욕심 부리지 마라, 싸우지 마라." 이 메시지는 특별히 동의를 구할 필요도 없는 '기본'입니다. 이렇듯 톨스토이는 후기 문학 작품을 통해 우리가 어떻게 살아야 하는지 알려주는 매우 간단하고 직관적인 메시지를 전하고 있으며, 『바보 이반』은 그런 그의 사상이 종합적으로 녹아 있는 작품입니다.

우리 성실이가 달라졌어요

성실(誠實): [명사] 정성스럽고 참됨.

이번 단락의 주제는 지금껏 우리 귀에 딱지가 앉을 정도로 듣고 살아온 '성실'입니다. 여러분은 성실함을 직장에서 어떻게 표현하고 계신가요? 자신에게 주어진 일에 반문을 제기하지 않고 묵묵히 열심히 일하는 것이 맞나요? 그래서 성실하게 일한 다음에는 어떻게 되었나요?

모두가 임기응변으로 일을 회피할 때, 혼자 늦은 밤까지 사무실에 남아 일을 하는 와중에 마침 높으신 양반이 회사에 들러 당신을 흐뭇한 미소로 바라봅니다. 그런 줄도 모르고 일에만 몰두한 당신에게 높으신 양반이 슬그머니 다가와 박카스를 들이밀며 신뢰의 눈빛을 보내고 어깨에 손을 얹습니다. 얼마 후 인사이동이 발표되고 승진자 명단에 오른 자신의 이름을 보며 당신은 기쁨과 당혹감을 느낍니다. 높으신 양반은 몇 걸음 뒤에서 끄덕거리며 당신을 바라봅니다.

저기요. 여기서 주무시면 입 돌아가요.

꿈 깨세요. 현실 버전 시작합니다. 도저히 말 같지도 않은 지시에 모두가 불만이 가득하지만 아무도 저항하지 못하는 상황입니다. 그나마 가장 순해 보이는 당신에게 일이 넘어오고, "수당 줄 테니까 다 해놓고 가[22]"라는 공격에 당신은 신데렐라에 빙의되었는지 계모와 언니들이 퇴근한 늦은 시간까지 혼자 남아 일을 합니다. 마침 뭘 두고 간 모양인지 회식을 마치고 술에 쩔어 사무실을 찾은 높으신 양반은 당신이 있는 줄도 모르고 무언가를 챙겨서 나가버리고, 날이 밝도록 성실하게 노력해 임무를 완수하자 어제 수당 준다던 놈이 보고서를 들고 올라가서 칭찬을 받습니다. 얼마 후 인

---

22 제4장 「변신」 편을 참고하세요.

사이동이 발표되고 당신 앞에 나타난 높으신 양반은 박카스를 들이밀며 한마디 날립니다. "그동안 고생 많았어."

지금껏 직장이 정해놓은 '목표'를 향해 입 다물고 열심히 일만 하던 인간들은 언젠가 볕들 날이 있을 거라 생각하고 '성실'하게 일했지만 결국 볕은 들지 않았습니다. 직장은 우리의 생각과 완전히 다른 곳입니다. 직장에 다니는 인간들은 어떠한 경우에도 당신에게 '긍정'이라는 시선을 보내지 않습니다. 각자 자신보다 우월한 인간의 권위에 '복종'하느라 바빠서 그렇습니다. 이것은 인간이 나빠서가 아니라, 각자 먹고 사는 방식이 달라서 그런 겁니다. '나를 주목할 것이라는 착각'에서 빠져나오세요. 이런 상황을 다 알면서도 직장은 덮어놓고 인간에게 인간을 '평가'하라는 제도를 만들어놓았습니다. 근무 성적? 다면평가?『바보 이반』이 톨스토이 후기 사상의 집합체라면, 이건 1라운드[23]에 등장한 '공격 방법의 집합체'입니다. 내 몸 하나 건사하기도 힘들게 만들어놓고 타인까지 평가하라니요. 직장은 전통적인 기준의 '성실함'으로 바보를 만들어내는 탁월한 능력을 가지고 있습니다.

이제 우리는 단어는 그냥 두더라도 뜻만이라도 새롭게 정립해야 합니다. 근간은 같습니다. '일을 함에 있어 정성스럽고 참되게 하는 것.' 꾸준하게 하세요. 대신 방향만 바꾸면 됩니다. 누가 시켜서, 누구를 위해서가 아닌 '나'를 위해서로 바꾸면 깔끔하게 정리됩니다. 언제부터 이렇게 바뀌었냐고요? 모르겠습니다. 하지만 적

---

23 제2장 Round1 가드(Guard) : 공격 받아보기 편을 참고해주세요.

어도 『바보 이반』이 출간된 1886년에도 이미 바뀌어 있었던 게 확실합니다. 이반은 누구를 위해 성실하게 일했을까요? 형들이 시켜서? 아버지가 시켜서? 아닙니다. 자신을 위해 성실히 일했습니다. 국민들은 누구를 위해 성실하게 일했을까요? 이반 폐하를 위해서? 왕의 여동생 말라냐를 위해서? 아닙니다. 일을 하지 않으면 밥을 못 먹으니까 밥 먹으려고 열심히 한 겁니다.

가장 확실한 것은 이반을 '바보'라고 불렀다는 점입니다. 19세기 러시아 농민들도 알고 있었던 것을 21세기에 계속 모른 척하실 겁니까? 이제부터는 타인이 아닌 자신에게 성실함을 보여주세요. 그래야만 성실함이 힘을 발휘합니다. 그렇다고 직장 생활이 엄청나게 바뀌는 것도 아닙니다. 우리는 이성을 가진 인간이기에 옳은 판단을 할 것이고, 사회에 몸을 담은 이상 가장 보편적인 가치를 추구하려 노력할 것이니까요. 일도 하던 대로 하세요. 생각만 바꾸면 오히려 즐겁게 일할 수 있습니다.

이제 성실함은 나의 모든 삶에 긍정적인 영향을 줄 것입니다. 특히 자기계발에 있어서는 막강한 힘을 발휘합니다. 처음은 늘 초라합니다. 별것 없어요. 하지만 짧은 시간에 이룩한 성과는 빨리 사라진다는 것을 기억하세요. 계속 두드려야 합니다. 처음부터 화려한 일은 없습니다. 빛나는 보석조차도 처음부터 빛을 발하지 않았습니다. 직장은 겉으로는 '성실'을 요구하지만 실제로는 '실력'을 요구하는 곳입니다. 우리가 새롭게 정의한 성실함은 당신을 실력자로 만들어줄 것이고, 성실함과 실력을 갖춘 괴물로 만들어놓을 것입니다. 출중한 실력을 가진 인간에게는 함부로 대하지 않습니다.

맡은 바 소임에 충실하라.

끊임없이 노력하라.

반드시 목표를 달성하라.

- 자신에게 -

끈질기게 버텨내는 힘
『노인과 바다』

The Old Man and the Sea
- 미국 작가 '어니스트 밀러 헤밍웨이(Ernest Miller Hemingway)'의 1952년 작품
- 중편소설, 허무주의, 유작, 퓰리처상 수상작, 실존 모델

멕시코 만에서 조각배를 타고 홀로 고기잡이를 하는 '산티아고'라는 노인이 있습니다. 한때는 잘나가는 선원이자 어부였지만 지금은 나이가 들어 깡마르고 여윈 데다, 온몸은 큰 고기를 잡다가 생긴 흉터로 가득합니다. 이렇게 모든 것이 노쇠했지만 오직 그의 두 눈만은 여전히 바다와 똑같은 빛깔을 가진 '패배를 모르는 눈빛'입니다. 노인은 벌써 84일째 한 마리의 물고기도 잡지 못하고 세월만 허비하는 중입니다. 그에게는 아내도 가족도 없습니다. 그저 좋아하는 것이라곤 젊은 시절 큰 배를 타고 세계를 돌아다니며 봤던 아프리카와 사자가 나오는 꿈을 꾸는 것 정도입니다. 마을 사람들은 오랫동안 물고기를 잡지 못한 노인을 꺼려 하지만, 그를

잘 따르는 소년 '마놀린'만 그의 편을 들어줍니다. 처음에는 노인과 소년이 함께 지냈습니다. 노인은 소년에게 물고기 잡는 법을 가르쳐 주었고, 소년도 노인을 무척이나 따랐습니다. 하지만 물고기를 못 잡은 지 40일 정도가 지나자 소년의 부모는 노인이 '살라오(salao)[24]'가 되었다며 소년을 다른 배에 태워버립니다. 하지만 소년은 노인을 좋아합니다. 거듭된 불행에도 굴하지 않은 노인에 대한 존경심도 있습니다. 그렇기에 여전히 노인을 찾아와 함께 시간을 보내고, 낚시에 사용할 미끼를 구해다 주기도 합니다.

85일째 출항을 준비하는 노인은 이상할 정도로 자신감이 넘치는 모습입니다. 소년에게 85는 행운의 숫자라며 이런저런 이야기를 늘어놓고, 돌아오는 길에 커다란 물고기를 잡아 올 것이라고 의기양양한 모습을 보입니다. 그렇게 85일째 새벽이 찾아왔고, 커피 한 잔으로 아침을 대신한 노인은 소년의 배웅을 뒤로한 채 바다로 향합니다. 점심이 지나 해가 기울 무렵 낚싯대에 물고기 한 마리가 걸려듭니다. 지금까지의 경험상 아주 큰 놈이 걸린 거라 판단합니다. 곧이어 확인한 녀석은 믿을 수 없을 만큼 큰 '청새치[25]'였습니다. 이제 본격적인 전투가 시작됩니다. 반드시 잡으려는 노인, 무조건 도망치려는 청새치. 하지만 녀석은 크고 배는 작습니다. 조건은 청새치에게 유리합니다. 노인은 녀석이 물속으로 들어가면 낚싯줄

---

24 작품에서 어부들 사이에 통용되는 단어로 등장하며, 스페인어로 '최악의 불운을 맞은 사람'이라는 뜻을 갖고 있다.
25 『노인과 바다』에 등장해 유명해진 바닷물고기 중의 하나로 강하고 긴 창 모양의 턱이 특징이고, 몸길이는 4.5미터, 몸무게는 900킬로그램까지도 나간다.

을 늘이고, 수면으로 올라오면 낚싯줄을 줄여가며 도망가지 못하도록 몇 시간째 꽉 붙잡고 있기를 반복합니다. '그애가 있다면 좋았을 텐데'라며 소년을 그리워하기도 합니다. 노인은 날뛰는 청새치와 힘겨루기를 하면서 넘어지기도 하고 여기저기 타박상을 입기도 하지만, 그때마다 어떻게든 다시 일어나 힘겨루기를 계속하며, 그렇게 하루 동안 버팁니다.

내내 물속에서 힘겨루기를 하던 청새치가 드디어 수면 위로 모습을 드러냅니다. 밝은 곳에서 보이는 녀석의 머리와 등은 짙은 자줏빛이고, 양옆 줄무늬는 넓고 밝은 연보랏빛입니다. 주둥이는 야구 배트처럼 길고 양날 칼처럼 가늘었으며, 꼬리는 거대한 낫 같았고, 크기는 타고 있는 배보다 2피트는 더 커 보이는 거대한 녀석입니다. 노인은 다시 한번 소년이 그립습니다. '그애가 여기 있었다면.' 두 눈으로 청새치의 모습을 보고 난 노인의 욕망은 더욱 커집니다. 뜨거운 태양은 노인을 더욱 지치게 만듭니다. 그는 젊은 선원 시절 덩치 큰 흑인과 팔씨름을 했던 일을 떠올립니다. 그때도 거의 하루 동안 힘겨루기를 하면서 버티다가 이겼었죠. 노인은 더욱 용기를 내 힘겨루기를 이어갑니다. 또 하루가 지납니다.

온몸은 상처로 가득하고, 먹지도 못하고 잠도 못 잔 노인은 많이 지쳐 있습니다. 그래도 절대 청새치를 포기하지 않고 버티는 중입니다. 그때 배 아래에 있던 청새치가 옆으로 다가와 조용히 헤엄치기 시작합니다. 노인은 작살을 높이 쳐들어 남아 있는 모든 힘을 다해 청새치에게 박아 넣습니다. 순간 청새치는 물 밖으로 높이 솟구쳐 올라 배에 온통 물을 뿌려놓고는 물속으로 떨어집니다. '잡았다!' 노인은 영광스런 기분으로 집으로 향합니다. 청새치가 너무 커서 배에 싣지 못하고 배 옆에 매달고 가는 중입니다. 하지만 청새치의 피가 바다에 흩어지면서 상어를 부릅니다. 상어가 나타나 청새치를 공격하자 노인은 마치 자신이 공격당하는 것처럼 느끼며 이제 상어와 싸움을 시작합니다. 첫 번째로 달려든 상어는 '덴투소(Dentuso)[26]'였습니다. 녀석은 죽으면서 청새치의 일부분과 노인의 작살과 로프를 가져가 버렸습니다. 이어서 동시에 덤벼든 두 마리 상어는 '갈라노(Galanos)[27]'였습니다. 노인을 칼을 들고 녀석들을 물리쳤지만 또 청새치의 일부를 빼앗겼습니다. 세 번째 상어 '쇼블노우즈(Shovelnose)[28]'를 죽였을 때 노인의 유일한 무기였던 칼이 부러지고 맙니다. 네 번째 상어가 나타났을 때는 키 손잡이를 들고 상어와 맞서야 했습니다. 더 이상 상어는 오지 않습니다. 청새치의 살이 남아 있지 않았기 때문입니다.

노인은 늦은 밤 앙상하게 뼈만 남은 청새치를 매달고 마을 해안에 도착합니다. 노인은 집으로 걸어갈 힘조차 거의 남아 있지 않을 만큼 지쳐 있습니다. 그래도 크게 상심하지는 않습니다. 그저 '너무 먼 바다로 나갔던 것이 비극의 원인이다'라는 생각 정도만 합니다. 다음 날 아침, 소식을 들은 마놀린이 노인을 찾아와 위

---

26 악상어목 악상어과에 속하는 상어의 한 종류로, 체장 2.4m~4.8m, 체중은 607kg 정도이다. 최대 6m까지 자라며, 육식상어 중에는 대형종이다.
27 흉상어목 흉상어과에 속하는 상어의 한 종류로, 체장은 1~2.5m, 체중은 30~100kg이 평균이며 선박에서 버리는 쓰레기 더미에 달려드는 모습도 자주 목격된다. 노인이 이들에게 천박하고 탐욕스럽다는 말을 한 것은, '덴투소'를 보고 경외를 표했던 것과는 대조적이다.
28 가오리상목 가래상어과(Rhinobatidae)에 속하는 연골어류 집단, 외형만 얼핏 보면 상어 종류 같지만 가오리목의 연골어류다.

로를 전하고, 노인은 지친 몸과 마음을 침대에 누이며 잠을 청합니다. 그리고 아프리카 해변에서 어슬렁거리는 사자 꿈을 꿉니다.

⁓

　작가 '어니스트 밀러 헤밍웨이'는 1899년 미국 일리노이주 오크 파크[29]에서 의사 아버지 '클래런스 헤밍웨이'와 성악가 어머니 '그레이스 헤밍웨이' 사이에서 태어났습니다. 그는 아버지에 대한 존경심이 대단했던 반면, 어머니와는 매우 사이가 나빴습니다. (아버지를 닮아 거친 기질을 가졌던 헤밍웨이는 어린 시절 어머니의 강요로 자주 '여장'을 한 채 지인들을 만났었는데, 그런 경험이 불화의 원인 중 하나로 생각됩니다.) 그의 아버지는 활동적인 인물로 낚시나 사냥, 권투 등을 즐겼고, 헤밍웨이 또한 비슷했던 것을 보면 아버지와 많이 닮은 듯합니다. 헤밍웨이는 나이가 들어 쇠락해진 아버지의 모습을 보며 아버지의 남자다움과 똑똑함을 모두 본받겠다고 마음먹습니다. 헤밍웨이와 어머니의 악연은 어머니가 세상을 떠나던 날까지 이어졌습니다. 어머니는 그의 생일에 아버지가 자살할 때 사용한 권총을 소포로 보내기도 했습니다. 헤밍웨이 역시 아버지의 사망 소식을 들었을 때는 곧바로 달려갔던 반면 어머니의 사망 소식을 들었을 때는 "글을 마저 써야 한다. 돈을 부치면 가족들이 알아서 할 거다"라며 무시했다고 합니다. 그 무렵 쓰고 있던 작품이 바로 『노인

---

29 현재의 시카고.

과 바다』였습니다.

성인이 된 그는 '종군기자'로도 활약했고, 1차 세계대전에 참전해 심각한 부상을 입기도 했습니다. 1차 세계대전이 끝난 후에는 신문사 특파원 자격으로 파리에 체류하며, '피츠제럴드', '에즈라 파운드' 등 미국 작가들과 교류하며 문학적 소양을 쌓았습니다. 그는 1차 세계대전을 겪은 충격으로 자신이 구세대에게 버려진 '잃어버린 중간 세대'라고 느끼며, 이전 세대와는 완전히 다른 새로운 문학을 추구했고, 이후 발표한 『무기여 잘 있거라(1929)』를 통해 큰 명성을 얻었습니다. 2차 세계대전 때는 '노르망디 상륙작전'에서 이어진 '파리 해방 전투'에 참여했습니다. 이렇게 적극적이고 열정적인 성향을 가진 헤밍웨이의 별명은 '파파'였으며, 자신도 '파파'라고 불러주길 원했다고 합니다.

말년에 그는 나이가 들어 늙고 약해지는 자신을 굉장히 싫어했습니다. 큰 전쟁을 거친 세대이긴 하지만 누구보다도 더 스펙타클한 삶을 살았던 헤밍웨이는, 1차 세계대전 당시 부상당한 것을 시작으로, 말년에는 비행기 사고로 크게 다치기도 했습니다. 비행기 사고의 후유증은 상당했고, 이로 인해 괴로운 시간이 많아지면서 다른 일보다 사냥 같은 거친 취미에만 몰두했고 급기야 정신착란을 일으키기에 이르렀습니다. 죽기 전 몇 달 동안 글이 써지지 않는다며 괴로움을 호소하다가 자살을 시도했지만 실패하기도 했습니다. 하지만 얼마 지나지 않은 1961년 7월 2일 결국 엽총을 입에 물고 방아쇠를 당겨 자살로 생을 마감했습니다.

헤밍웨이는 영문학을 넘어 세계 문학사에서 빠질 수 없는 작가로 인정받고 있는, 미국이 크나큰 자부심을 가지고 있는 작가입니다. 이는 '하드보일드 스타일(Hard-Boiled Style)'이라 불리는 그의 문체와 집필 방식이 가장 큰 이유입니다. '20세기 미국문학의 혁명'이라 평가받는 그의 스타일은 감정과 수식이 담긴 어떤 묘사보다 더 극명하고 생생하게 상황을 보여주고 있습니다.

고마움은 푼돈으로 갚겠습니다

작품의 주인공인 노인 '산티아고'는 실제 작가와 개인적인 친분이 있는 어부를 모델로 했습니다. 실제 모델인 쿠바인 어부 '그레고리오 푸엔테(1897~2002)'는 헤밍웨이에게 자신이 53일 동안 아무것도 못 잡다가, 큼지막한 물고기 6마리를 잡아서 돌아오던 길에 상어를 만나 모두 잃었던 이야기를 들려준 적이 있다고 합니다. 이 이야기를 들은 헤밍웨이가 소설로 써도 되겠느냐고 물었고, 식사와 술값을 계산해준 것으로 소설로 쓰는 것을 허락해주었다고 합니다.

얼마 후 세상에 모습을 드러낸 『노인과 바다』는 발표와 동시에 이틀 만에 500만 부 이상을 팔아치웠고, 단행본으로 출간되어 전 세계 독자들의 주목을 받는 작품이 되었습니다. 이후 헤밍웨이가 1953년 '퓰리쳐상'과 1954년 '노벨 문학상'을 수상하는 데 지대한 영향을 미치기도 했습니다. 덕분에 헤밍웨이의 작가로서의 명성은 더욱 확고해졌습니다.

헤밍웨이는 얼마 후 푸엔테를 찾아가 2만 달러[30]를 내밀었습니다. 푸엔테가 받지 않겠다며 거절하자 자신은 더 많은 돈을 벌었고, 이 정도는 그냥 푼돈일 뿐이니 맘대로 하라며 돌아가 버렸죠. 푸엔테는 그 푼돈으로 새로운 배를 장만하고, 필요한 곳에 요긴하게 사용하며 살았습니다. 세월이 지나 헤밍웨이의 사망 소식이 들려오자 그에게 받은 푼돈으로 구입한 배를 타고 먼 바다로 나가 헤밍웨이를 기렸다고 합니다. 그는 『노인과 바다』의 실제 모델임이 알려진 뒤로 유명세를 얻게 되어 많은 사람을 만나야 했고 때론 그것이 귀찮기도 했다는 말을 자신의 회고록을 통해 밝혔습니다. 그의 100세 생일에는 미국을 비롯한 여러 외신 기자가 방문하기도 했습니다. 푸엔테는 2002년, 무려 104세의 나이에 세상을 떠났습니다.

---

30 미국 미주리대학 도서관에서 제공하는 '1950-1959까지 미국 물가와 임금' 기준(University of Missouri Libraries , Prices and Wages by Decade: 1950-1959) 미국 일반 노동자 7년 급여, 자동차 13대, 집 2채 정도를 구입할 수 있는 금액.

게임 종료 30초 전

곧 라운드가 종료되는 것을 알리는 종소리가 들립니다. 비록 3라운드에서 전술을 바꿔 유효타를 날리기는 했지만, 상대를 K.O.시킨 것도 아니고, 라운드가 끝난 것도 아닙니다. 앞으로 남은 30초라는 시간은 길고도 짧은 시간입니다. 우리는 지금껏 관찰과 실천을 통해 모든 것을 배웠습니다. 더 이상 선수로서 배울 것은 없습니다. 상대는 그런 우리를 꿰뚫어 보고 한 방에 무너뜨릴 수 있는 기술을 사용합니다. 상대의 마지막 기술은 '자만'입니다. 다 배웠다고 우쭐대다가는 30초 남겨놓고 자만에 제압당할 수 있습니다. 지금 자만을 무력화시킬 방법은 '끈기'뿐입니다. 지금까지의 모든 것을 끝까지 유지하는 것, 끈기만이 당신을 버티게 할 것입니다. 아무리 많이 알아도 쓰러지면 소용없습니다. 아무리 열심히 분석해도 쓰러지면 소용없습니다. 자만하는 순간 쓰러집니다. 이젠 '끈기'만이 당신을 지킬 수 있습니다.

노인처럼 버티세요. 아직 노인처럼 끝까지 버텨본 경험이 없다면, 이번에 시도해보세요. 지금껏 붙들고 있던 것을 조금만 더 붙들고 버티면 됩니다. 승부에만 집착하다 보면 머릿속이 복잡해지면서 다시 상대가 거대해 보이고, 나는 작아 보일 것입니다. 눈을 돌려 변해 있는 당신을 보세요. 이미 훌쩍 성장한 당신은 이토록 냉혹한 링 위에서도 든든히 버티며 마지막 30초를 남겨놓고 있습니다. 스스로를 자랑스러워 하며 30초만 더 버티는 겁니다. 자만은 곧 '포기'입니다. 포기하는 순간, 상대는 당신의 머리를 가격할 것이고, 우리의 기억에서 '도전'이란 단어는 지워질 것입니다. 실컷 놀면서 추억을 만들고, 나를 단단하게 만들 것을 찾아 처음이 되고, 그것을 성실하게 이어오던 당신의 변화에 끈기라는 마침표만 찍으면 '위대한 인간'이 됩니다. 상대는 당신입니다. 스스로에게 굴복하지 마세요. '더 나은 삶을 살 수 있는 방법', '더 행복을 느낄 수 있는 방법'이 드디어 우리 눈앞에 모습을 드러냈습니다. 깨달은 인간의 실천이 얼마나 위대한지 스스로에게 증명할 시간입니다.

끈기를 평가하는 것은
'스스로에게 부끄럽지 않은가?'라는 질문입니다.

판정
타이브레이커

수고하셨습니다. 정말 대단합니다. 지금 두 발로 우뚝 서 있는 당신이 자랑스럽습니다. 처음 만났을 때 당신은 아무런 준비도 없이 불만만 가득한 나약한 인간이었습니다. 하지만 워밍업을 통해 스스로를 깨닫고, 확실한 승리의 목표를 설정한 후 경기 시작과 동시에 가드 뒤에 얼굴을 감추고 날카롭게 상대를 분석하는 모습을 보여줬고, 상대에게 얻어맞아 로프다운을 당했음에도 다시 정신을 차리고 끝까지 경기를 치르는 위대함을 보여주었습니다.

이번 경기는 '무승부'입니다. 곧바로 '연장전(延長戰)'을 시작합니다.

어차피 처음부터 직장을 완전히 무너뜨리는 것이 아닌, 그 안에서 '더 나은 삶을 살 수 있는 방법', '더 행복을 느낄 수 있는 방법'을 찾는 것이 목표였기에 계속 경기를 이어 가야만 합니다. 당신은 이미 '실천하는 위대한 인간'이 되어 '타인의 변화'를 선도할 정도로 강력해졌고, 높은 지적 수준과 탁월한 업무 능력까지 갖추고 일을 즐기게 되었습니다. 이제 언제든 K.O.를 얻을 수 있습니다.

하지만 연장전에서는 더 이상 상대를 때리지 않기로 합니다.

직장은 결국 당신이기 때문입니다. 스스로의 변화를 경험했기에 더 이상 주먹을 낼 필요가 없습니다. 이제 아직 변화하지 못한 인간들의 변화를 이끌어내면 됩니다. 게다가 당신은 지금 잃을 것이 너무나도 많은 상태입니다. '소중한 추억', '사랑하는 가족', '지금껏 성장한 자신', '스스로의 꿈'까지. 그러니 함부로 때리지 말고 스스로를 사랑하세요. 자신을 존경하고 자신의 권위를 경험하세요. '더 나은 삶을 살 수 있는 방법', '더 행복을 느낄 수 있는 방법'을 찾아냈으니 스스로 결정한 옳은 일을 행하며 살면 됩니다. 모든 문제는 해결되었습니다. 마지막으로 당신이 '옳은 일'을 결정하는 데 도움이 될 만한 이야기를 준비했습니다.

낭중지추[31]

---

31 囊中之錐. 능력과 재주가 뛰어난 사람은 스스로 두각을 나타내게 된다는 뜻.

희망을 포기하지 않는 인간들
『레 미제라블』

Les Misérables
- 프랑스 작가 '빅토르 위고(Victor Marie Hugo)'의 1862년 작품
- 장발장, 대하소설, 역사소설, 철학소설, 낭만주의, 인도주의

일찍이 부모를 여의고, 홀몸이 된 누나와 일곱 명의 조카들의 생계를 책임지던 25세의 '장발장'은 굶주린 조카들을 위해 빵을 훔치다 체포되어 5년형을 선고받고 감옥에 수감됩니다. 그리고 그곳에서 수감자의 노역을 관리, 감독하던 '자베르'와 만나 평생의 악연을 시작합니다. 자베르는 교도소에서 범죄자의 아들로 태어났습니다. 보통 이런 조건이라면 사회를 부정하는 삶을 택했을 가능성이 높지만, 그는 달랐습니다. 그는 오히려 죄악을 극도로 혐오하며 사회의 감시자가 되기로 마음먹습니다. 하지만 그의 태생에서 발생한 콤플렉스는 그의 이분법적이고 강박적인 성격을 형성하는 데 지대한 영향을 미칩니다.

장발장은 선고받은 5년의 형기 중 1년 정도를 남겨두고 안타까운 소식을 듣게 됩니다. 사회에 남겨둔 일곱 명의 조카 중 여섯 명은 행방불명되었고, 누나와 막내 단둘이 고향을 떠나 파리 빈민가에서 살고 있다는 소식이었습니다. 그때부터 그는 탈옥을 시도했고 그로 인해 형기가 점점 늘어나 결국 19년이 지나서야 세상으로 나올 수 있었습니다. 하지만 오랜만에 만난 세상은 그를 전과자라 낙인찍어 배척할 뿐이었고, 이로 인해 장발장의 마음속에는 사회에 대한 분노가 자라기 시작합니다. 그렇게 이곳저곳 거처를 옮겨가며 떠돌던 장발장은 우연히 만난 부인으로부터 '미리엘 주교'를 소개받습니다.

미리엘 주교는 장발장의 앞으로의 모든 변화를 일으킨 평생의 스승입니다. 그는 '사제의 집은 항상 열려 있어야 한다'라며 문을 잠그지 않은 채 살았고, 오히려 집에 들어온 도둑을 설교해 마음을 바꿔먹게 만드는 인물입니다. 장발장이 미리엘 주교의 집에 방문했을 때 주교는 중요한 손님을 대접할 때나 꺼내놓는 '은 촛대'와 '은 접시'로 그를 대접합니다. 장발장은 차별이라고는 찾아볼 수 없는 주교의 선의에 당황해하며 복잡한 심경으로 잠자리에 듭니다. 하지만 이내 사회에 대한 분노가 치밀어 올라 주교의 은 식기를 훔쳐 도망쳐버리고 맙니다. 얼마 못가 검문을 받게 된 장발장이 은 식기의 출처를 의심받자, 미리엘 주교가 선물한 것이라 둘러댑니다. 경찰은 그를 미리엘 주교에게 데려갔고, 물건을 훔쳐 달아난 장발장을 마주한 미리엘 주교는 그의 편을 들어줍니다. 오히려 은 촛대를 들고 나와 이건 왜 안 가져갔느냐며 장발장을 위기에서 구해줍니다. 그리고 조용히 이런 말을 건넵니다.

"당신의 영혼은 내가 샀으니, 앞으로는 선을 위해 살아야 합니다."

주교의 용서와 자신의 분노 사이에서 혼란스러워 하며 길을 걷던 장발장 앞에 굴뚝 청소부 소년의 동전이 떨어집니다. 장발장은 본능적으로 그 동전을 발로 밟고, 소년을 위협합니다. 그 순간 장발장은 '도망치는 소년의 모습'과 '발 아래 있는 동전'을 보고 각성합니다. 장발장은 급히 소년을 찾지만 이미 소년은 사라져버린 뒤였죠. 그런 뒤 장발장은 미리엘 주교의 가르침을 가슴 깊이 받아들이기로 합니다. 깊은 밤 주교의 집에 찾아가 무릎을 꿇고, 평생 주교의 뜻에 따라 살겠다고 다짐하죠. 이윽고 장발장은 이름을 '마들렌'으로 바꾸고 자신의 신분을 철저히 숨긴 채 새로운 삶을 시작합니다. 그간의 죄와 분노를 벗어버린 그는 성실하게 살면서 공장을 운영해 커다란 부를 쌓기에 이릅니다. 그의 공장은 마을 경제를 활성화시켰고, 끊임없이 이어진 그의 기부와 선행은 결국 그를 '시장' 직위에 올려놓습니다. 그리고 그가 시장에 오른 이듬해 미리엘 주교가 세상을 떠납니다.

장발장은 그간 '윤리'를 최우선 덕목으로 삼아 공장을 직접 관리해왔습니다. 그렇지만 지금은 관리 업무를 나이 많은 여성 직공에게 위임하고 시장 업무를 수행하는 중입니다. 그러자 공장은 다르게 돌아가기 시작합니다. 결국 운영을 맡은 여직공이 '팡틴'이라는 여성의 사생활을 캐내, 그녀를 강제로 공장에서 쫓아내는 사건이 발생합니다. 팡틴은 몇 해 전 젊은 대학생들과 어울려 지내다가 '톨로미에스'라는 남자를 만났습니다. 하지만 얼마 후 팡틴의 임신 사실을 알게 된 톨로미에스가 떠나버리자 그녀는 홀로 아이를 출산합니다. 팡틴은 갓난아기를 데리고 다니며 일할 수 없어서 고향으로 돌아가기로 합니다. 그렇게 고향으로 돌아가는 길에 우연히 길에서 아이와 놀아주는 '테나르디에 부인'을 만났고, 그녀에게 매달 양육비를 보내는 조건으로 아이를 맡기고 장발장의 공장에 취직합니다. 하지만 테나르디에 부부는 생각만큼 좋은 사람들이 아니었습니다. 아이를 정성스럽게 돌보지 않았고, 이런저런 핑계를 대며 양육비 인상만을 계속 요구했죠. 그래서 팡틴은 공장에서 번 돈으로 겨우 양육비를 충당하며 빠듯한 삶을 살고 있었습니다. 그러던 그녀가 하루아침에 직장에서 쫓겨난 것입니다. 그녀를 쫓아낸 여직공은 이 조치가 '장발장의 뜻'이라고 거짓말을 합니다. 팡틴은 장발장에게 분노하지만, 정작 장발장은 아무것도 모르는 상황이었습니다. 당장 수입이 없어진 팡틴은 집안 살림을 내다팔고, 머리카락도 잘라 팔고, 이까지 뽑아 팔면서 겨우겨우 양육비를 충당하지만 더 이상 팔 것이 없어지자 거리에서 몸을 파는 삶을 살게 됩니다.

　몇 년이 흐른 어느 추운 겨울밤, 길에 앉아 있는 팡틴을 본 한 신사가 그녀를 놀리기 시작합니다. 처음에는 장난으로 시작했지만 점점 심해지던 그의 행동은 눈뭉치를 만들어 팡틴의 옷 속에 쑤셔 넣기에 이릅니다. 그러자 참고 있던 팡틴의 분노가 폭발합니다. 팡틴이 신사에게 덤벼들자, 곧 경찰이 개입합니다. 그때 도착한 경찰은 장발장의 오랜 악연 자베르였습니다. 자베르는 감히 창녀 따위가 신사를 모독하느냐며 팡틴을 체포했고, 두 사람은 조사실에 마주 앉습니다. 팡틴은 자신은 성실하게 살려고 했지만 마들렌 시장이 강제로 일터에서 내쫓는 바람에 딸에게 보낼 양육비를 벌기 위해 비참한 삶을 살게 되었다며 그간의 억울함과 시장에 대한 분노를 털어놓습니다. 그때 조사실 문이 열리고 장발장이 들어옵니다. 팡틴이 길에서 모욕당하는 모습을 처음부터 지켜보고 있었던 장발장은 그녀의 억울함을 증언해주러 이곳을 찾았다가, 문밖에서 그녀의 이야기를 모두 듣게 된 것입니다. 장발장을 대면한 팡틴은 그의 얼굴에 침을 뱉으며 자신의 인생을 망친 것에 대한 분노를 드러냅니다. 장발장은 시장으로서 경찰관 자베르에게 팡틴을 석방할 것을 명령합니다. 자베르의 강력한 반대에도 불구하고 장발장은 팡틴을 데리고 나와 집으로 데려가 의사를 불러 간호합니다. 그리고 팡틴에게 용서를 빌며, 테나르디에를 찾아가 밀린 양육비를 치르고 딸을 데려오겠다는 약속을 합니다.

한편 자베르는 자신에게 굴욕을 준 시장에게 불쾌감을 느끼며 시장에 대한 여러 사정을 파악하기 시작합니다. 이미 여러 정황으로 미루어 마들렌 시장이 사라진 장발장일 것이라는 의심을 하고 있던 그는 이번 일을 계기로 그 생각을 굳혔고, 곧장 상부에 마들렌이 탈옥수 장발장이라는 보고를 합니다. 하지만 돌아온 대답은 장발장은 이미 체포되었다는 것이었습니다. 그 사정을 알지 못했던 자베르는 자신의 상관인 시장을 오해하고 의심하고 고발한 것에 죄책감을 느껴 시장을 찾아가 자신의 행동을 모두 털어놓고 해

임시켜달라는 부탁을 합니다. 장발장은 자베르의 얘기를 듣고 나서야 지금 누군가가 자신으로 인해 누명을 쓰고 처벌을 앞두고 있다는 것을 알게 됩니다. 하지만 지금 누명을 쓴 누군가를 구하러 가기에는 시장으로서 돌봐야 할 시민들도 생각해야 했죠. 깊은 고민에 빠진 장발장은 결국 법정을 찾아가 진실을 밝히기로 합니다. 도망가지 않을 테니 자신이 시장으로 있는 도시로 찾아와 체포하라는 말을 남기고 돌아옵니다. 그리고 곧장 팡틴을 만나 그간의 사정을 설명합니다. 그때 자베르가 나타나 팡틴이 보는 앞에서 장발장을 체포하고, 딸을 만날 수 있을 것이란 기대가 무너진 팡틴은 장발장에게 딸을 부탁한다는 말을 남기고 숨을 거둡니다. 체포된 장발장은 무기징역을 선고받고 다시 감옥에 수감되고, 그가 부흥시켰던 도시는 몰락하고 맙니다.

얼마 후 감옥에 갇혀 노역을 하고 있던 장발장은 우연한 계기로 탈옥에 성공해, 곧장 테나르디에 부부를 찾아가 팡틴의 딸 '코제트[32]'를 구출합니다. 그리고 앞으로의 삶은 코제트를 위해 살겠다고 다짐하며 다시 은둔하는 도망자의 삶을 시작합니다. 하지만 자베르는 기어코 장발장을 찾아냅니다. 신분을 숨기고 살아오면서도 어려운 이들을 위한 기부를 멈추지 않았던 장발장과 우연히 마주친 자베르는 다시 그를 추격하고, 장발장은 수녀원에 몸을 숨깁니다. 조건은 그가 수녀원의 정원 관리인으로 일하는 것과 코제트

---

32 본명: 외프라지(Euphrasie)
   코제트(Cosette)라는 이름은 어머니 '팡틴'이 붙여준 애칭으로, '작은 것'이라는 뜻이다.

가 성장하면 수녀가 되는 것이었습니다. 그렇게 장발장은 5년간 안전하게 지낼 수 있었습니다. 이대로라면 앞으로도 안전할 수 있었지만 도망자인 자신을 위해 코제트를 수녀로 만들고 싶지 않았던 그는 결국 수녀원을 떠나 새로운 거처를 마련합니다. 그리고 이곳에서 테나르디에 부부와 다시 만나게 됩니다. 장발장을 알아본 이들은 그의 돈을 빼앗기 위해 함정을 파기 시작합니다. 결국 장발장은 함정에 빠져 목숨을 위협받는 상황에 처하고 맙니다. 그때 이웃에 살던 '마리우스[33]'라는 청년이 개입해 장발장의 목숨을 구하고 테나르디에 부부를 감옥으로 보내버립니다. 그런데 테나르디에 부부를 체포하러 온 경찰이 하필이면 자베르였습니다.

마리우스는 얼마 전 공원을 산책 중인 코제트를 보고 짝사랑에 빠져 있었습니다. 덕분에 장발장을 구할 수 있었죠. 하지만 장발장은 다시 자베르를 피해 코제트를 데리고 어디론가 숨어버립니다. 결국 자베르는 장발장을 찾아다니고, 마리우스는 코제트를 찾아다니는 상황이 펼쳐집니다. 이 상황에는 또 한 명의 인물 '에포닌'이 끼어 있습니다. 마리우스를 짝사랑하는 그녀는 테나르디에 부부의 친딸입니다. 코제트와 마리우스, 에포닌의 삼각관계는 결국 에포닌의 양보로 코제트와 마리우스가 사랑을 확인하는 것으로 정리됩니다. 에포닌은 그 후로도 두 사람에게 많은 도움을 주고 마지막에는 목숨까지 바쳐가며 마리우스를 보호합니다. 한편 코제트의 사랑을 알게 된 장발장은 그녀가 자신의 곁에서 영원히 떠날

---

[33] 본명 : 마리우스 퐁메르시(Marius Pontmercy).

것을 두려워하기 시작했고, 결국 코제트를 데리고 영국으로 떠날 준비를 시작합니다. 그러다가 우연히 마리우스가 코제트에게 보낸 편지를 읽게 됩니다.

"사랑 없는 삶을 살 바엔 이곳에서 죽겠다."

이제야 정신을 차린 장발장은 두 사람의 진실한 사랑을 받아들입니다. 하지만 마리우스는 이미 목숨을 포기하고 '위험한 곳'에 가 있었죠.

잠깐 '위험한 곳'을 설명하고 지나갈게요!

이야기의 배경인 역사적 사건 '6월 봉기(1832)'에 대해 간략히 설명하겠습니다. 프랑스는 '프랑스 혁명(1789)'을 통해 공화국을 수립하는 데 성공했습니다. 하지만 이를 통한 번영에는 실패했죠. 결국 프랑스는 1815년부터 다시 군주국으로 돌아가고 말았는데요. 마리우스와 코제트의 사랑은 바로 이 시기, 프랑스 혁명 이후 약 20년이 지난 뒤를 배경으로 하고 있습니다.

당시 파리에서는 군주정을 타도하고 다시 공화정으로 돌아가자는 '공화파'의 움직임이 활발했습니다. 파리의 부르주아 가문에서 태어난 마리우스는 왕당파인 할아버지의 손에 길러졌지만 이후 아버지와 할아버지의 감춰져 있던 사실을 알게 된 후 공화파를 지지하며 할아버지와 멀어졌고, 가난한 삶을 살며 공화파 인물들과 인연을 맺고 지내던 중에 코제트와의 문제가 발생해 목숨을 포기하고 '위험한 곳'인 공화파의 '파리 도심 무력 항쟁'에 참여했던 것입니다.

이 항쟁은 1832년 6월 5일 '장 막시밀리앙 라마르크 장군[34]'의 장례식을 기점으로 시작된 것으로, 하루만인 6월 6일 국가 경비대의 개입으로 진압되었고, 동시에 엄청난 사상자가 발생했습니다.

---

34 장 막시밀리앙 라마르크(Jean Maximilien Lamarque,1770~1832) 프랑스의 장군으로 '프랑스 대혁명'에서 활약한 인물.

이제 장발장은 코제트가 사랑하는 남자 마리우스를 구하기 위해 군복을 챙겨 입고 항쟁의 현장으로 뛰어듭니다. 그리고 이곳에서 평생의 악연인 자베르와 다시 만납니다. 하지만 이번에는 입장이 바뀌어 있습니다. 자베르는 신분을 숨기고 민간인으로 위장해 저항군에 잠입했다가 포로가 되어 죽음을 눈앞에 두고 있는 상황입니다. 국가 경비대의 공격이 점점 거세지자, 저항군은 곧 자신들이 진압될 것을 예감하며 포로 처형을 서두르기 시작하고, 이때 장발장이 나서 자베르를 직접 처형하겠다고 말하고는 외진 곳으로 끌고 갑니다. 자베르는 자신을 끌고 온 이가 장발장임을 알아차리고는 말합니다.

"어서 나를 죽여 복수를 완성하고, 영원히 숨어 사시오."

하지만 장발장은 그를 묶고 있던 밧줄을 풀어주고, 허공에 총을 쏴 거짓으로 그가 처형되었음을 알립니다. 그리고 자신의 주소를 알려주며, 이곳에서 살아서 나간다면 찾아와서 체포하라는 말을 하죠. 곧이어 국가 경비대의 총공격이 시작되고 저항군은 진압되어 함께하던 모두가 죽고 맙니다. 마리우스 또한 정신을 잃고 쓰러졌죠. 그때 장발장이 나타나 마리우스를 업고 지하 수로를 통과해 탈출합니다. 하지만 탈출과 동시에 자베르와 만나죠. 이번엔 장발장이 자베르에게 부탁합니다. "청년의 목숨을 살릴 시간을 주시오." 자베르는 길을 비켜줍니다. 마리우스를 안전한 곳에 내려놓은 장발장은 자베르를 찾아가 다시 한번 부탁합니다. "마지막으로 딸의 얼굴을 한 번만 보게 해주시오." 자베르는 기다리겠다는 말을 하며 이번에도 장발장의 부탁을 들어줍니다. 장발장은 코제트와 마지막 작별 인사를 나누고 약속대로 자베르를 찾아갑니다. 하지만 그는 그곳에 없었습니다. 자베르는 평생을 바쳐 추격했던 죄수의 손에 목숨을 구한 뒤 큰 충격을 받았습니다. 그리고 그 죄수가 또 다른 사람의 생명을 살려내는 모습에 괴로움을 느끼기 시작했죠. 지금껏 죄악에 대한 혐오와 타협 없는 법 집행이 곧 정의라 굳게 믿었던 자베르는 죄인의 교화는 불가능하다는 자신의 신념이 무너짐과 동시에 강물에 몸을 던져 스스로의 생을 마감합니다.

정신을 차린 마리우스는 누가 자신을 구했는지 모른 채 건강을 회복해 얼마 후 코제트와 결혼합니다. 장발장은 전 재산을 결혼 지참금으로 내놓고, 다음 날 마리우스를 찾아가 자신이 코제트의 친아버지가 아니라는 것과 도망 중인 죄수라는 사실을 이야기합니다. 마리우스는 그간 장발장을 못마땅하게 생각하고 있었습니다. 자신의 사랑을 방해했던 것이 불편했고, 그가 저항군에 들어와 총으로 포로를 쏴 죽이는 모습이 떠올라 불편했죠. 그런데 도망 중인 죄수 신세였다니 더 못마땅합니다. 장발장은 이제 코제트에게 새로운 보호자가 생겼으니 자신은 다시 숨어 살겠다고 말하며 자신이 코제트와 가끔 만나는 것만은 막지 마라는 부탁을 하고 떠납니다. 하지만 마리우스는 두 사람의 만남에 노골적인 불편함을 표시했고, 결국 두 사람을 만날 수 없게 만듭니다. 그 후로 1년간 장발장은 집 앞까지 왔다가 그냥 돌아가기를 반복했고, 이내 기력이 떨어져 두 발로 걸을 힘조차 남지 않았을 때 자신의 마지막

이 다가왔음을 직감합니다. 그러고는 평생 간직해온 은 촛대에 불을 밝히고, 행복하게 살고 있을 코제트에게 편지를 쓰기 시작합니다. 팡틴의 일생을 기록하기 시작한 것이죠. 한편 더 이상 장발장이 찾아오지 않자 속이 후련해진 마리우스는 그즈음 충격적인 사실을 알게 됩니다.

- 전과가 있었지만 개과천선한 마들렌이란 사람이 도시를 부흥시켰다.
- 마들렌은 사실 장발장이다.
- 지참금으로 물려준 재산은 모두 성실하게 모은 돈이다.
- 장발장은 자베르를 죽이지 않았다.
- 마리우스의 목숨을 구한 것은 장발장이다.
- 마리우스 자신은 생명의 은인이자 성자와 같은 장인을 모욕해 내쫓았다.

마리우스는 즉시 코제트와 함께 장발장을 찾아 나섭니다. 장발장의 목숨이 얼마 남지 않았기에 이들은 조금이라도 빨리 그를 만나 용서를 빌어야만 했습니다. 다행히 두 사람은 마지막 순간을 맞이하기 직전에 장발장 앞에 도착합니다. 그리고 눈물로 용서를 빌었죠. 장발장은 이들이 다시 찾아와준 것에 한없는 감사를 표하고 영원히 눈을 감습니다.

장발장의 마지막은 편안한 모습이었습니다. 19년의 감옥살이를 마치고 세상에 나왔을 때의 분노와 도망자로 살아가던 불안함은 모두 사라졌고, 세상의 모든 짐을 내려놓은 진정한 자유를 찾은 모습이었죠. 장발장은 두 사람에게 마지막으로 이런 말을 남깁니다.

"언제나 서로 깊이 사랑하여라.
이 세상에서 그밖의 것은 별로 중요하지 않단다."

세계 최강 우주 최강 『레 미제라블』

저는 이 책에서 다룬 여러 편의 고전 문학작품을 비롯해 지금껏 읽은 소설을 통틀어 『레 미제라블』이 최고의 작품이라고 생각합니다. 제가 책을 읽으면서 진심으로 눈물을 쏟은 유일한 작품이고, 제가 '인간'이라는 사실에 대한 고민을 시작하게 만든 작품이기 때문입니다. 그리고 앞으로도 이 평가는 변치 않을 것입니다. 제 스스로 그 어떤 작품에게도 최고의 자리를 내주지 않기로 결심했습니다. 마치 영구결번처럼요. 그 이유는 이 작품에 무언가가 더해져 있기 때문입니다. 그 무언가에 대한 이야기는 모든 이야기를 마치고 에필로그에서 이어 가겠습니다.

명분 그리고 실천하는 인간

세상을 움직이는 가장 큰 힘은 군인의 총칼도 아니고, 붓을 쥔 언론의 힘도 아닙니다. 이름 없이 왔다 간 인류의 사랑의 힘이 가장 큰 힘이었습니다. 『레 미제라블』은 이렇듯 인간이 중심이 되어 인간을 향하는 '인본주의(人本主義, humanism)[35]'를 바탕으로 합니다. 그래서인지 이 작품에는 굉장히 많은 인간이 등장합니다. 그것도 대부분 삶의 굴레에 갇혀 어떠한 자유로움도 허락받지 못한 '불쌍한 사람들'입니다. 강제로 자식과 떨어져 돈만 벌어야 하는 애달픈 삶을 살다 간 팡틴, 유년기를 온통 학대와 집안일로 가득 채운 코제트, 사랑이란 것을 받지 못하고 자란 마리우스, 자신의 감옥에 갇혀 직업적 의무에만 얽매였던 자베르, 오로지 세상살이의 기준을 돈으로만 판단한 테나르디에 부부 등. 이들은 결국 스스로의 족쇄(=명분)에 매여 진정한 자유를 누리지 못했습니다. 하지만 유일하게 자신에게 채워진 족쇄를 깨뜨리고 진정한 자유를 찾은 인물이 있으니 그가 바로 장발장입니다. 무려 19년 동안 감옥 생활을 했고, 이후로도 평생을 도망자로 살았지만 그의 마지막 순간은 진정한 자유로 장식되었죠. 그것은 미리엘 주교가 알려준 진정한 자유를 얻는 방법인 '사랑과 용서'를 **실천**했기에 가능했습니다. 장발장은 어려운 상황 속에서도 그 상황에서 할 수 있는 최선의 방법을 동원해 사랑과 용서를 실천했습니다. 지금껏 수없이 언급한 '실천하는 인간'이라는 말은 바로 장발장의 삶에서 기원을 찾을 수 있습니다. 장발장과 다른 인물의 차이점은 '실천'입니다.

---

35 인간의 존엄성을 최고의 가치로 여기고 인종, 민족, 국가, 종교 따위의 차이를 초월해 인류의 안녕과 복지를 꾀하는 것을 이상으로 하는 사상.

장발장,
그리고 어떠한 상황에서도 희망을 포기하지 않았던 인간들.

　희망을 가진 인간은 어떠한 상황에서도 기쁜 미소와 진짜 웃음을 찾을 수 있습니다. 우리는 지금껏 즐거움을 찾아 기쁜 미소와 진짜 웃음을 얻기 위한 트레이닝을 거쳤습니다. 그래서 우리는 미소가 얼마나 중요한 것인지도 이미 알고 있습니다. 하지만 우리가 알아본 기쁜 미소와 진짜 웃음은 결국 각론일 뿐입니다. 전체를 아우르는 총론은 바로 '희망'입니다.
　『레 미제라블』에 등장하는 인간들은 모두가 각자의 희망을 지니고 있었고, 끝까지 그 희망을 버리지 않았습니다. 오히려 희망을 버려야 할 상황이 되자 희망을 붙들고 죽음을 택했죠. 우리는 희망이 있기에 삶을 이어 갑니다. 희망은 세상의 모든 가능성을 열어 줍니다. 직장에 몸담은 것부터 이곳에서 몸부림치는 모든 것이 당신이 희망을 가지고 있다는 증거입니다. 희망이 없다면 인간 존재의 가치는 소멸합니다. 인간에게 희망이 있기 때문에 극한 상황에 처해서도 '초능력'을 발휘할 수 있는 것이고, 죽을병에 걸리고도 건강을 회복하는 '기적'을 일으킬 수 있는 것입니다.
　지금 힘드신가요? 고통스러운가요? 지옥에 살고 있나요? 수치스러운가요? 그런데 어쩌죠? 그것들은 당신에게 희망이 남아 있다는 증거입니다. 희망을 버리는 순간 인간은 죽습니다. 거대한 것만 희망이 아닙니다. 순간순간 내가 바라는 모든 것이 다 희망입니다. 배가 고파 밥을 먹고 싶은 것도 희망이고, 화장실에 가고 싶은 것도 희망입니다. 사소한 것 같지만 가만히 생각해보세요. 당신에게 영원히 배설이 허락되지 않는다면? 죽는 것 말고 다른 방법이 있을까요?

이제부터 우리는 셀 수 없이 많은 희망들 중에서 몇 가지를 골라 '큰 희망'으로 설정하고 그것을 향해 어떠한 고통에도 굴하지 않고 장발장처럼 꾸준히 실천을 행하면 됩니다. 그게 사는 겁니다. 다시 초점을 직장으로 옮겨보겠습니다. 이제 모든 순간의 고통이 어디에서 오는지, 왜 오는지, 내가 왜 일을 하는지, 돈을 벌어서 무엇을 하려는지, 왜 저 인간이 싫은지, 왜 저 인간은 좋은지 답을 찾으실 수 있겠죠? 그러면 다음 에피소드 『고도를 기다리며』를 통해 우리가 어떻게 희망에 도달할 수 있는지 구체적인 실천 방법을 알아보겠습니다.

언젠가는 올 것이라 생각하면 오겠죠?

『고도를 기다리며』

Waiting for Godot
- 아일랜드 출신 프랑스 작가 '사무엘 베케트(Samuel Beckett)'의 1953년 작품
- 희곡, 부조리극, 염세주의, 기다림

이 작품은 전체 2막으로 구성된 '희곡'입니다. 상당히 특이한 형태를 가진 작품으로 공연 관람객이나 책을 통해 작품을 접한 이들에게 '끊이지 않는 의문'을 제시하는 형태입니다.

나무 한 그루가 있는 시골길 옆에 '블라디미르[36]'와 '에스트라공[37]'이라는 두 인물이 '고도(Godot)'를 기다리고 있습니다. 하지만 두 사람은 자신들이 기다리고 있는 장소와 시간이 정확한 것인지조차 모르고 있습니다. 그냥 기다리고 있을 뿐입니다. 게다가 그들

---

36 '디디'라고 불린다.
37 '고고'라고 불린다.

이 기다리고 있는 고도가 누구인지도 정확히 모르고 있습니다. 막연히 기다릴 뿐이죠. 그리고 이 기다림은 무려 50년 가까이 이어지는 중입니다. 그들에게 고도를 기다리는 행위는 이제 습관이 되었습니다. 그러던 어느 날 에스트라공이 고도를 기다려야 한다는 사실을 깜빡 잊고는 블라디미르에게 이제 그만 떠나자는 말을 합니다. 하지만 블라디미르는 계속 고도를 기다려야 한다고 대답합니다. 그렇게 또 고도를 기다립니다.

그러는 동안 '포조'와 '럭키'가 등장합니다. 아주 잠시 스쳐가는 인물들인데요. 포조는 권위적이고 뽐내기를 좋아하는 인물이고, 럭키는 포조의 짐꾼으로 줄에 묶여 럭키에게 끌려 다닙니다. 포조는 럭키에게 절대적으로 복종하는 어리숙해 보이는 인물이지만 포조의 "생각하라"는 명령이 떨어지자 놀라울 정도의 말솜씨를 보여줍니다. 이들은 작품의 1막과 2막 사이의 연결고리 역할을 합니다. 1막에서는 앞서 소개한 모습으로 등장하지만 2막에 등장하는 모습은 시각장애가 생긴 포조와 언어장애가 생긴 럭키로 변해 있습니다. 이제는 입장이 바뀌어 럭키가 앞장서 줄을 끌고 있습니다. 포조가 앞을 볼 수 없기 때문이죠. 이렇게 그 사이 많은 시간이 흘렀다는 것을 암시합니다.

해가 질 무렵 '소년'이 등장합니다. 이 소년은 그들이 기다리고 있는 고도의 심부름꾼인데요. 고도가 "오늘은 못 오고 내일은 꼭 온다"는 메시지를 전달하고 사라졌다가 다음 날 다시 등장합니다. 하지만 블라디미르는 이미 그 소년이 또다시 "고도는 오늘은 못 오고 내일은 올 것"이라는 말을 할 것을 예상하고 있습니다. 이제

에스트라공과 블라디미르는 고도를 만나지 못했으니 나무에 목이나 매야 하는 것이 아닌지 상의하기 시작합니다. 그러다가 자살할 곳이 마땅치 않다고 말하고는 내일 튼튼한 줄을 챙겨와 자살하자고 말하며 이야기는 끝납니다.

ᄉ

작가 '사무엘 베케트'는 1906년 아일랜드 더블린에서 태어났습니다. 본명은 영어 '사무엘 바클레이 베켓(Samuel Barclay Beckett)'으로, 이를 프랑스어로 읽은 이름이 '사무엘 베케트'입니다. 학창 시절 '언어'를 공부했던 그는 프랑스로 건너가 대학을 졸업했고, 졸업 후에는 프랑스에서 영어 강사로 일하다가 고향인 더블린으로 돌아와 프랑스어 강사로 일하며 첫 번째 시집 『호로스코프(Whoroscope, 1930)』를 출간하며 본격적으로 작가의 삶을 시작했습니다. 1937년 다시 프랑스로 옮겨가 정착하며 작품 활동을 이어갑니다. 이 과정에서 2차 세계대전 중 레지스탕스 활동에 참여했던 그는 전쟁이 끝날 때까지 나치를 피해 은거하면서 다수의 작품을 집필했습니다. 『고도를 기다리며』는 그가 2차 세계대전 당시 피신 생활을 했던 경험이 밑바탕이 된 것으로 숨어서 전쟁이 끝나기만을 기다리던 자신의 상황을 인간의 삶 속에 내재된 보편적인 기다림으로 작품화한 것이라고 볼 수 있습니다. 그는 공개적인 자리에 나서거나 사생활을 공개하는 것을 꺼렸던 인물이라서 그에 관한 다양한 에피소드가 알려져 있지는 않습니다. 알려진 내용 중 관심을 가질 만한 것은 그가 1969년 '노벨 문학상' 수상자로 결정되었음에도 시상식에 나타나지 않았고 인터뷰마저 일절 거절했다는 것입니다. 스웨덴 한림원은 '새로운 형식의 소설과 희곡으로 빈곤의 시대를 사는 현대인의 기품을 찾게 한다'라며 그를 수상자로 선정했지만, '사람들 앞에 서는 것 자체가 고통'이라며 출판사에서 일하는 지인을 내보내 대리 수상했습니다. 이후로도 작품 활동은 이어 가되 공개 석상에 나서지 않던 그는 죽는 순간까지 어떤 스캔들이나 여성 문제를 일으키지 않았습니다. 그는 1989년 7월 아내가 사망한 후 같은 해 12월에 83세의 나이로 세상을 떠났습니다.

이 연극은 폭동을 일으킬 것이야!

『고도를 기다리며』는 1953년 1월 5일, 프랑스 파리에서 초연되었습니다. 하지만 상연 초기에는 '무슨 얘기인지 도저히 모르겠다'는 혹평을 받았다고 합니다. 미국 초연 당시 연출자가 사무엘 베케트에게 고도가 무엇이냐고 묻자 "내가 그걸 알았다면 작품에 썼을 것"이라 답변했다는 에피소드도 있습니다. 그런데 이 알 수 없는 작품은 당시 '교도소 수감자'를 상대로도 상연되었습니다. 워낙 난해한 내용 탓에 자칫 수감자들이 거친 반응을 하지 않을까 하는 걱정을 했었는데요. 1957년 미국 캘리포니아주에서 가장 오래된 교도소인 '샌 퀜틴 주립 교도소(San Quentin State Prison)'에서 실제 수감자를 대상으로 상연되자 수감자들은 예상을 뒤집고 고도는 '자유다', '빵이다', '바깥 세상이다' 등의 비슷한 해석을 쏟아내며 열광했다고 합니다. 이는 상연 초기 관객들로부터 혹평을 받았던 것과 상반되는 반응이었습니다. 일반 관객들은 모두 각자의 '기다림'의 대상을 고도에 대입하느라 관객 간에 공감대를 형성하지 못해 미지근한 반응을 보였지만 수감자들은 적어도 하나의 공통된 '기다림'이 있었던 것이죠. 덕분에 이들은 모두가 공감하는 연극을 관람할 수 있었고, 함께 열광할 수 있었던 것입니다. 이런 특별한 경우를 제외하면 일반적으로 고도는 정해지지 않았습니다. 각자 기다림의 대상이 모두 다르기 때문입니다. 결국 각자가 기다리고 있는 무언가가 모두 고도인 것입니다.

당신의 고도는 무엇인가요?

이 세상에서 저절로 이루어진 것은 단 한 가지도 없습니다. 모든 것은 처음이 있기에 완성에 이를 수 있었습니다. 게다가 한 번에 완성된 것도 없습니다. 간혹 한 번에 완성되더라도 쉽게 무너졌습니다. 우리는 그래서 '완성도'라는 척도를 통해 결과를 판단합니다. 완성도 높은 희망에 도달하는 법, 그것은 바로 기다림입니다. 모든 것은 오랜 시간을 거치며 튼튼한 완성도를 지닌 무언가가 되었습니다. 그렇게 되기까지 오랜 기간을 기다려야만 했죠. 사상도, 종교도, 예술도 지금 우리가 사는 세상에 엄청난 영향력을 미치기 위해 오랜 시간을 기다리며 완성도를 높여 지금에 이른 것입니다. 『고도를 기다리며』라는 작품은 고도의 정체를 밝히지 않았기에 위대한 작품이 되었습니다. 그것을 밝힐 수 없다는 것이 진리임을 깨달은 인간들이 『고도를 기다리며』를 위대한 작품으로 만든 든든한 지지층이 된 것이고, 지금껏 그것을 깨달은 인간들이 기다림의 가치를 높이 평가하며 여전히 최고의 자리에 앉혀놓고 있는 것입니다. '당신의 고도는 무엇인가요?' 뭐든 떠올려 보세요. 떠오르는 모든 것이 정답입니다. 당신이 기다림 끝에 고도를 만나게 된다면 당신은 높은 완성도에 도달하게 될 것입니다. 우리는 직전 에피소드인 『레 미제라블』을 통해 사소한 것부터 큰 것까지 다양한 '희망'이 있음을 확인했습니다. 사소한 희망도 기다림을 필요로 합니다. 그렇기에 우리가 설정한 '큰 희망'은 더욱 긴 기다림을 필요로 합니다.

기다림은 곧 과정입니다.

완성도를 높여 가는 과정, 희망에 도달하기 위한 과정, 그 과정에는 늘 기다림이 필요합니다. 우리는 지금껏 스스로 인간임을 자각하기 위해 노력했고, 스스로를 사랑하고, 스스로를 갈고 닦아야 할 필요성을 자각했습니다. 그리고 변화하기로 마음먹고 실천하기 시작했죠. 그렇다면 이제 기다림을 받아들이면 됩니다. 당신이 꿈꾸는 그것이 무엇이든 분명 오래 걸릴 겁니다. 그래서 우리는 『노인과 바다』[38]를 통해 끈기를 배웠습니다. 피떡이 되도록 얻어맞으면서도 끝까지 나를 버티게 한 끈기, 이제 그것을 기다림 옆에 가져다 놓으세요. 그렇게 한다면 기나긴 기다림 속에서도 즐거움을

---

38 제4장 『노인과 바다』 편을 참고해주세요.

찾을 수 있을 것입니다. 지금은 목적이 확실하고, 방향이 확실하고, 수단이 확실합니다. 그러니 이제 즐겁게 기다리기만 하면 됩니다. '실천하는 위대한 인간'은 스스로에게 처음임을 증명한 순간 이미 완성된 것입니다. 그것이 무엇을 가져다줄지, 당신이 얻고 싶은 것이 무엇인지, 이미 당신은 알고 있을 테니까요.

제 이름을 걸고 약속하겠습니다.
"기다리면 반드시 옵니다."

죽은 동심을 살려내는 네크로맨서

『어린 왕자』

Le Petit Prince
- 프랑스 작가 '생텍쥐페리(Saint Exupery)'의 1943년 작품
- 동심(童心), 동심(童心), 동심(童心), 동심(童心), 동심(童心), 동심(童心)

어른들은 누구나 처음엔 어린이였다. 그러나 그것을 기억하는 어른은 별로 없다.

"Toutes les grandes personnes ont d'abord étédes enfants. Mais peu d'entre elles s'en souviennent."

– 어린 왕자

    이야기는 화가를 꿈꾸던 비행사의 어린 시절 이야기로 시작합니다. 그는 '보아 뱀'이 '코끼리'를 삼킨 모습을 그림으로 그려 어른들에게 보여주었지만 누구도 그림을 알아보는 이가 없습니다. 그저 모자를 그린 것이라는 대답만 돌아올 뿐이었죠. 비행사는 답답한

마음에 또 한 장의 그림을 그립니다. 이번에는 보아 뱀의 속이 훤히 들여다보이는 그림이었습니다. 하지만 핀잔만 듣게 된 그는 결국 화가의 꿈을 포기합니다. 이후 그가 자라는 동안 사람들에게 그림을 보여주었지만 그의 그림을 이해하는 이를 만나지 못합니다. 그렇게 성인이 된 그는 비행기를 조종하던 중 고장이 나는 바람에 사막 한가운데 불시착하게 됩니다. 그곳에서 그는 한 소년을 만납니다. 소년은 대뜸 그에게 양 한 마리를 그려달라는 부탁을 합니다. 그래서 비행사는 어릴 적 보아 뱀의 그림을 슬쩍 그려 보여줬죠. 그러자 소년은 단번에 이해합니다. 그의 그림을 이해한 사람은 이 소년이 처음이었습니다.

그 소년은 자신이 '어린 왕자'이고, B-612라는 별에서 왔다고 말합니다. 그의 별에는 '바오밥 나무'가 자라는데 매일 치우지 않으면 금방 커져서 별을 망가뜨릴 수도 있기 때문에 늘 부지런하게 움직여야 한다고 합니다. 그래서 나무를 치울 수 있는 양을 그려달라는 부탁을 했던 것이죠. 또 그 별에는 '장미' 한 송이가 살고 있습니다. 어디선가 날아온 씨앗을 정성스레 돌봐 소중히 길러냈더니만 너무 애지중지 키운 탓인지 늘 투정을 부리며 많은 것을 요구하는 녀석이 되었다고 합니다. 결국 장미의 투정에 화가 난 어린 왕자는 장미의 오만함을 고치기 위해, 별을 떠났고 결국 이곳까지 오게 되었다고 합니다.

어린 왕자가 지구에 도착한 과정은 다음과 같습니다. 첫 번째 별은 '왕'이 살고 있는 별이었습니다. 하지만 신하는 한 명도 없는 왕이었죠. 그는 "허락하겠다"라는 명령조의 말을 입에 달고 사는 사람으로, 그곳은 뭐든 그의 허락이 필요한 곳이었습니다. 어린 왕자는 왕의 행동을 이해할 수 없었습니다.

두 번째 별은 '신사'가 살고 있는 별이었습니다. 그는 어린 왕자가 박수를 칠 때마다 모자를 벗고 근사하게 인사했습니다. 그렇게 계속 박수를 받고, 인사만 반복합니다. 어린 왕자는 그 행동을 몇 번 해보고 나서 지루함을 느껴 다른 이야기를 꺼내보지만 신사는 계속 박수 치고 칭찬해달라는 요구만 할 뿐이었습니다.

세 번째 별은 '술꾼'이 살고 있는 별이었습니다. 그는 어린 왕자가 앞에 있음에도 아랑곳하지 않고 계속해서 술을 마십니다. 왜 그렇게 술을 마시는 거냐고 묻자, "부끄러움을 잊고 싶다"라고 대답합니다. 그래서 "무엇이 부끄럽냐"라고 물으니 "술 먹는 게 부끄럽다"라는 엉뚱한 대답을 하고 다시 술잔을 기울입니다.

네 번째 별은 '사업가'가 살고 있는 별이었습니다. 그는 종이에 빼곡하게 적힌 무언가를 계속 세는 중이었고, 무엇이냐고 묻자 자신이 가진 별을 세고 있다고 대답합니다. 그래서 어린 왕자는 자신의 별에 관한 이야기를 꺼냈습니다. 하지만 그는 그 이야기에는 전혀 관심을 보이지 않고 그저 자신이 소유한 별을 세서 부자가 될 것이라는 말만 할 뿐입니다.

다섯 번째 별은 '가로등을 켜는 사람'이 있는 별이었습니다. 그는 1분마다 가로등을 끄고 다시 켜기를 반복하고 있습니다. 그나마 지금껏 만났던 사람들과 비교하면 뭔가 의미 있는 일을 하고 있다는 생각이 들었죠. 하지만 정작 그 사람은 일이 너무 힘들다며 조금이라도 쉬고 싶다는 하소연을 늘어놓습니다. 이전보다 자전 속도가 빨라지는 바람에 지금은 1분에 한 번씩 일을 하느라 쉴 시간이 없다고 했는데요. 어린 왕자가 좀 쉬었다 하라고 말했지만 '명령'이기 때문에 쉴 수 없다는 대답만 할 뿐 계속 일을 합니다.

여섯 번째 별은 다른 별보다 10배는 커 보이는 곳이었습니다. 이곳에는 '지리학자'가 살고 있었습니다. 어린 왕자가 지리학자가 뭐냐고 묻자 "산과 들, 강이 어디 있는지 아는 사람"이라고 소개합니다. 하지만 정작 "산과 강이 어디 있냐?"는 질문에는 모른다고 대답하는데요. 자신은 서재에서 일해야 하고 위치를 찾는 것은 탐험가가 해야 할 일인데 지금 이곳에는 아무도 없기 때문에 위치를 알 수 없다는 난해한 이야기를 합니다. 그러던 중 그에게서 '지구'라는 별을 소개받아 이곳에 도착하게 된 것이었죠.

어린 왕자는 지구에 도착해 사막에서 비행사를 만나기까지 다양한 일을 경험했습니다. 가장 먼저 사막의 뱀을 만났습니다. 그 뱀은 자신이 한 번 물면 사람을 죽일 수 있을 정도의 맹독을 가졌다고 했지만 어린 왕자를 공격하지 않았습니다. 뱀은 어린 왕자와 이야기를 나누는 과정에서 언제든 돌아가고 싶다면 자신이 도움을 줄 수 있다는 말을 했죠. 어린 왕자는 이후 지구에는 지금껏 거쳐 온 별들에 살던 사람들이 훨씬 많이 산다는 것을 알게 됩니다. 그리고 또 한 가지 자신이 애지중지 키우던 장미와 똑같은 것이 무수히 많다는 것도 알게 되었죠. 지금껏 세상에서 단 하나뿐이라 생각했던 장미가 하나가 아니었다는 사실에 어린 왕자는 눈물을 흘립니다. 그때 '사막여우'가 나타납니다. 외로움으로 괴로워하던 어린 왕자는 여우에게 친구가 되자고 말합니다. 하지만 여우는 그의 제안을 거절합니다. "아직 서로에게 길들여지지 않았기 때문에 친구가 될 수 없다"라고 하면서요. 그래서 어린 왕자는 길들여지는 것이 무엇인지 묻습니다. 그러자 여우는 인연을 맺어야 한다고 했고, 인연을 어떻게 맺는지 설명해줍니다. 이 외에도 '친구, 우정, 책임' 등에 대해 좋은 이야기를 들려주면서 어린 왕자와 여우는 가까운 사이가 됩니다. 여우의 가르침을 얻은 어린 왕자는 이후 역무원과 약장수를 거쳐 마침내 비행사와 만나게 된 것입니다.

어린 왕자는 비행사에게 물을 마시고 싶다고 했고, 둘은 물을 찾으러 돌아다니기 시작합니다. 둘은 그 과정에서 많은 대화를 나누었고 곧 우물을 발견합니다. 물을 마신 어린 왕자는 내일이면 여행한 지 1년째 되는 날인데, 자신이 소중히 여기는 장미에게 돌아가야겠다고 말합니다. 비행사는 어린 왕자와 떨어져 자신의 비행기를 수리하기 시작합니다. 다음 날, 비행사가 돌아와 보니 오래된 돌담 잔해에 앉아 누군가와 이야기하고 있는 어린 왕자의 모습이 보입니다. 그런데 그 상대가 맹독을 가진 뱀입니다. 놀란 비행사가 급히 어린 왕자에게 달려갔지만, 뱀은 사라졌고 남아 있는 건 점점 힘을 잃어가는 어린 왕자뿐이었습니다. 뱀이 어린 왕자를 물어버린 것이었죠. 언제든 돌아가고 싶다면 자신이 도움을 줄 수 있다는 말을 실행한 것이었지만, 비행사는 그 사정을 알지 못해 슬퍼할 뿐입니다. 어린 왕자는 비행사에게 선물을 주겠다며 떠난 자신에 대한 슬픔이 가라앉을 즈음에 나를 알았다는 사실에 만족해할 것이라고, 그리고 수많은 별 중 어딘가에 있을 나를 떠올리며 밤하늘을 향해 빙긋 웃게 될 것이라고 말합니다.

다음 날, 비행사는 죽은 어린 왕자를 찾았지만 어디에서도 그를 찾을 수 없었습니다. 이후 비행사는 무사히 비행기를 고쳐 귀환했고, 6년이 지나도록 누구에게도 어린 왕자와 있었던 일을 말하지 않았습니다. 그는 여전히 어린 왕자가 죽었다는 것이 너무나 슬펐습니다. 하지만 시간이 지나 슬픔이 가라앉을 때쯤 당시에 왕자의 시체가 없었다는 점을 떠올립니다. 결국 어린 왕자가 자신의 별로 돌아갔다는 것을 깨닫고 밤하늘의 별을 보며 미소를 짓습니다.

왜 사막일까요?

어린 왕자는 작품의 후반 제26장에 가서 죽습니다. 하지만 그가 죽었다는 표현이 참으로 애매합니다. 시신이 사라졌어요. 뭐지? 비행사는 어린 왕자가 자신의 별로 돌아갔다고 '짐작'합니다. 그러면 사망이 아니라 실종으로 봐도 되겠는데요? 복잡하니까 더 이상 따지지 말고 일단 죽었다고 하죠.

어린 왕자의 죽음 = '동심'의 죽음입니다.

작품에 등장하는 뱀은 '죽음의 사자'를 의미합니다. 진작부터 뱀은 자신이 어린 왕자를 하늘로 올려 보낼 수 있다고 과시했습니다. 이는 결국 어린 왕자의 육체는 죽고, 육체에서 분리된 어린 왕자가 B612로 복귀한 것이라고 짐작할 수 있습니다. 특히 마지막 어린 왕자가 쓰러지는 순간 "모래 바닥이어서 아무런 소리도 나지 않았다"라는 표현이 인상적입니다. 왜 하필 모래였을까요? 그리고 두 사람은 왜 하필이면 사막 한가운데서 만난 걸까요?

모래는 오랜 시간 사막의 볕과 바람에 연마되며 무수한 숫자의 세밀한 알갱이가 되었습니다. 결국 모래는 시간을 상징하고, 시간은 곧 세월을 상징합니다. 그래서 어린 왕자는 시간 앞에 쓰러져 소리 없이 사라져버린 동심(童心)을 상징하는 것임을 알 수 있습니다. 비행사는 세월 위에서 자신의 동심을 만난 것이고, 결국 세월은 다시 동심을 데려가버린 것입니다.

기다림을 실천하는 구체적인 방법

이제 당신이 목적을 정하고, 방향을 정한 뒤 수단까지 정해 기다리는 끈기까지 발휘하는 상황에서 궁극적으로 무엇을 기다릴 것인지가 확실해졌습니다. 그것도 매우 구체적으로 정해졌습니다. 이제부터 우리는 동심을 기다립니다. 살려내세요. 살려내란 말입니다. 뭘요? 동심이요. 죽었잖아요. 당신 어른이잖아요. 오랜 시간 볕과 바람에 연마되며 무수한 숫자의 세밀한 알갱이가 되어버린 어른이잖아요. 그러니까 살려내세요. '홀든'[39]도 결국 동심 때문에 그렇게 된 것이잖아요.

아이들은 이미 모든 것을 알고 있습니다.

우리는 이것을 '잠재력'이라고 표현합니다. 아이들이 알고 있

---

[39] 제1장 『호밀밭의 파수꾼』 편을 참고해주세요.

는 것은 모두 옳고 바른 것입니다. 우리는 아이들에게 그렇게 가르쳤고, 그렇게 살라고 말합니다. 어릴 적 자신의 행동을 생각해보세요. 친구와 싸우면 어떻게 했나요? "친구야 미안해, 친구야 사랑해." 그런데 지금은 어떤가요? 여차하면 칼까지 듭니다. 지금 이 모습을 어릴 적 당신이 본다면 어떤 생각을 할까요? 모든 답은 아이들에게 있습니다. 그리고 그것을 가르치며 높은 도덕성을 뽐내는 우리에게는 여전히 무엇이 옳은지 구분할 수 있는 동심이 살아 있습니다. 우리에게 어린 왕자는 아직 죽지 않았습니다. 이제 어린 왕자의 시체가 발견되지 않은 이유를 이해할 수 있겠죠? 그렇지만 어린이의 기준으로만 살아가기에 세상은 많이 험악한 곳입니다. 그래서 우리는 늘 어린이를 보호합니다. 그래도 괜찮습니다. 당신은 우선 동심부터 찾으면 됩니다. 그렇게 지내다가 동심에 따라 행동하는 것이 정말 위험하다고 판단되는 바로 그 순간 그동안 당신을 둘러싸고 있던 어른으로서의 판단과 경험을 살짝 뿌려주기만 하면 됩니다.

당신이 스스로의 존재를 자각하고 믿는다면 당신의 모든 판단은 옳은 일입니다. 인간이 가진 '이성'은 당신이 옳은 일을 행하게 할 것입니다. 그럼에도 더 정확하고 옳은 판단을 원한다면 거기에 동심만 얹으면 됩니다. 하세요. 할 수 있습니다. 살짝만 바꾸세요. 머리는 어른으로 자라 풍부한 지식과 경험을 갖추었지만 몸은 아이처럼 행동하는 겁니다. 부디 진정으로 옳은 것을 발견하고 옳은 일만 행하세요.

그리고 만약 당신이 아이를 키운다면 그 아이가 자신이 지닌 잠재력을 무한하게 발휘할 수 있도록 세상이 정한 룰이 아닌 스스로가 정한 룰로 살아가도록 안내해주세요. 분명 당신은 아이에게 바른 룰을 안내하는 바른 길잡이가 될 것입니다.

    이 모든 것은
    당신이 '실천하는 위대한 인간'이기에 가능한 것입니다.
    이제 곧 연장전이 시작됩니다.
    다시 링으로 돌아가 '인간의 위대함'을 증명하세요.

◆— 에필로그 —◆

> 하다 말았던 이야기, 『레 미제라블』에 더해진 무엇이 무엇인지…

제 고도는 '뮤지컬 『레 미제라블』'입니다. 배낭여행에 푹 빠져 방문했던 세계 여러 나라 중 가장 기억에 남는 곳을 말하라면 저는 자신 있게 '뉴욕', 그중에서도 맨해튼이라고 말합니다. 유럽은 제게 '과거'라는 이미지가 강하게 남아 있습니다. 역사를 품은 장소가 참 많았거든요. 그리고 유럽을 포함한 모든 나라에서 저는 매번 '미래'를 봤습니다. 아마도 새로움에 끊임없이 도전하는 '스스로의 미래'를 본 것 같아요. 하지만 유일하게 과거와 미래가 완벽하게 공존하는 공간은 단 한 곳, 맨해튼뿐이었습니다. 미래를 봤고, 과거를 봤고, 그 과정을 봤고, 자유를 봤습니다. 멀리서 봐서 희극[1]이었는지는 모르겠습니다. 꼭 가까이서 보고 싶지도 않습니다. 그저 너무나도 다시 가고 싶을 뿐입니다.

맨해튼을 여행할 때 브로드웨이에 자리한 '임페리얼 시어터

---

[1] 20세기 대중문화를 상징하는 전설적인 인물 '찰리 채플린(Charles Spencer Chaplin)'이 남긴 "삶은 가까이서 보면 비극, 멀리서 보면 희극"이라는 말의 비유이다.

(Imperial theatre)'에서 뮤지컬 『레 미제라블』을 관람했습니다. 이미 원전의 감동을 경험한 제게는 눈앞에 펼쳐지는 모든 것이 비현실처럼 느껴졌습니다. 오직 영어로만 진행하는 공연임에도 마치 번역기를 통과한 듯 모든 이야기가 제 심장을 울리고 있었죠. 그 울림은 지금 글을 쓰는 이 순간에도 생생하게 남아 있습니다.

한국으로 돌아온 저는 맨해튼을 다시 방문할 기회를 만들기 위해 여러 고민을 했습니다. 그러다가 지난 여행을 되짚기 시작했습니다. 매섭기로 유명한 뉴욕의 겨울, 그것도 1월에 도착했던 기억, 배낭족이라는 핑계로 밥까지 굶어가며 추위에 벌벌 떨었던 맨해튼 탐험, 뮤지컬 『레 미제라블』의 남은 티켓을 싼 값에 구입해 극장 맨 뒷자리에 앉아 관람했던 기억, 그 순간 저는 제가 기억하는 거대한 즐거움과는 전혀 어울리지 않는 결핍을 발견했습니다. 그러고는 곧장 맨해튼을 내려놓았고 동시에 '큰 희망'을 설계했습니다.

- 반드시 성공해서 여유롭게 맨해튼을 다시 찾을 것이다.
- 뮤지컬 『레 미제라블』을 가장 좋은 좌석에서
  다시 관람할 것이다.
- 나는 내 아이에게 맨해튼을 선물할 것이다.

그때부터 제 고도는 뮤지컬 『레 미제라블』이 되었고, 그 기다림의 과정도 '성공'을 향하게 되었습니다. 제가 뮤지컬 『레 미제라블』을 가장 좋은 좌석에 앉아 다시 관람하는 순간은 분명 수많은 계획을 완수하고 스스로 맨해튼을 허락한 순간일 것입니다. 그래서 늘 최선을 다합니다. 목표도 정해졌고, 방향도 정해졌고, 수단도 정해졌습니다. 지금은 완성도에 집중하며 기다림을 즐기는 중입니다. 게다가 완성도를 평가할 사람이 나라는 사실에 기뻐하며 더욱 엄격한 잣대를 들이밀어 나 자신에게 스스로 성공을 촉구하고 있습니다. 그 작은 상징으로 유튜브 채널 '사월이네 북리뷰' 영상에는 늘 코제트가 그려진 파란색 머그컵이 등장합니다.

나는 아직, 나에게 맨해튼을 허락하지 않았습니다.

아쉬움 없이 살겠습니다.

지금껏 20년이 넘는 세월을 단 하루도 쉬지 않고 달려왔습니다. 특히 이 책의 초고 완성을 앞두고는 하루가 30시간이어도 부족할 만큼 일에만 몰두했죠. 그렇게 탈고를 앞둔 어느 날, 쏟아지는 잠을 이기지 못해 잠깐 책상에 엎드려 눈을 붙였다가 꿈속에서 아버지를 만났습니다. 꿈속의 아버지는 어린 시절 기억 속의 젊은 모습이었습니다. 지금의 나와 같은 나이의 아버지를 만난 것이죠.

아버지가 제게 물었습니다.

'규범아, 힘든데 여기서 잠깐 쉬었다 갈까?'

40대의 아버지는 분명 국민학생인 어린 아들에게 물으셨을 겁니다. 하지만 이미 훌쩍 자라버린 아들은 너무나도 어른스런 대답을 해버리고 말았죠.

'에이… 쉬어 갈 시간이 어디 있어요. 이 험한 세상에…'

잠에서 깨자 눈물이 쏟아지기 시작했습니다. 눈물 때문에 도저히 앞이 보이지 않아 더 이상 일을 할 수 없었습니다. 결국 하루를 온전히 다 쉬고 나서야 다시 책상에 앉을 수 있었고, 곧장 마지막 에피소드 『고도를 기다리며』에 이어 진짜 마지막 에피소드 『어린 왕자』를 추가해 전체 구조를 수정하는 작업을 거쳐 원고를 완성했습니다.

저는 이 책을 집필하는 내내 기다림이라는 '추상적인 결론'이 아닌 좀 더 '구체적인 결론'을 제시하려고 노력했습니다. 하지만 아무리 고민해도 그것을 찾을 수 없었고, 아쉽게도 기다림을 결론으로 정해야만 했죠. 그러나 마지막 순간, 40대의 모습으로 나타난 아버지는 제게 동심이라는 '진짜 결론'을 알려주셨습니다.

아들이 조금의 아쉬움도 없이 살길 원하시는 아버지.
네, 그렇게 살겠습니다.
존경합니다.

고전苦戰의
고전古典

초판 1쇄 발행 2022년 4월 11일
지은이 김규범
발행인 김태한 외 1명
펴낸곳 책과강연
총괄기획 이정훈
도서제작기획 김태한

주소 서울 서초구 서초대로 54길 9-8
전화 02-6243-7000
카카오톡 writing180
등록 2017년 7월 2일 제2017-000211호

ISBN 979-11-972027-1-1(03100)

- 책 가격은 뒤표지에 있습니다.
- 파본은 구매하신 서점에서 교환해 드립니다.
- 저자와 협의로 인지를 생략합니다.

> 실행하는 지금이 실현하는 순간입니다.
> **책과강연**에서는 여러분들의 원고를 기다리고 있습니다. 원고 투고 및 의견은 writingin180days@naver.com으로 보내주세요. 함께 만들어갑니다.
> '내 책을 서점에서 만나는 기적'